中国人交友做生意智慧宝典

何菲鹏/编著

做买卖就是做人脉

老板不会告诉你的
人际关系学

中国华侨出版社

图书在版编目(CIP)数据

做买卖就是做人脉 / 何菲鹏编著.—北京:中国
华侨出版社,2010.7
ISBN 978-7-5113-0500-8

Ⅰ.①做…　Ⅱ.①何…　Ⅲ.①人际关系学
Ⅳ.①C912.1

中国版本图书馆 CIP 数据核字(2010)第 116789 号

做买卖就是做人脉

编　　著 / 何菲鹏
责任编辑 / 尹　影
责任校对 / 胡首一
经　　销 / 新华书店
开　　本 / 787×1092 毫米　1/16 开　印张/18　字数/320 千字
印　　刷 / 北京建泰印刷有限公司
版　　次 / 2010 年 9 月第 1 版　2010 年 9 月第 1 次印刷
书　　号 / ISBN 978-7-5113-0500-8
定　　价 / 29.80 元

中国华侨出版社　北京市安定路 20 号院 3 号楼　邮编:100029
法律顾问:陈鹰律师事务所
编辑部:(010)64443056　　64443979
发行部:(010)64443051　　传真:(010)64439708
网址:www.oveaschin.com
E-mail:oveaschin@sina.com

前 言

交对朋友，也就做对了生意

　　真正的朋友需要的是一种自我牺牲与成全，那么，这样的牺牲和成全在生意场上也成立吗？

　　我们知道生意场上有着许多"显规则"和"潜规则"，甚至还充斥了谎言与欺骗，在这样一种看不见流血的"战场"上，我们似乎对谁都不放心，对谁都不敢掏心窝子，甚至看谁都像是披着"羊皮"的"狼"。

　　有这种观念或偏见的人不在少数，所以有人哀叹：生意场上没朋友交！

　　真是这样吗？

　　我们不妨来看看华人首富李嘉诚是怎么做的。

　　关于李嘉诚，香港某报曾有如下评价："李嘉诚发迹的经过，其实是一个典型青年奋斗成功的励志式故事，一个年轻小伙子赤手空拳，凭着一股干劲儿勤俭好学，刻苦而劳，创立出自己的事业王国。"不过，李嘉诚不这么认为，他说自己事业有成的真正原因是"懂得做人的道理"，他曾不止一次地对亲友面授机宜："要想在商业上取得成功，首先要懂得做人的道理，因为世情才是大学问。世界上每个人都精明，要令人家信服并喜欢和你交往，那才是最重要的。"

　　在李嘉诚刚开始生产塑胶花时，有一位外商希望大量订货。为确信李嘉诚有供货实力，外商提出必须用富裕的厂家作担保。李嘉诚白手起家，没有背景，没人愿意为他作担保，无奈之下，他只得对外商如实相告。他

的诚实感动了对方，外商对他说："从您坦白之言中可以看出，您是一位诚实的君子。诚信乃做人之道，亦是经营之本，不必用其他厂商作保了，现在我们就签合约吧。"没想到李嘉诚却拒绝了对方的好意，他说："先生，能受到您如此信任，我不胜荣幸！可是，因为资金有限，一时无法完成您这么多的订货。所以，我还是很遗憾地不能与您签约。"

李嘉诚的这番实话实说使外商内心大受震动，他没想到，在"无商不奸、无奸不商"的说法为人们广泛接受的当下，竟然还有这样一位诚实君子，于是外商决定，即使冒再大的风险，他也要与这位具有罕见诚实品德的人合作一次。

与其说这是一次商业上的成功，不如说这是一次人格上的胜利。当李嘉诚的襟怀坦白令对方肃然起敬时，他在波诡云谲的生意场上每每能吉星高照也就不难理解了。

看来，做一名成功的商人，光有一个精明的头脑远远不够，还必须在为人处世方面有过人之处。事实上，李嘉诚的坦诚以及他的善待他人（包括竞争对手）让他拥有越来越多的朋友，这些人脉为他的事业王国奠定了坚实的基础。

因此，做买卖和交朋友是不矛盾的，而且是相辅相成的。一个人只有先把人做好了，人家才会信任你、走近你，才会和你说真心话，对于商人来说，朋友的建议和提供的信息，无疑是生意的机会、财富的来源。

由此说来，做买卖就是做人脉！只有人做到位了，你的人脉才会越来越充盈，你的生意才会越来越兴旺。

目　录

第一章　聚人气：屡试不爽的生意经

人是群居类动物，向来喜欢热闹，往热闹的地方钻，而热闹的地方往往就孕育着商机。这就有点儿像平时上餐馆吃饭，看见哪家热闹就想上哪家。那些只看到所谓的"专业买家"而忽视了广大"平民买家"的生意人，往往丧失了更广阔的市场空间——潜在顾客，日子长久"人气"衰竭，生意自然就难以为继。

第二章　寻贵气：背靠大树好乘凉

你想几年后成为什么样类型的人，取得什么样的成绩？现在就应该开拓自

己贵人的人脉布局了,早一点儿规划自己的人脉网络,累积你的"人脉存折",经营你的人脉资源吧!几年后,你将会发现身边到处是可以随时协助你的专业人士,一通电话、一个邮件即可帮你解决烦恼的棘手问题,进而达成自己的梦想和目标。

第三章　讲和气:买卖不成仁义在

和善能增加人的吸引力,微笑也是同样,谁不喜欢看一张笑容绽放的笑脸呢?很多人都说性格决定命运,态度也是人生最重要的资本,良好的态度有时候会帮你走向成功。对于在商海中搏浪弄潮的企业来说,和谐不仅仅包括企业内部的和谐劳资关系,更涉及应对同行的竞争以及如何在行业内、在社会上稳健发展。

第四章　创灵气:别出心裁有商机

对于个人来说,专业是利刃,人脉是秘密武器,如果光有专业而没有人脉,个人竞争力只是一分耕耘,一分收获。但若加上人脉,个人竞争力将是一分耕耘,数倍收获。人脉是一个人通往财富与成功的入门票。人脉竞争力在一个人的成就里扮演着重要的角色。一个人能否成功,不在于你知道什么,而在于你认识谁。在利益滚滚的商业圈中,有时候需要有一些新的点子和新的想法来创造财富。发散思维、逆向思考,也许就是你成功的第一步!透过表象细心观察,你就会发现事物的内核也许就潜藏着巨大的商机。

第五章　必诚信:价值是最高的无形资产

信誉是珍贵的,但又是易损的,这就应了中国的那句古语:从善如山登,从恶如山崩。要获得和维持信誉需要长期不懈的努力,但毁坏信誉却只需要犯一次错误。正因如此,很多公司都将诚信视为生命,不但将其摆在价值观的第一位,同时也付出百分之百的努力去捍卫它。

第六章　得用心:掌握技巧自然能游刃有余

　　想做生意先做人,做好人才能做好生意。你虚荣心大、好胜心强,锋芒毕露,骄横跋扈就会得罪人,就会产生仇恨。人家就不会愿意和你做生意,就会对你敬而远之,阳奉阴违,口蜜腹剑,就会想方设法挤你,就会千方百计毁你!生意人就怕生活在矛盾是非之中,就怕树立冤家对头。所以,生意人更需要低调做人。

第七章　需交心:别做传说中的"孤胆英雄"

　　合作已成为社会发展的必然要求,那种想凭借一己之力、靠单打独斗成事的个人英雄主义已经不适应时代的发展。合作是一件快乐的事情,有些事情只有靠人们相互合作才能做成。而所有成功人士都有一个共同之处,那就是他们都注重团结协作。其实,很多时候与人合作并不意味着自己吃亏。因为与人团结协作就是壮大自己,与人团结协作也就是帮助自己。

第八章 有爱心:情感投资帮你追加隐性商机

　　帮别人就是帮自己——聪明的人融入团队,孤傲的人被团队抛弃。企业管理专家阿瑟·卡维特·罗伯特斯说过,任何优异成绩都是通过一场相互配合的接力赛取得的, 而不是一个简单的竞争过程。任何团队成员必须关注整个团队的利益,而不是自己,要善于传出接力棒,而不是单枪匹马地独自完成整场比赛。

第九章 变核心:养兵千日只为用兵一时

　　我们常常是处于准备的状态当中。为什么生意人在一起吃饭或是聊天会有一个专门的名词"应酬"呢?这是因为,我们的目的不是在于吃一顿饭,我们是在做一个人脉上的努力,是希望在与商界的朋友沟通以后,在日后获得一个较好

的事业发展的平台。我们花很长时间准备,在人力、资源上,养兵千日,只是为了某一天的一用。

第十章　察人心:和这类朋友别谈太多的生意

真正的朋友之间有一种默契,当你有一种感觉想表达出来而未出其言时,身边的朋友可能已恰到好处地讲出了你的所想,这种朋友是朋友中的极品,这就是人们常说的"知己"。但不是每个人身边的朋友都是这样的,有的时候,有一些朋友会在你最困难的时候落井下石,给你打击,不让你获得喘息的机会。下面这一章教你怎样与一些朋友保持一定的距离,避免陷入事业或生活的危机。

第十一章　两不误:生意场上也有一辈子的朋友

生意场是你死我活的斗争场所,虽然没有流血牺牲,没有硝烟阵阵,但是却充满着看不见的刀光剑影,有人说生意场上不存在真正的朋友,因为,人们对利益的追逐掩盖了友情的表露和表达,真的是这样吗?那么我们来看看真正成功的生意人是怎样在生意场上获得双赢的,既做成了生意,又收获了珍贵的友情!

第十二章 好关系:把握好朋友与生意伙伴之间的"度"

敢于欠人情债是一种勇气,表明你敢承担义务,说明你有能力偿还"债务",这和敢于借债做生意差不多。但是值得注意的是,有时候虽要为朋友两肋插刀,要看淡利而看重义,可是我们也要分清楚情况,千万不要因拿不准一个"度"而掉进为虎作伥的泥潭!而对于生意人来说,对于人情"度"的把握更是需要慎之又慎,不要因为忽略或是过于重视而毁了自己千辛万苦打造的生意。

第一章

聚人气：屡试不爽的生意经

人是群居类动物，向来喜欢热闹，往热闹的地方钻，而热闹的地方往往就孕育着商机。这就有点儿像平时上餐馆吃饭，看见哪家热闹就想上哪家。那些只看到所谓的"专业买家"而忽视了广大"平民买家"的生意人，往往丧失了更广阔的市场空间——潜在顾客，日子长久"人气"衰竭，生意自然就难以为继。

得人心者得天下,得人气者得财气

孟子说:"桀和纣失去了天下,是因为失去了人民;失去人民,是由于失去了民心。得天下有办法:得到人民,就能得到天下了;得人民有办法,赢得民心,就能得到人民了。仁政就是这种不忍人之心在政治上的体现,同样在商场上,仁政也是获取财富的必经之路。

美国石油大王洛克菲勒在谈到人际关系问题时说:"获取别人支持的能力也是一种可以购买的商品,正如糖或咖啡一样。我愿意支付酬金购买这种能力,它比世界上的任何别的东西都有用得多。"为什么"得人心"受到人们如此重视? 这是因为没有任何一个人可以脱离社会而独自生存,也没有任何一种事业可以只靠孤军奋战而实现成功。所以能否更好地处理与他人之间的关系,常常成为人们能否成功的决定性因素。

洛克菲勒年轻的时候曾经一无所有,像当时许多年少无知的人一样,到处流浪,得过且过。不过,洛克菲勒怀有十分远大的理想,他期望自己有一天能够有一笔任由自己支配的巨大财富。

带着这个伟大的梦想,洛克菲勒来到了距离家乡很远的一个偏僻小镇。在这个小镇上,洛克菲勒结识了镇长杰克逊先生。杰克逊先生已经年过五旬,他一直以来都生活在这个虽不繁华但却令自己倍感亲切的小镇上。他担任这个小镇的镇长已经很多年了,但是镇上的人们却从来没有想过要选举新的镇长。

的确,杰克逊实际上也是担任镇长的最佳人选,他性格开朗、为人热情,而且平易近人,更重要的是,他的心地十分善良。无论是当地人,还是来到这个小镇上的人,只要与杰克逊有过一定的接触,他们就会深切地感受到杰克逊的热情和善良,同时也会受到感染。

洛克菲勒住的小旅馆就离镇长杰克逊家不远。每当洛克菲勒站在旅馆旁的大门外向远方眺望时，他都会看到镇长家门口的那片长满各色鲜花的花圃。每次遇到洛克菲勒时，镇长都会停下忙碌的脚步，问这个独在异乡的年轻人有什么需要帮忙的地方。当洛克菲勒需要一些生活用品时，热情的镇长夫人总是会十分高兴地给予帮助，而且镇长还会时不时地让女儿为洛克菲勒送去一些妻子做的可口点心。

　　在小镇上住了一段时间仍感到一无所获的洛克菲勒决定过几天就离开这个小镇了，在离开小镇之前他要特别感谢镇长给予他的关照。就在他准备向镇长告别的前几天，小镇迎来了连续几天的阴雨天气，洛克菲勒不得不继续留在这里，同时他也在心里咒骂着这该死的鬼天气。

　　小雨时断时续，每当雨停的时候，洛克菲勒都会走出旅馆大门，看看镇长家门前那些经雨露滋润而倍加娇艳的花朵。这一天，当他走出旅馆大门的时候，他看到镇上来来往往的人们已经把镇长家门前的花圃践踏得不成样子了。洛克菲勒为此感到气愤不已，他真为镇长和这些花朵感到惋惜，于是他站在那里指责那些路人的行为。可是第二天，路人依旧踩踏镇长家门前的那些可怜的花朵。第三天，镇长拿着一袋煤渣和一把铁锹来到了泥泞的道路上，他用铁锹把袋子里的煤渣一点一点地铺到了路上。一开始洛克菲勒对镇长的行为感到不解，他不知道镇长为什么要替这些践踏自己家花圃的路人铺平道路。可是很快他就明白了镇长的苦心，原来有了铺好煤渣的道路，那些路人就再也不用踩着花圃走过泥泞的道路了。

　　洛克菲勒最后还是离开了这个小镇，不过他知道，自己再也不是一无所获地离开了，他带着镇长杰克逊告诉自己的一句话，从从容容地踏上了追求梦想的道路，那句话就是"得到人心便会得到天下"。直到成为闻名于全美的石油大王后，洛克菲勒依然牢牢地将这句话铭记在心中。

天气地气不如"人气"

人气旺,生意才会旺。大凡做生意的人都希望自己顾客盈门,所以总是千方百计地招揽客人。

商家们总喜欢开展一些凝聚人气的活动。例如某数码广场推出了卡拉OK大赛,以周赛的形式连续开展3个月;某服装批发市场每周末向观众免费播放电影;一家大型超市举办了交友舞会……这些看似与他们的生意风马牛不相及的活动其实都寄寓着商家的良苦用心。从大的方面来看是丰富群众的业余生活,从小的角度来说则是提高企业的知名度和影响力。凝聚人气,既满足了消费者的需求,更有利于企业,难怪各大小商家乐此不疲。

人气旺,生意才会旺,这也是现代的商家们能在激烈的市场竞争中运筹帷幄的看家本领。

《孙子兵法》中说道:"攻心为上,攻城为下。心战为上,兵战为下。"古往今来,无数事例证明:人心向背,决定成败。在商场如战场的企业界同样是得人心者的天下。如果你要在激烈的市场竞争中永远立于不败之地,做强做大企业,就必须设法赢得人心。

《保险文化》中有一个重要结论,认为得人心一直是中国文化中一个十分重要的观念,在商业社会中赢得人心就显得更为重要,那么如何在工作中赢得同事和下属的人心呢?

作为领导常常需要扪心自问:"员工为什么跟着我干?""他们为什么跟着我拼命干?"这个问题,是两个层次、也是两个方面的问题。对第一个问题的回答包括几个方面:第一是收入,这是解决生存问题最基本的要求;第二是个人发展的要求,是他们提升个人价值的要求,工作不仅为了现在的生存,也要为今后的职业发展考虑；第三个原因是最直接的，那就是工作开心。

对很多人来说，再多的物质，再宽广的未来都不如现阶段工作得开开心心！至于为什么他们能拼命干，一定是领导能给他们信心，让他们对事业、对公司、对领导充分认同，他们才愿意拼命地干。

作为领导，用心关心员工是最重要的，中国有句古话叫"将心比心"，你要想赢得别人的人心，就必须真心地关心别人。员工虽是下属，不过都是有思想、有血有肉的人，都需要关心和鼓励。我们往往谈激励，其实激励的方式有多种多样，物质激励只是其中之一，但真正长久而深入人心的往往是情感的激励。"感人心者，莫过于情"。真心地对待下属是对他们最好的激励！除此之外，信任也是很重要的，不仅要信任，还要帮助他们规划自己的职业生涯，为他们着想，帮助他们成长，这才是最大的关心！

同时把自己的本质工作做好也是最重要的，带领员工实现团队的目标，实现他们自己的目标是第一位的。工作都是为了有所成就，能带领他们实现目标他们才会跟着你干！领导人还要从一点一滴的小事上给他们信心，让他们建立起对领导人的信心、信任感是非常重要的。其次还要帮他们成长，员工的成长是领导的责任，而不只是员工自己的事情。领导者要有这种使命感，这样才是真的对员工负责！

《周易》有云："天行健，君子以自强不息，地势坤，君子以厚德载物。"美好的德行是一个成功人士所必备的，也是领导者赢得人心的基础，那么，要赢得下属的尊重和信赖，领导者需要具备怎样的德行？

首先，领导者最需要的是正气，所谓上梁不正下梁歪，领导者一定要以身作则，领导者的一言一行对下属都会有很大的影响。正气可以从两个方面讲，在工作上，领导者要以身作则、率先垂范，做示范者。在生活中，要注意自己的作风。第二要有责任感，一个人的责任感最先表现在对家庭上，如果一个人对父母不孝顺，对老婆孩子没有责任感，对公司、对下属也很难有责任感。其次是对下属，领导要对下属负责，让他们成长。最后，要对客户负责，对客户负责，最重要的是把合适的产品卖给合适的人，而不仅是把服务做好！客户最需

要的是我们的代理人了解他们的需求,为他们着想,而不是我们看起来显得服务很周到!

其次,领导者要有足够的勇气和魄力。没有一个追随者愿意接受缺乏自信和勇气的领导者,没有一个聪明的追随者会长期受这样的领导指挥。其次,领导者要有良好的自制力。不能控制自己行为的人永远不能控制其他人。自我控制为追随者树立了榜样,他们会更努力地尽心效仿。再次,要有强烈的正义感。没有强烈的正义感,任何领导者都不可能指挥和获得下属的尊敬。

当然,领导也需要有强烈的事业心,下属跟着你干都希望有所成就,领导者必须对他们负责,领导者如果没有事业心,不仅对不起公司,也辜负了下属的期望。第二是责任心,要对追随的人负责,这样才不枉别人对你的信任。再次,在重要关头要有决策能力,公司总会有关键的、能决定公司生死存亡的时刻,这个时候如果领导者能处理得当,自然就能赢得人心。

"人气",指的是一个人在一个群体中的受关注度以及个体在群体中的影响与号召力。虽然看不见、摸不着,但作用却很大。每个人想要成就一些大事都离不开它的作用。"人气",以自身的力量以及外在的表现为基础,吸引他人的关注和得到他人的认可,进而可以像滚雪球一样越聚越多,就拥有越多的资本去进行更大的投资和事业的经营。每个人的生活和工作都是这样,在商场上尤其如此。

在日趋激烈的竞争面前,营造良好的销售氛围以达到聚人气、来财气的目的是每位零售客户创造竞争优势的重要途径。那么,在这种情况下,如何摆脱经营劣势,保住自己的竞争优势,留住更多的顾客,抢占更多的市场,达到更大的效益,这也是许多零售商所面对的现实问题。

黄龙原来是搞建筑的个体包工头,经过几年的打拼,手里也存了一些钱。因为现在个体承包的工程越来越少,起早贪黑的日子也很辛苦。于是 2008 年春节后,他就在淮安市区延安路的繁华地段盘下了两间门面房,改行做起了烟酒百货生意。在黄龙看来,做这个生意既不辛苦,资金周转又快,并且利润也可观,比搞建筑赚那个辛苦钱强多了。但事与愿违,通过一个多月的经营,生意不但没有日渐红火,反而越来越差,有时一天也做不了几笔买卖,黄龙很困惑:同样身处闹市区,别人生意做得红红火火,而自己却为什么门可罗雀呢?

带着这个问题,黄龙实地走访了淮安市的几位经营能力较强的零售商,看看他们在这方面有什么高招儿。下面是黄龙和他们的几段对话,能够揭示一些问题。

零售商:左长龙

经营地段:商业集中区

开店时间:12 年

经营感受:对顾客要热情

"人无笑脸休开店",对顾客要主动、热情,这是作为一名经营者最基本的条件,同时也是拉近与消费者之间距离的重要方式。对顾客态度的冷热,是留给他们的第一印象,第一印象好了,生意成交的几率就越大,反之就越小。不论是哪个消费者,在购物时如果看到的是一张冷冰冰的面孔,一副爱理不理的样子,他们就会失去购买商品的兴趣。在这种情况下,即使你商品质量上乘,价格也合理,但要想把这单生意做好也是件难事。同时,对顾客热情的态度,不仅仅是体现在你的一张笑脸上,还要从语言上来关心、体贴他们,把他们当成是一个朋友和知心人,而不是处处只考虑自己的利益,用花言巧语来欺骗客户。也只有这样,他们在下次购买商品时才会再次想到你。

零售商:王辉

经营地段:居民集中区

开店时间:12 年

经营感受:做生意要实在

我这儿的环境比较特殊,基本上都是些老客户,大部分的消费者都是周围的居民,消费群体相对固定。我认为,作为一名经营者要想做好生意,以诚待人最重要,并且质量价格都要实在。只有这样才能赢得好人缘、获得顾客的青睐。在日常经营中,不仅要保证商品正宗,而且价格要公道,不管是认识的还是不认识的,不论是老人还是孩子,都要做到一视同仁,不可有亲疏远近之

分。在做生意时，千万别为了一时的蝇头小利而和消费者打马虎眼儿来蒙蔽客户，因为做生意是暂时的，而做人却是长久的。一旦出现问题，那可是自己砸自己招牌的事儿。同时，更不能卖假冒伪劣的商品，名誉可是店铺的生命，一旦失去了诚信经营的声誉，要想做好生意就很困难了。

零售商：崔明

经营地段：商业集中区

开店时间：15 年

经营感受：处世时要大方

在和顾客相处时要从大处、长远处着想，让人感到舒服，而不能只顾眼前的芝麻而丢掉了西瓜。要想做好生意，在和顾客打交道的过程中就要做到大度，不要小肚鸡肠，更不能和顾客斤斤计较。我每天都会准备几包烟放在柜台上，看到有男性顾客来买东西我都能及时递上一支烟，这样不但联络了感情，而且能促成生意成交。在顾客购物时，要尽可能地让利于他们，对于购买商品时几毛钱的零款，我一般都不要。同时，面对"挑刺儿"的顾客要虚心接受，因为他们有时很可能出于好心，而不是怀着恶意，不可与他们针锋相对，要让他们感觉到在你这儿购物比在别的地方要实惠、要舒心。要知道一个信誉好的商店，是消费者心目中的一面旗帜，他们会口口相传，只有达到这样的效果才能做好生意、赢得顾客。

零售商：徐传林

经营地段：城市繁华地段

开店时间：10 年

经营感受：服务时要周到

曾经有人说过这样一句话：现代商战的胜利，不在于你占据多少个商场，而在于你占领多少个消费者的心。只有搞好服务才能赢得顾客的心，为消费者提供及时有效、体贴周到的服务，同时也是树立好口碑、带来好人气的关键。在日常经营工作中，要随时随地给予顾客方便，只有这样才能让顾客惦记着你，才能做好生意。我在平时的经营中，一般对周围居民区的一些消费者在购买商品时,如果是条件允许或顾客不太方便,我都采取送货上门的办法,有许多时候,只要顾客一个电话我就会把货送过去,不仅方便了顾客,也融洽了关系。同时也可以利用自身的经营优势为顾客提供一些便利条件,如代收信件、代订报刊、代购物品等等。

零售商：倪伟伟

经营地段：商业集中区

开店时间：6 年

经营感受：经营应以和为贵

俗话说"和气生财",这是获得好人缘、带来好生意的黄金定律,也是治家理财、树立形象的法宝。言而有信、诚信经营、尊重顾客、信任顾客才能使经营者与顾客之间产生一团和气,只有这样才能共赢互利。在经营过程中,不论你对与否,千万不要出现与顾客争执的局面,要处处谦让着他们,这不是讨好而是尊重。要一切以顾客为中心,想其所想,急其所急,为他们提供细致周到的服务。因为顾客才是商家真正的"上帝",要勤于换位思考,时刻考虑"上帝"真正的感受。在和顾客打交道时,如果对顾客的感受不屑一顾就不是一个合格的经营者,这样也只会失去更多的消费群体,就更别提能赢得顾客称赞、赢得好人气了。

从上面几位成功经营者的经营感受中,我们发现,要经营好一个商店并不是一件容易的事情,因为它是一门学问,一门学不完、研不透的艺术。因此,零售商只有在日常的经营过程中虚心学习、细心发现、耐心听取、小心行事,才能在经营过程中赢得好的人缘,给商店带来人气,达到做好生意的目的。

商业成功=85％的人脉关系+15％的专业知识

人脉只能说明你认识对方,对方也认识你,只算是认识,人脉是关系的基础,关系才是人脉的升华。

人脉即人际关系、人际网络,体现人的人缘与社会关系。根据辞典里的说法,人脉的解释为"经由人际关系而形成的人际脉络",经常用于政治或商业的领域中,但其实不论做什么行业,人人都会使用人脉。人脉只能说明你认识对方,对方也认识你,只算是认识,人脉是关系的基础,关系才是人脉的升华。

美国斯坦福研究中心曾经发表一份调查报告,结论指出:一个人赚的钱,12.5％来自知识,87.5％来自关系。这个数据是否令你震惊?

卡耐基训练区负责人黑幼龙指出,这句话并不是叫人不要培养专业知识,而是强调:"人脉是一个人通往财富与成功的入门票。"

因此,也出现了一些善于使用人脉、经营人脉的群体(man keep)。"man keep"译为"人脉经营",我们称之为"脉客"。在台湾证券投资界,杨耀宇就是个将人脉竞争力发挥到极致的脉客。他曾是统一投资顾问的副总,一年前退出职场,为朋友担任财务顾问,并担任5家电子公司的董事。据估算,他的身价应该有近亿元(台币)之高。为什么他能从一个台湾南部北上打拼的乡下小伙跃身为一名身价近亿元的富瓮?"有时候,一通电话抵得上十份研究报告。"杨耀宇说,"我的人脉网络遍及各个领域,上千、上万条,数也数不清。"

人脉如同金钱一般,也需要管理、储蓄和增值。人人都可以成为善于人脉经营的脉客。

要聚"人气"必先攒"人脉"

在中国人的成功学里，最重要的成分可能是辛劳、勤奋、投入。无论是做学问还是做企业，我们听过的中国故事大都是一个人如何头悬梁锥刺骨，如何从一件小事做起，一步一步地走向成功。

在西方人的成功学里，当然也有勤奋这一项。但最重要的却是其他的字眼：例如自信、说服别人的能力、人脉关系。我们听过的大部分的西方故事，都是说一个人如何有一个伟大的目标，如何说服投资人，如何因为某个人的帮助而得到了成功所需的一切：例如资金、客户、资源、伙伴等。在互联网经济的今天，更是这样。

一个非常有意思的理论，是美国畅销书作者格拉德维尔提出的。在《引爆点》一书中，他试图解释一件事情，例如一个产品为什么会突然流行起来。而一个产品、观念或服务的流行，其实就是这个产品、观念或服务的成功。

他认为一件事情的流行，得益于3种人的推广。

第一种人是所谓的"内行"，这些人因为自己的专业声誉和个人威信而拥有"信众"，他们的推荐会使大家尝试某件新事情或某个新产品，如果有足够多的人跟随而使这件事情超过了某个临界点，这个事情就会流行起来。

第二种人是非常容易理解的"推销员"。"推销员"这个词给我们带来的联想是负面的，在中国人的心目中，这类人令人讨厌，但在西方人的眼中，一个推销员可以是一个伟大的人物。他们可以用自己的销售技巧让一件有意义的事情流行起来。

第三种人被称为 Networker，这是我们中国人最不理解的一类人，因而也几乎无法很好地翻译。在中国的译本中译成了"联系员"，这是非常不贴切的

翻译，因为"联系员"让人不知所云，而且无法体现这类人的重要性。在西方世界里，这类人其实是非常重要的一群人，他们的能力不是创造什么，不是擅长什么，也不是销售什么，而是认识非常多的人，并有能力把一件事情的优势传播给许多人。

因此，要干成一件事情，人脉非常重要。

一个人的能力大小与否是他是否有能力做成一件事情的关键，但是这并不是唯一的方法，还有很重要的一环，便是这个人有没有"人脉"。

在台湾有个非常有名的乐团，被人称之为"台湾第一乐团"，在今年，被美国华盛顿晨报评为"华人披头四"的这个乐团叫"五月天"。他们的建团是从学生时代便开始了，在开了无数场演唱会，出了很多张创作专辑以后，这个团拥有了许多歌迷，在一次新闻发布会上，有记者提问说，你们5个人都有不错的音乐成绩，会不会考虑单飞呢？这个团的团长给了记者一个意味深长的答案，他认为做任何事情都要有天时、地利、人和的因素，这个团之所以能够受到大家的欢迎，很重要的一个原因便是这个团很有人脉，这个人脉便是5个人的团结，这种团结创造了一个很好的氛围，让这个团在不断进步并获得了肯定！

现代社会是一个信息的社会，我们要获得成功、达到自己的目的，很重要的一个环节便是有人关注、有人合作！

人脉的积累、说服力的培养、专业的能力，当然还有勤奋，其实都是我们获得成功所必须具备的条件。而大部分人成功的障碍可能是因为文化的原因而忽略了人脉的积累和销售能力的培养。

机遇寻求靠人脉，人脉促进企业发展。

《建立专业人脉关系》一书的作者这样说："建立人脉关系是为了接触更多的人，创造更多的机会。"换句话说，你不应该为了做成什么事而去建立人脉，你的目的是认识更多的人，取得更多的信息，以增加做成事情的机会。现在企业的运营不仅靠自身的实力，还要靠人脉关系。人们在商场上得出这样一个结论："在中国做生意，第一要靠关系，第二要靠关系，第三还是要靠关系。"这就说明了人脉关系在企业运营中的重要性。对于企业管理，要学会善于运用人脉关系来促进企业的发展。

一位美国朋友每天都要出去寻找工作，他想找的工作要与他的技能相符合，与他的愿望相一致，还要有理想的上班地点和工资待遇。这可不是件容易的事，如果一周他能向 5 个招聘网站发出简历，便会觉得非常有成就感。这更是一件相当孤独的工作，但像他这样的人其实远远不止一个。成千上万的专业人员每天都在访问那些与职业有关的网站。职业网站的广告多得不能再多了，电视、广播、报纸和火车站张贴的小报也是无处不在。为什么人们要花那么多时间在互联网上找工作呢？除了希望发现一些难得的好工作之外，许多求职者还有一些实实在在的担忧。对一些人而言，谨慎将他们留在了电脑荧幕前。他们希望求职之事能够保密，他们要避免一些可能会产生的后果，譬如失去升职、加薪、培训的机会，甚至担心万一老板发现他想跳槽，那么现在的饭碗也就保不住了。而在网上找工作能提供保密性和安全性。就像简历如雪片般地飞往《财富》500 强企业一样，电子简历也以同样的气势张贴于求职网络空间，这让性急的人有一种进展不错的感觉。只要他放出足够长的"长线"，总有一条"老板大鱼"会上钩。互联网提供的是一个更大的"湖"。但遗憾的是，发送众多的电子简历就像是在与影子"赛拳"。你可能打得满头大汗，但能给对方致命的一拳吗？美国相关人士调查，大约有 20% 的公司是通过网络找到职员的。但如果除去联邦雇佣数量，这个数字就会降到 1%。除了这个令人沮丧的消息以外，网上的每个招聘职位每个月收到的求职简历有 3000 到 5000封。这就加剧了竞争，给网上求职者的希望渺小至极。大部分人都在网上找工作，但却只有很少的人能直接通过网上找到工作。求职者中的更多人把求职的成功归功于人际关系网或是推荐人的帮助。调查显示，有 95% 的人力资源主管或是求职者是通过人脉关系找到适合的人才或是工作的，而且有 61% 的人力资源主管以及 78% 的求职者认为，这是最有效的方式。但这并不是阻止你把互联网当做求职的一个渠道。许多求职者会发现这是一个越来越有效的求职方式。这无非是一种工具，并和所有的工具一样，好坏都在于它们的使用者。求职者应该记住这一点才能在网络中有所收获，而不只是被动地做没有

必要的等待。

多数情况下,网上的交流不可能比一对一的面谈更有效。人际关系网从来就是求职者强有力的工具,它不会随着互联网的出现而黯然失色。只有建立人际关系、累积人脉资源,才有可能创造机会,最大限度地获得成功,而不应仅仅是寄出简历,然后陷入被动的等待中。

人脉决定财脉,左右逢源好赚钱

人脉的最高境界就是互利,双方相互分享各自的想法与信息。不管是信息、金钱、利益或是工作机会,懂得分享的人往往可以获得更多。

人脉的最高境界就是互利,双方相互分享各自的想法与信息。不管是信息、金钱、利益或是工作机会,懂得分享的人往往可以获得更多。所以你应该主动找机会帮助别人。或许凭你一个人的能力无法解决对方的问题,但是你可以利用自己的人脉向对方介绍其他人来解决问题。位于旧金山的人脉关系公司 BNI 的创办人伊凡·米斯尼尔说道:"注意聆听对方要说的话,找出他们可能需要帮忙的地方。也许你可以帮助他们,或是引荐其他人。"

最重要的是保持联系,所以,不要在意这个人对你是否有实际的帮助。"建立人脉其实和朋友关系是一样的,"唐娜·费雪提到。"你必须像对待朋友一样,以尊重而亲切的态度对待人脉关系中的每一个人。"对于你的帮助,不要期望对方一定会给予回馈。

保持积极的联系。

纽约时报记者曾经访问美国前总统克林顿,访问中,提到他是如何保持自己的政治关系网的。当时他的回答是:"每天晚上睡觉前,我会在一张卡片上列出我当天联系过的每一个人,注明重要细节、时间、会晤地点和其他一些相关信息，然后添加到秘书为我建立的关系网数据库中。这些年来朋友们帮了我不少。"

要做到与关系网络中的每个人都保持积极的联系，唯一的方式就是创造性地运用你的日程表，记下那些你关系网中的人最重要的日子，比如生日或周年庆祝等。然后打电话给他们，至少给他们寄张贺卡，让他们知道你时时惦记着他们。

美国影星寇克·道格拉斯年轻时穷困潦倒，有一回，他搭火车时，无意中与旁边的一位女士攀谈起来，没想到这一聊，竟聊出了他人生的转折点。没过几天，他就被邀请至制片厂报到，因为这位女士竟是好莱坞的著名制片人！心理学家与顾问詹姆斯·欧康尼尔也曾遇到过这样的一个案例：有一位客户是虔诚的天主教徒，在一家非营利组织担任财务长。有一天正要走出地铁站时，他遇到了一位牧师，两个人于是聊了起来，对方告诉他是长老教会的牧师，并递出名片，在背面写上一些联络人的名字。这位财务长便通过这份名单找到了新的工作。

所以，即使是在街上遇到的陌生人，也有可能成为你事业生涯的贵人。试着和任何人说话，即使对方可能不是你心里所想的人。我们不一定那么幸运，但我们一定会有所收获的。

人脉的建立是一个持续的过程，或许你人脉关系中的朋友无法立即介绍工作机会给你，但是只要持续保持联络就会有机会。经过第一次的接触之后，记得一定要利用电话或是电子邮件表达你的感谢，也可以写一张感谢卡给对方。感谢的同时，也要让对方了解你会持续与他保持联络。后续联系的目的主要是让对方了解你的最新状况，并取得最新的信息。如果你重视建立人脉，你就会随时随地寻找机会，而不是只有在特定的时候或是紧急的时候才会想到，而在紧急的时候所做的弥补往往是没有任何价值的。

中国有一句俗话"是金子总会发光的"，可是我们不能不承认，在我们的身边，空有胸怀大志、满腹经纶却郁郁不能得志的人实在太多了。在 2002 年中国百富榜上数十位成功企业家最看重的 10 大财富榜评选当中，机遇排到了第 2

位,可以说机遇就是"人脉"的潜台词,因为人脉关系的优劣会直接影响到机遇的多少。人脉关系最大的作用便是充当信息工具,所以,只有广博的人脉才会带给你更多有用的信息资源,进而带给你更多你可能意想不到的机遇。人类在社会生活中以不同的形态存在着,我们每个人在一生当中都会接触到很多的朋友,他们在各行各业都占有一席之地,也许某一天就会成为我们的贵人,给我们带来机遇。所以,我们需要建立一个具有良好氛围的人脉网络,这个网络能够帮助我们寻找到在我们成长发展过程中不同阶段的不同贵人。

其实,对于每一个身在职场的人,不管你有没有觉察到,在你上升的每一个阶段都会有贵人相助。师长、上司、前辈甚至是一个过路人,他们小小的一句点拨,你或许从此就飞黄腾达。其实生活中是不缺贵人的,他们可能就是朋友、同事或是仅仅萍水相逢的人。每一个人都可以当你的贵人,每一个人都可以在你生命当中的某一阶段、某一个时间的某一件事上,在你最需要帮助的时候成为你的贵人。人脉互动为人们提供了这样的可能:让你结识他人,也让他人认识你,当彼此间的品行、才干、信息得以了解的时候就可能结出两个甜美的果实:密切彼此的友谊和获得发展的机遇。交际活动是机遇的催产术。所以,如果我们注意开发人脉资源,及时捕捉信息和机遇的话,成功离我们也就不远了!

京城"火花"首富吕春穆原是北京一所小学的美术教师。一天,他在杂志上看到,有人利用收集到的火柴商标引发学生们的学习兴趣和创作灵感的报道,于是他决定收集火花。他展开了广泛的交际活动,首先油印了200多封言词中肯、情真意切的短信寄到各地火柴厂家,不久他就收到六七十个火柴厂的回信,并有了几百枚各式各样精美的火花,这初显了交际的力量,给了他很大的信心。于是,他又主动走出去,以"花"会友。1980年,他结识了在新华社工作的一位"花友"。这位热心的花友一次就送给他20多套火花,还给他提供信息,建议他向江苏常州一位花友索购一本花友们自编的《火花爱好者通讯录》,由此他欣喜地结识了国内100多位花友。他与各地花友交换藏品,互通有无;他利用寒暑假遍访各地藏花已久的花友,还通过各种途径与海外的集花爱好者建立起联系。就这样，在广泛交往中他得到了无穷无尽的乐趣和享受，为他成名创造了机会。他先后在报刊上发表了几十篇有关火花知识的文章，还成为北京晚报"谐趣园"的撰稿人。他的火花藏品得到了国际火花收藏界的认可，并跻身于国际性火花收藏组织的行列。1991 年，他的几百枚火花精品参加了在广州举办的"中华百绝博览会"……他以 14 年的收藏历史和 20万枚的火花藏品，被誉为火花大王而名甲京城。

显然，吕春穆的成功就得益于交际，得益于朋友的相助。他以"花"为媒，结识朋友，通过朋友再认识朋友，一直把关系扩充到全球，从而，一次次机会的降临使他走向了成功。许多事实反复证明，机遇的多少与其交际能力和交际活动范围的大小几乎是成正比的。因此，我们应把开展人脉活动与捕捉机遇联系起来，充分发挥自己的交际能力，善待身边每一个人，不断扩大自己的人脉网络。只有这样，我们才可能及时发现和抓住难得的发展机遇，进而才可能获得成功，反之，没有朋友的相助，是不可能获得任何成功的！

人脉是生产力是这几年提出来的新概念，已经被认同，其价值无须讨论。需要讨论的是人脉的质量，简单地说，就是你的人脉处于哪个层次、哪个阶层。一个工头认识 500 位民工，你可能只认识一位市长，如果将 500 位民工的价值比作 1 的话，那么你认识一位市长的价值可能是 10、甚至是 20。

那么什么是人脉？你参加了某次聚会、和某某一起吃饭、交换了名片等等，能算人脉吗？我看不能。为什么不能？所谓"脉"，一定是流动的、交流的、双向的。比如你可能参加一次聚会，拿到了柳传志的名片，如果在你和他接触的几十分钟或几个小时的时间里，没有特别的事件发生（比如你的一次精彩演讲等），回头你打电话给他，我相信他不知道你是何人的概率是 99%。这样的"脉"是无价值的！

所谓流动的、交流的、双向的人脉，实际上，我们的老祖宗早就给出了精辟的结论："物以类聚，人以群分。"我们所处的社会，我们的社会地位、财富指数基本上决定了我们的"群"，在这个"群"里，由于"臭味相投"而形成了一个个特殊的小圈子。我们希望增加人脉价值，只能在这个小圈子里不断扩展人

脉,除非你的社会地位与财富指数发生了变化。

同样在一个小圈子里,即使每个人的人脉数量是一样的,人脉价值也不一样。如果你是这个圈子里的一颗"星",你的人脉价值自然就高,反之则低,这取决于个人魅力和综合素质。换句话说,当你的人脉给你带来价值的时候,是因为你本身具备一定的价值,也是"等价交换"的一种表现形式。

"脉客"胜过"卖客"

搭建好人脉,让你赢得更多机遇,早日获得成功。

你的人脉价值何止百万。

美国成功学大师卡耐基经过长期研究得出结论:"一个人的成功,15%可以归功于他个人的专业知识,而85%却要归功于人脉关系。"能成就大业者,除了要具备一定的业务知识,更为关键的还是要拥有广阔的人脉资源。现代社会的发展已经显示,在技术、资金、人力资源等生产力要素中,人的重要性越来越凸现,人脉资源的地位也越来越高。许多企业老总不惜花费巨资去名校上 MBA,其主要目的就是为了培育更高层次的人脉,为自己的事业开拓更广阔的空间。

曾经有一个大客户请某公关做一次慈善义卖活动,让他负责策划、联系政府部门、看场地等,这个公司的创始人一如既往地全力打造这场义卖活动。但在中途,这位负责人发现那家公司用于义卖的产品都是即将过期的产品,于是便气愤地要求他们更换产品,不能沽名钓誉、欺骗大众。但客户一意孤行。"这样的客户,不值得我们尊重。"于是,这位负责人毅然终止了协议,并以此案例在公司内部进行讨论,以此来统一大家的价值观,"当公司利益和社会公德相左时,我们要坚持社会公德,绝不为金钱折腰"。

这位负责人认为，公关是一项有社会责任感的工作，坚持社会良知会赢得社会更广泛的尊重。尽管她在这项业务上赔了几万元钱，但"视点公关"良好的社会责任意识赢得了政府部门和社会各界的广泛赞誉，也赢得了更多客户的尊重和加盟。

光阴似箭，一转眼的工夫，这家公司已经创业9年了。如今她已建立起稳定的客户群，"全是世界500强大公司"，年营业额高达1000万元。坚持自己的诚信才能迎来更多的客户，这就是这家公司成功的理念。

由于金融危机，很多朋友在毕业后难以找到一份满意的工作，那么有没有想过利用人脉，来为自己的工作寻觅点亮一盏灯呢？

一些人认为，利用人际关系找工作似乎不太光彩，而只有靠自己找到工作才能显示出自己的能耐来，因而他们即使找不到工作也不屑利用人际关系。其实他们错了，有关调查发现，认为人脉能给自己增加职业机会的占了34.57%，名列第一。靠熟人推荐是找到工作的一个重要途径。因为一个人的社会关系毕竟是有限的，通过众多的朋友、同学、亲戚、同事，那网络就大不一样了，利用好这些关系，对找一份适合你的工作是很有帮助的，更重要的是，这些关系还会带给你更多意想不到的惊喜，所以，如果要找工作，是不可能忽视人际关系的。在现代这个讲求合作的社会里，任何时候的孤军奋战都只会导致失败。

那么，如何利用人际关系找到工作就成了一个重要的问题。这里面是有学问的，利用得不好，不但达不到目的，或许还会破坏原来的良好关系。利用得好，就能对你的求职、跳槽大有帮助。说到底，其实也就是要正确处理好人际关系，平时要注意与人很好地相处，积极帮助别人，关键的时候，别人都会乐意帮助你。

在《建立专业人脉关系》一书中有这样一个观点，"建立人脉关系是为了接触更多的人，创造更多的机会。"换句话说，你不应为了找工作而去建立人脉，你的目的是认识更多的人、取得更多的信息，以增加工作选择的机会，而不仅仅是谋求一份工作。

让更多的人认识并了解你；

掌握最新的观点与趋势；

把握相关产业的人事动态；

寻找使职业生涯更好发展的机会。

位于芝加哥的海斯人力顾问公司的管理合伙人达尔·琼斯说，不要以为履历表才是求职的重点。事实上，真正的关键点是建立人际关系。尤其在目前就业市场属于买方市场的时候，你更应该主动出击，为自己创造更多的机会，而不是消极地寄履历表，让自己陷入被动的境地。

生意场上人脉就是资源

人是群居类动物，向来喜欢热闹，往热闹的地方钻，而热闹的地方往往就孕育着商机。这就有点儿像平时上餐馆吃饭，看见哪家热闹就想上哪家。那些只看到所谓的"专业买家"而忽视了广大"平民买家"的生意人，往往丧失了更广阔的市场空间——潜在顾客，一旦日子长久"人气"衰竭，生意自然就难以为继了。

有一位成功人士认为，自己的成就很得益于她广泛的人脉资源。她认为人脉决定财脉，左右逢源好赚钱。原来这位负责人曾有过 6 年的酒店公关生涯，为她编制了一张从记者、编辑到明星再到主持人的硕大的关系网，就连政府部门的上上下下，她也都混了个脸熟，这是她的人生第一桶金。但是，凭借着大酒店舞台搭建的关系网，在她离开大酒店独立创业后，还能不能为她所用呢？

很多成功的商人都深深地意识到了人脉资源对其事业成功的重要性。曾任美国某大型铁路公司总裁的 A.H.史密斯说："铁路的 95% 是人，5% 是铁。"

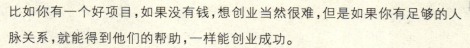

比如你有一个好项目，如果没有钱，想创业当然很难，但是如果你有足够的人脉关系，就能得到他们的帮助，一样能创业成功。

任何行业都有其"未公开"的"秘密"，行里人看门道，行外人就是看热闹了。可是如果想走进这个行业，光跟着凑凑热闹可不行，首当其冲的，就是要发掘其中的"商道"来。那么如何发掘呢？首先就需要结识更多的行内人，然后获得你想要的行业规则。在这个过程里，开拓人脉显得尤为重要。

阿木是一个印刷业务承揽商。他没有一台印刷机，没有一个铅字模具，但他的生意却做得非常不错。这是怎么回事呢？原来阿木在印刷行业已经做了快5个年头了。他为人豪爽真诚，赢得了很多印刷厂商和客户的信赖。后来他依赖自己的人脉优势，在印刷商和客户之间赚取两成佣金来盈利。他先找到客户，再把生意送到合适的印刷商那里，一方面以比市场价便宜的价格争取到客户的订单，再以比市场价略高的印刷价把生意送给印刷商，在"批发价"和"零售价"中赚取利润。阿木的生意完全不需要华丽的办公场所，也不需要完备的机器设备，只需要靠他广泛的人际关系就足以获得收益。

在我们的身边，不难发现这样的人，他们能说会到，人脉相当广泛。当然，我们并非鼓励"夸夸其谈"的为人作风，但是不可否认的是，良好的沟通能力是广泛建立人脉的关键所在。毕竟，人是一种很奇特的群居动物，他们无时无刻都需要靠语言或者肢体的沟通来表达情感。一个懂得沟通的人，不仅仅是位出色的信息传播者，还是一位优秀的信息搜集者。他可以清楚地表达个人想法，可以快速收集到行业信息，可以客观地对信息做出正确判断，能够顺畅地向合作者传达信息，也可以从大众身上得到有效反馈。信息的分享一定会为情感的沟通搭建桥梁。你来我往中，感情也日益浓厚，人脉也就这样建立起来。毋庸置疑，21世纪是一个信息盛行的时代，拥有广泛人脉的人自然能够得到充足的信息，以获得优势资源。获得了财富的先决资源，财富还会离你远吗？

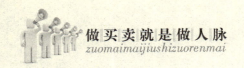
大海捕鱼用渔网,商海猎鲸用"关系网"

每个人的精力和体力都会随着年龄的增长而下降,知识也会落伍,唯一增长的就是人脉。所以,一个人要想成功,光有专业知识技能是远远不够的,还需要有超强的人脉。

人脉对于生意人的重要性,怎样强调都不过分。

年轻的保险推销员约翰来自蓝领家庭,他生活中没什么朋友,致使他在工作中没什么人际网络,他也不知道该如何建立网络,如何与有着不同背景的人打交道,因此,他业绩的糟糕程度也就可想而知了。

在濒临失业的时候,约翰无意间参加了一个开拓人际关系的课程训练,约翰受课程启发,开始有意识地和在保险领域颇有建树的卢克鲁联系。卢克鲁先生是一位很优秀的保险顾问,而且拥有许多能够快速致富的商业渠道。他生长在富裕家庭中,他的同学和朋友都是学有专长的社会精英。

通过自己的努力,约翰很快和卢克鲁建立了良好的私人关系,他通过卢克鲁认识了越来越多的人,事业上的新局面自然也就打开了。从此,约翰的业绩与从前有了天壤之别。

每个人的精力和体力都会随着年龄的增长而下降,知识也会落伍,唯一增长的就是人脉。所以,一个人要想成功,光有专业知识技能是远远不够的,还需要有超强的人脉。

举个例子来说,即使你拥有很扎实的专业知识,而且是个彬彬有礼的人,还具有雄辩的口才,但却不一定能够成功地促成一次商谈。这个时候,如果有一位关键人物协助你,为你开开金口,相信你的出击一定会完美无缺且百发百中,这就是关系的力量!

埃德沃波克被称为美国杂志界的一个奇才，但谁能想象他当初经历过的困苦和磨难。6岁时，他随着家人移民至美国，在美国的贫民窟长大，一生中仅上过6年学。上学期间，他仍然要每天工作赚钱。13岁时，他辍学到一家工厂工作。然而，他并没有就此放弃学习，他坚持自学，最重要的是他非常有远见，很早就懂得经营人际关系。他省下工钱、午餐钱，买了一套《全美名流人物传记大成》。

接着，他做出了一个让任何人都意想不到的举动，他直接写信给书中的人物，询问书中没有记载的童年及往事。例如，他写信问当时的总统候选人哥菲德将军，问他是否真的在拖船上工作过，他又写信给格兰特将军，问他有关南北战争的事。

那时侯的小波克年仅14岁，周薪只有6.25美元，他就是用这种方法结识了美国当时最有名望的大人物：诗人、哲学家、名作家、大商贾、军政要员等。当时的那些名人也都乐意接见这位可爱的、充满好奇心的波兰小移民。

小波克因此获得了多位名人的接见，他决定利用这些非同寻常的关系来改变自己的命运。他开始努力学习写作技巧，然后向上流社会毛遂自荐，替他们写传记。然后，他收到了像雪片一样多的订单，他需要雇用6名助手帮他完成这些工作，这时的波克还不到20岁。

朋友的数量决定人气指数的高低

试想一下，是否你所认识的人都和你很相似？你们的背景是否很类似？对于很多事情的看法你们是否都很一致？如果你的回答是肯定的就需要引起注意了。这样只会让你的生活圈越来越狭小，机会越来越少。

千万别以为，搞好人脉关系只不过是公关小姐、公关先生们的事情。实际

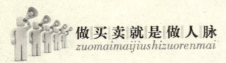

上，一个有实力的人也不一定有魅力。泱泱五千年的中华历史，有盖世雄才的何止千万，为什么名垂史册的就那么几个？拥有倾国倾城容貌的美女也不在少数，为什么仅仅只留下四大美女的传说？道理很简单，就是他们的人脉、人气盖过了别人。因此说，人脉是金！

互联网新富马云在电子工业学院当英语教师，及担任国际贸易专业讲师的时候，为了贴补家用，就去夜校做兼职老师。来听课的有很多都是做外贸生意的老板，这些老板都很敬佩马云，都把马云当朋友，这为马云日后的创业积累了广泛的人脉。

1995年，马云创办中国第一家互联网公司——中国黄页，那时人们都不懂互联网是什么东西，对马云的互联网理念完全不相信，以为他是骗子。马云为了发展公司业务，首先开始给身边的朋友打电话，请他们做网站。很多朋友对网站这东西也是半信半疑，但是为了给马云面子，也就将就着做了几个，但一开始，基本上都是免费给做的，毕竟再好的朋友也不能把钱往水里扔。有一家朋友的企业是最给面子的，好歹象征性地给了6000元。这是中国黄页的第一笔收入。

中国黄页第一个正式的付费客户同样是马云的朋友，那是当时杭州的四星级宾馆望湖宾馆的老板。那个老板本来也不相信网站，但是也同样给了马云面子，签下了马云的单，数额是20000元。

试想一下，是否你所认识的人都和你很相似？你们的背景是否很类似？对于很多事情的看法你们是否都很一致？如果你的回答是肯定的就需要引起注意了。这样只会让你的生活圈越来越狭小，机会越来越少。你应该接触不同的专业领域、不同成长背景、不同国籍、不同年龄层的人，当你认识的人脉资源呈多元化时，代表的机会就会更多，或许你就可以因此而找到新的生涯。

另一方面，这样也会有助于个人的成长。当我们长期身处在某个领域当中，思考模式就会变得僵化而单一，习惯于现状，变得不愿意接受新的挑战或是机会。任何人在面对较自己优秀的上司及同事时，自卑心理都在所难免，但若就此自暴自弃、不求上进，则永远也无法成为优秀的人才。此刻，应有"现在虽是候补选手，将来定有成为明星选手的一天"之气概，尽快消除心中的自卑，并好好发挥自己的特色及能力才能有所成就。

另一个造成生人难以接近的原因则为"不投缘"，这常是心中的感情在作祟。其实，由于各人生长环境不同，个性、习惯自然也有不同，若只由自己的主观意识来决定好恶，则可能会因"偏见"而影响双方的感情。如果已累积相当的社会经验，再依此为基础来判断对方的为人，或理性而正确地评断对方。但若只是初出茅庐的小伙子大谈投不投缘的问题，这样武断的方式极可能为自己的前途造成负面影响。刚踏入社会时，由于经历浅薄，认识的人自然不多。却因惧于与人接触、讨厌交际而不愿与人交往。为防止这种情形，应以坦诚的心面对朋友，确认对方是否真为难以接近者，并检讨与之格格不入的原因，千万不可因为自己成熟的个性而放弃结交好友的机会。

美国的伦纳得·朱尼博士在他的一本著作中说，"交际"的重要就在于他（她）们相互接触的第一个 5 分钟。他认为，人们接触的第一个 5 分钟主要是交谈。

在人们试图与你建立关系时，他们总会问你是做什么的。如果你的回答平淡似水，比如只是一句"我是 IBM 的一名经理"，你就失去了一个与对方交流的机会。而介绍的时间过长也不利于后续的交流，所以最好不要超过 10 分钟，内容应包括你自己以及工作的内容，尽量提到可以让对方印象最深刻的内容。例如：

"我是来自圣荷西的创投家，专门投资无线网络科技公司，投资金额大约在一千万到五千万美元之间。"

"我在人力中介公司服务，专门为网络创业公司寻找有经验的主管，去年成功地媒合了 17 位副总级以上的主管。"

"我在 IBM 负责一个小组的管理工作，主要是为我们的军事侦察卫星开发监视软件。我也喜欢骑马，常常打网球，并且热爱写作。"

此外，除了介绍自己的职业和工作内容外，最好还要提及工作中的具体成绩。派克威职业训练公司总裁安渥尔夫特别提醒，不要感到不好意思，不要

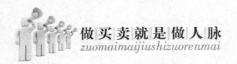

在别人面前隐藏自己的能力或是成就。依据场合的不同,你还应该适度修改自我介绍的内容,像是参加行销活动与网络公司记者会,自我介绍的内容就会有所不同,但是原则是一样的,就是要让对方记得你。

在不太严肃的场合,你还可以这么说:"最近我和母亲相处不甚和睦,然而昨天我们居然高高兴兴地谈了一个下午,误会完全化解开了……"或者说:"这几天太热了,我索性把头发剪短,朋友们都不认得我了……"初次见面若想给别人留下深刻的印象,就必须先消除彼此间的距离。某单位有一次邀请某位先生上台演讲,他那自嘲的演讲辞一开始就拉近了他与观众间的距离,他说:"今天我第一次与各位见面,很巧的是我穿了一双漂亮的新皮鞋,但因为挤公共汽车赶路的关系,新皮鞋踏成旧皮鞋了,脚也起泡了……"总而言之,尽快地消除与人初次见面时的陌生意识,才能给对方留下深刻的印象。

你的人脉资源当中,一定有某些人担任公司的高层主管、人力资源主管、关键的决策人员,或是从事就业辅导、人力中介等工作。这群人非常了解目前企业的雇用情形或是产业的发展趋势等等,他们是重要的信息来源。

而且,如果你注意观察还会发现,每家公司都会有这样的人,不论大小消息,一概逃不过他们的耳目,他们人际关系颇佳,跟所有的人都有交情。每每在事情发生的前几个月,他们就已经知晓一二了,可谓消息灵通人士。这些人位高权重,而且不会滥用他们的权力。

他们是天生的纵横家,善于沟通,因为他们不搞阴谋,所以能得到别人的信任,别人愿意将心事、最新消息告诉他。一般来说,掌握的权力越大,拥有的秘密也越多,反过来说就是拥有的秘密越多,掌握的权力就越大。要是你会催眠,让他们将所知所闻一股脑儿倾吐而出,保证让你目瞪口呆。他们不仅消息灵通,而且有敏锐的洞察力,能区分事情的真伪,因此能成为最高主管的心腹、政府高级官员或高级顾问。一旦危机发生,他们总是第一个接到电话的人。他们对于你求职的帮助是任何人都比不上的。

所以,你不妨主动打电话与这样的人联络,询问对方是否愿意与你会面进行咨询性面谈,你可以借此机会多多了解市场的变化。但是还要提醒你,这不是要求对方介绍工作给你，你的目的仅仅是搜集信息，所以没有必要紧张，也不能把这当成是求职会谈，记住，别人只能给你一定的参考信息，而真正拿枪上阵的还是你自己。

如果你是在求职，在去各家公司参与面试的过程中，你会得到各种各样的信息，认识各种各样的人，他们或多或少都会对你有所帮助，为了避免遗漏或遗忘任何人的资料，最好把它们分门别类，列出姓名、电话、地址、工作职务及所认识的其他人等。并且记下你建立资料卡的日期。

如果这样做的话，你便会有越来越多的资料卡，你的人际关系也会逐渐扩大。当求职者在需要找出关键人物时，困难往往出在没法找到相关的、派上用场的人身上，而他们原有的关系又不顶用了。但是不可否认，你认识的人越多，就越能保证在你正式求职时可能有的人际关系。一时看来没有用的资料、关系，他日可能会帮上大忙，能帮你找到你喜欢的工作。这些关系就像是你的百双眼睛和百对耳朵，在你找到他们时，他们会帮你到处打听、留意、收集有用的信息，而这对于你的帮助是不可估量的。

为了扩展你的人脉，你应该积极地加入团体、校友会、协会，参与各式活动。无论是研讨会或课程学习，只要是你觉得有兴趣的团体，你都可以加入。另外，现在网络资源丰富，每天会收到过多的电子邮件，但其中不乏有免费或只需少数费用的活动、研讨会等信件，不妨多关注电子邮件讯息，也许因为通过参加一次活动，你又多了一位不同领域的朋友。

主动联络却被对方拒绝可能会让你感到沮丧或是失望，而参与社交活动就不会有这种负面的感受。"有一位个性害羞的系统分析师，在朋友的婚礼派对上找到了新的工作，"杜飞生涯顾问公司的资深合伙人乔伊杜飞说道，"他和吧台的酒保聊天，正巧酒保的叔叔在一家计算机公司上班，正在招聘系统分析师。一个星期之内，他就换了新东家。"

此外，担任义工也是建立人脉的有效途径，只要时间允许，可以到相关的非营利组织或是协会义务帮忙，例如，如果你的专长在财务领域，你就可以义务担任公益组织的会计。这样不仅可以建立自己的人脉，更可以展现自己的

专业能力。如果你不幸失业了，一时之间也找不到稳当的工作，也可以考虑临时性的工作。这时候你不应限制太多，只要有任何的工作机会，就应该多多尝试。A先生在一家大型企业担任财务副总，被公司裁员后的第3个月，他接受了一份临时工作，为企业主管担任机场接送的司机。有一次他的乘客正好是一家位于纽约市郊的工程公司的老板，对方主动邀请他担任公司的财务经理。我们可能没有这样幸运，但是这个方法对于我们建立人脉与个人的成长，都是很有用的。

你要主动找机会和别人谈话，而不应只是站在角落里等着别人来找你。如果你看到有几个人围在一起谈论，你可以站在这群人的周围，这时必定会有人注意到你，并且邀请你加入到他们的队伍。

当然，事先想好交谈主题是很必要的。有专家建议，在参加任何社交活动之前，一定要了解活动的目的与内容。出发前应想想，最近有哪些热门的话题适合作为开场白。谈话中千万要避免容易引起争议或是敏感的话题，如政治、宗教、性别、年龄等。和对方谈话时，眼睛不要四处张望，更不要和每一位经过的人打招呼或是不时地看看手表。即使这段对话对你来说可能没有任何帮助，还是必须要全神贯注，不要让对方产生不好的印象。

谈话中还要注意保持轻松，如果你表现太过紧张或是严肃，只会让对方感到不自在，自然无法将话题进行下去，甚至因此而丧失继续往来的机会。所以，不要给自己太多的压力，不要给自己规定一定要认识哪些人或是达到哪些目的。到了现场，保持轻松的态度，享受当时的气氛是很重要的。

此外，懂得何时结束对话也是很重要的，你不可能一整晚只与某个人谈话。这也需要一点儿小技巧，也许在10分钟之后你可以说："我知道你还要认识其他的人，就不打扰你了。"或是："抱歉，待会儿我和另一位客户有约，必须先走一步。"但你千万不要说"我要去一下洗手间"，这样很容易让对方觉得你是在找借口回避，从而给以后的交流增加困难。

这样的人脉就代表你认识的朋友数量，而朋友的多少，也可以从另外一个方面证明你在这个社会所拥有的资源。

一个人的 100% VS 100 个人的 1%

朋友不应该分三六九等，什么样的朋友都可以去结交，因为什么样的朋友都可能在你以后的创业道路上拉你一把。

创业路上，我们需要朋友的帮助。朋友的数量决定人气指数的高低。

在这个"创业改变命运"理念盛行的时代，我们每个人都应该有创业的意识和想法。尽管你现在还在给别的公司打工，要想到以后创业艰难，刚开始我们肯定需要朋友的帮助，因此，在生活和工作中我们就要有意识地去结交一些朋友。

吴榱华是一位成功的生意人。他的资产目前已经超过 1000 万元。同时他是上海香港商会理事兼公共事务副会长、香港体育会会长、上海市公共关系协会副会长、上海利苑金阁餐饮有限公司董事、上海威顺康乐体育咨询有限公司董事长、总经理等。他拥有怎样的人脉资源呢？他直言有"两三千个朋友"，住院时有上百人前来探望，开生日 party 时有三四百名朋友来参加。下面我们来看看这位成功人士是怎样利用自己的人脉资源来辅助自己获得成功的。

吴榱华是 1993 年来上海的。吴榱华在来上海的第一年是担任一家珠宝公司的总经理，负责在上海筹建业务，开设零售店。这份工作是他香港的朋友推荐的。通过在同一个商厦办公的机会，吴榱华逐渐认识了他来上海的第一批朋友。这些朋友中，有做各种各样的生意的，其中有很多都是在上海的香港人。在这些香港朋友的介绍下，吴榱华加入了上海香港商会。后来香港商会的一位副会长的朋友由于工作的缘故调离上海，推荐吴榱华成了香港商会的副会长。而利用香港商会这个平台，吴榱华又认识了一大批在上海工作的香港成功人士。

在上海工作的香港人超过几万人。之后不久，吴樾华辞去了珠宝公司的职务，一家美资烟草公司请他担任上海的首席代表。当时吴樾华手下只有两个人。无论推广、调研、制定策略，他都亲自参与，把一小块市场拓展到江苏、浙江等整个华东地区。"在烟草公司做首席代表的这几年里，是我朋友发展最多、最快的时候。"吴樾华回忆道。为了扩展市场，公司允许吴樾华报销每个月和客户吃饭等交际费用。"那个时候，经常请朋友去吃饭，基本一个月要花费好几万元，一年下来要花费100万元左右。而且由于是大公司，可以认识到很多体面的人。这也是一个机会，可以认识很多朋友。"直到集团被收购，公司将他派驻其他地区，他才猛然发现，他已经离不开上海了。他的绝大部分朋友都在上海，他觉得离开上海，自己辛苦建立起来的人脉将浪费了。于是，他决定离开烟草公司。2000年，在朋友的介绍下，他担任了一家外资咨询公司的高级副总裁，手下有100多号人，但是不到几个月，他就辞职了。因为由于一个朋友的介绍，他谋到了更好的职位。找到了更好的事业发展的出口。

为了随时认识更多的朋友，吴樾华随身都带着自己的名片。吴樾华曾经对家人说，要是有一天出去没有带名片，我会浑身不自在。就像自己没有带钱出去一样。因为，朋友或者人们通常说的人脉，在吴樾华的事业中担当着不可或缺的角色。

这就是成功人士的成功法则！

利用朋友资源，为自己的事业锦上添花。

很多人第一次听说吴樾华的时候，就知道他以朋友多而出名。据说每年的生日宴会都会有几百人来和他共度良宵。

由于吴樾华自小就喜欢体育运动，他参加过许多体育培训班，还拿到过风帆教练资格证，并开班教过人。另外受父亲的影响，吴樾华的父亲曾经是香港东方体育会的会长、东方足球队的领队。所以，在香港商会的时候，吴樾华组织了足球队等体育活动，加深商会成员的感情。这期间，吴樾华有了创办一个体育会的想法。

吴樾华说："那个时候，我来上海也有五六年了，对上海也比较熟悉，知道来上海的香港人都很忙碌，又没有合适的团队做运动、休闲。"1997年，吴槟华创办了香港体育会并担任会长。这是一个自发的群体性体育组织，最初才20多个成员。为了运动的时候能开心一点，大家凑在一起。渐渐地，大家在玩的同时成为了好朋友，有些自然就成了生意上的伙伴。朋友带朋友，这个圈子越来越大，作为会长的吴槟华，花费了更多的时间和精力来经营这项事业，也给他带来了更多的朋友。"我们不光是在一起体育锻炼，在玩的过程中也促成了信息的交流。"吴槟华说，"这几年来，我们已经发展到了200多个会员。这些人几乎每个人的名字我都叫得出。"即使在大家都很忙的情况下，吴槟华也会组织大家参加活动，并且每次都有五六十人参加。

为了"寓商机于休闲"，吴槟华成立了上海威顺（Vision）康乐体育咨询有限公司。在吴槟华的名片背面，印着公司的经营范围："会所项目前期策划咨询及管理；餐饮项目策划咨询管理；会员卡销售策划咨询管理；康乐体育相关项目之投资咨询及策划管理……"

吴槟华说："其实通过我手上的人脉关系，做什么事情都会比较轻松。然而我认识这么多朋友以来，我从来没有以什么商业或者生意上的目的去找过朋友，都是朋友主动帮助我的。朋友有什么生意，会马上想到我并且通知我。"就拿利苑金阁来说，就是一个朋友看到吴槟华有如此广阔的人脉，力邀他加盟投资成为董事。"开餐厅人脉是最重要的。我的一些朋友，有什么聚会或者公司聚餐，会马上想到去吴槟华的那家餐厅。"

据吴槟华介绍，他目前的资产已经超过8位数。他说，自己的事业得到朋友的帮助才会这么顺利。"包括开公司，介绍推荐客户和业务等等，各种朋友都会照顾我，有什么生意会马上想到我。"

如果吴槟华不善于运用人脉，他就不会有今天的成就。

有人认为，交朋友就要去交那些有钱人，因为他们有钱，所以给自己创业提供的帮助会更大。这话不无道理。但是如果只把眼睛盯着有钱人，不是有钱人就不交，慢慢地在性格当中会自然而然地形成一种势利因子。朋友不应该分三六九等，什么样的朋友都可以去结交，因为什么样的朋友都可能在你以后的创业道路上拉你一把。

第二章

寻贵气：背靠大树好乘凉

你想几年后成为什么样类型的人，取得什么样的成绩？现在就应该开拓自己贵人的人脉布局了，早一点儿规划自己的人脉网络，累积你的"人脉存折"，经营你的人脉资源吧！几年后，你将会发现身边到处是可以随时协助你的专业人士，一通电话、一个邮件即可帮你解决烦恼的棘手问题，进而达成自己的梦想和目标。

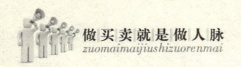
鲲鹏展翅也需借大风助力

　　一个人若想成功,在需要自己努力的同时,也需要贵人的帮助,因为做成一件事情,取得一定成就,是需要天时、地利、人和等诸多因素的配合的。

　　有这样一个故事:

　　从前在北方有一片大海。海中有一种鱼,它的名字叫鲲。这条鲲的体型很大,大到有几千里。后来变成了一只鸟,它的名字叫做鹏。这只鹏也很大,仅仅是它的脊背就大得让人看不到边际,有一次它发了怒便振翅而飞,翅膀像是遮天的乌云。这只鸟在海上飞翔,它心目中向往的地方是南海,所谓南海,也就是人们说的天池。

　　由这个故事我们可以想象:假如水达不到一定的深度,那就浮不起大舟来,因为它没有那么大的漂浮力。如果把一杯水倒在地上,那就只能用草芥来做小舟;如果把杯子放在上面,杯底就会贴在地上,这就是水浅而舟大的缘故! 假如云气达不到一定的厚度就浮不起大鹏来,因为它没有那么大的漂浮力。正因为如此,所以大鹏要高飞九万里,让厚厚的云气在下面托负着它,使它有可能乘风而行,以至于背负着青天而不掉下来,而后才有可能向南海飞去。这个故事也说明了一个道理,那就是一个人想成功,在需要自己努力的同时,也需要贵人的帮助,因为做成一件事情,取得一定成就,是需要天时、地利、人和等诸多因素的配合的。

　　这个故事还与立于方外、以道观之的观点相照应。其意是说,小雀在树木与房屋之间飞行,所以眼中的树木和房屋都看得很清楚。正因为清楚,所以它们区分得会很真切。大鹏高飞九万里,大地在它的眼里成了一片云气,分不清是牛是马,更看不到是是非非,一切都浑然一体。也就是说,只有站得很高很

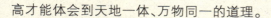

高才能体会到天地一体、万物同一的道理。

"北冥有鱼，其名为鲲。鲲之大，不知有几千里也；化而为鸟，其名为鹏。鹏之大，不知有几千里也；怒而飞，其翼若垂天之云……"庆东集团董事长宋清晖就像一只展翅的"鲲鹏"，正以其伟岸的雄姿，聪明的智慧，昂扬的斗志，带领着庆东集团这艘经济巨舰搏击在商海大潮中……

1976年，年仅27岁的宋清晖怀着对故乡、对亲人的无限眷恋，怀着对新生活的美好憧憬，毅然踏上了黑龙江这块美丽、富饶而又神奇的黑土地。当他在哈尔滨下车的时候，宋清晖的身上仅剩下23元钱。就是凭着这23元活命钱，他开始了从无到有、从小到大的艰苦创业。

宋清晖事业的真正起步是从事建筑行业以后，他接手的第一个工程是修筑大庆市红岗区沙大路的一个转盘道为2.7公里的混凝土路面。当时，大庆石油管理局要接待上级的检查，所以对工期要求非常紧，质量要求也非常严。对于这段工期短、任务重、质量高的工程活没有人愿意干。此时，宋清晖不但没有退缩，反而敏锐地看到了其中的巨大商机。他找到管理局主管领导主动请缨说道："沙大路工程我能干！"管理局领导望着这个瘦弱干练的青年半信半疑地心想：你能行吗？毕竟这段不大的工程已经吓退了很多人。于是，管理局领导半开玩笑地说："行！只要你能在一周之内给我找来100人，这个工程就由你来干。"

宋清晖二话没说，立即回老家找人。凭着自己在家乡的威信，几天的时间，他就招到了160多人。当宋清晖带着160多个"子弟兵"齐刷刷地站在管理局大楼下面的时候，领导们被感动了。在管理局领导的大力支持下，宋清晖与"子弟兵"们一起整天吃住在工地。精心设计、夜以继日地施工，最紧张的那一段路他6天5夜没有合眼，人累瘦了一圈，体重下降了6公斤。

当一个人放弃小富即安的思想，把自己融入改革的时代大潮，把自己的才华和智慧无私地奉献给祖国和人民的时候，他就有了人生的奋斗目标，他的事业就一定能取得成功。

1993年5月2日，是一个值得纪念的日子，这天，宋清晖创办的肇东市庆

东实业有限公司正式成立了。

此时,他开始谋划公司的总体发展蓝图:以建筑行业为龙头,以工业为基础,以高科技开发为主导产业,广泛开展内引外联,走规模化推进、集团化发展的多元化发展之路。争取在短时间内把公司办成跨行业、跨地区、跨国的综合型、外向型、大型股份制企业集团。按照这一宏伟构想,宋清晖开始了第二次创业,并取得了突飞猛进的发展。

如今的庆东集团已经发展成为由国家工商管理局注册的特大型无地域性企业。公司下设 8 个控股公司、10 个工程处,拥有注册资金 2.96 亿元,固定资产 2.5 亿元。公司业务已由简单的建筑延伸到油田开发、井下作业、建筑安装、建材生产、矿业开采、精细化工、污水处理、园林公墓等诸多领域。自 2000 年实现总产值首次突破亿元大关跨入全国民营企业 500 强之后,2007 年又突破了 2 亿元。宋清晖预计 2008 年,公司的发展将再上一个新台阶,产值有望突破 3.5 亿元。

对于公司的发展,宋清晖充满信心。对于公司的经营,他有独到的见解。他说:"公司的管理其实很简单,归纳起来不过简单的 12 个字:决策好、用好人、授好权、干好事。企业的管理,归根结底是人的管理,一个成功的企业家就应该像一块磁石,更应该像一块洼地,能够把各类优秀人才源源不断地吸引到你的周围。只有各类资源都源源不断地流向洼地,才能产生不断聚集的'洼地效应',企业才能不断发展壮大。"

觅贵人，广撒网不如有的放矢

有的放矢，比喻说话做事有目的性、针对性。在商场上觅贵人也需要有这种眼光。一个人如果有了朋友的鼎力相助，几乎没有什么事儿是办不到的。

人生因目标远大而更富有意义，因奋发图强而奠定成功的基础，更重要的是因为贵人相助而更快达到成功的彼岸。所以，当你茫然无助的时候，贵人是帮你指点迷津的人。

寻找贵人一定要有方法，切不可漫无目的地广撒网，而是要有的放矢。下面是以一个过来人的经历来教你如何选择创业合伙人。

其实，每个人创业的体会基本上都比较相似，当然是从感性出发。就像别人说的一样，做了10年的生意，到现在一事无成，人生真的很失败，而年纪也不断增大，内心的压力也越来越大。常言道：男人三十而立，总在想自己靠什么而立？！

是自己单飞，还是找创业伙伴？单飞有单飞的好处，然而弊处也不少。大事肯定不是一个人干出来的，需要一个团队，一个互补性好的团队，一个很有执行力的团队。这个团队的成员或许是合作伙伴，或者是同事。创业是件非常美妙且不断产生痛苦的事情，也是个严肃的事情，选择合作伙伴一定要非常谨慎，否则，不如仅是想想而已。对搭档的选择和看法：第一，是个好人，品质不错的人，这个就不需要太多的解释，这是相互信任的基础。刚开始创业，没那么多经验或精力去正规化及约束，更多的是激情和自发。如果是成天防着对方，那最好就不要去尝试。第二应是选择互补性很强的人。人有所长，必有所短。选择的时候要看清其长，以后也要学会包容对方的短。不是选互补性的人，往往是臭味相投的。这里说的是性格而不是价值观。所谓取长补短，是取

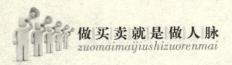
别人的长来补自己的短,此为团队的真正价值。长城不是一人筑成,想做出点成绩,就得有做事情的开放心态。第三,能沟通的人。企业是个利益共同体,不是家。双方都有责任主动地去沟通。中国人的个性是相对含畜谦虚的,常常有话说三分,所以沟通的空间相对大。凡事不要见面无声,面后有声。这往往是双方的因素,但肯定有一方是主导。误会的产生往往是:误认为别人应该会理解或明白我。解决误会的最佳办法是主动沟通及多沟通。观点和想法就如盲人摸象,各人有各人的点,吵架也是必然的,是好事。团队更有价值,也是因为存在不同的点。第四,能共同承担责任的人。创业是一个不断犯错、不断学习改过的过程。不仅是自己犯错,还有团队里的任何人。要有准备及有责任为自己及团队成员的过错买单。谁让我们想创业呢。在赔钱和赚钱的时候,都是我们的时候。终止合作并不是可怕的事情,话说清就行,最怕的是占着位置,又不想负责任的。合伙创业靠的是取长补短,资源共享,共同努力和互相依靠。

老马识途,多向元老之人请教

既然经验这样重要,从何能得来呢? 没有捷径,办法只有一个:实实在在地去做,在做的过程中去用心地摸索和积累! 同时在和有积累的人打交道时,实实在在地去请教、学习。

公元前663年,齐桓公应燕庄公的要求,出兵攻打入侵燕国的山戎,相国管仲和大夫隰朋随同前往。后来山戎败退到孤竹境内,齐军深入,最终灭了孤竹。齐军是春天出征的,到凯旋而归时已是冬天,草木变了样。大军在崇山峻岭的一个山谷里转来转去,最后迷了路,再也找不到归路,虽然派出多批探子去探路,但仍然弄不清楚该从哪里走出山谷。时间一长,军队的给养发生困难,情况非常危急,再找不到出路,大军就会困死在这里。管仲思索了好久,有了一个设想：既然狗离家很远也能寻到回家的路，那么军中的马，尤其是老马，也会有认识路途的本领。于是他对齐桓公说："大王，我认为老马有认路的本领，可以利用它在前面领路，带引大军出山谷。"齐桓公同意试试看。管仲立即挑出几匹老马，解开缰绳，让它们在大军的最前面自由行走。也真奇怪，这些老马都毫不犹豫地朝一个方向行进。大军就紧跟着它们东走西走，最后终于走出山谷，找到了回齐国的大路。

在商场上也需要这样的老马，他们的经历足以认识各种道路。

创业资源不是所有人天生就有的，人人都需要一个积累的过程，而且极有可能是一个艰苦而漫长的过程，很多想创业的朋友在这个积累的过程中就已倒下一次或多次了！需要提醒的是：即使别人把成功的经验全教给了你，或者别人已为你准备了足够丰厚的资金，如果你没有自己通过经历所积累的创业资源，你就可能最终浪费掉这次机会，在茫然和迷茫中无果而终！

对于初次创业的朋友，在所有创业所需要的资源中，商业经验显得尤为重要，有了经验，其他的资源会很快被你所获得的经验获取，比如，缺资金，我可以凭已获得的经验去赚、去整合，甚至去借贷；缺项目，我可以凭经验去发掘和收集。注意，商业经验不是从别人那儿学到的，而是靠自己在实际的工作中摸索到的，因为即使别人用得很好的经验，放在你身上就完全可能一无是处，原因很简单：每个人的意识和所处的环境等因素并不一样！

既然经验这样重要，从何能得来呢？没有捷径，办法只有一个：实实在在地去做，在做的过程中去用心地摸索和积累！

没有资金，连做的机会都没有，何谈摸索和积累呢？很多创业者其实就陷入了这个困惑之中，让自己长期无从下手，只有失望地被挡在创业的大门之外！

在这种情况下，你可能由于观点问题而忽视了一个最好的机会，那就是去打工——有意识和有准备地去打工，让老板花钱使你去工作，在工作的过程中去获得并积累自己最终创业所需要的经验！

打工，你可以积累管理、营销、行业等很多方面以后单独创业所需要的商

业经验，同时，你还可以积累创业所需要的资金、人脉、技术等方面的资源，只要有准备和用了心，实实在在地选择适合自己积累资源的行业和企业去打工，只怕积累到一定时候，不想单独创业都由不得你了！要达到这样的效果，前提只有一个：为创业而打工，把打工当做自己创业的第一步！

正确对待打工行为，把打工当创业开始行动，去找适合自己学习和积累的工作吧！

想创业，最重要的就是需要拥有创业所必须的资源，这些资源包括：经验、资金、人脉、技术、项目等等，只有拥有其中的一部分或全部，你的创业行为才能得以顺利地开展，也才有可能达到最终创业成功的目的，资源拥有得越多，创业也许就会更顺利，否则就是空谈和想象！

你与世界首富之间相隔多少人

"你与世界首富之间相隔多少人？"这个问题反过来说就是，你通过多少个人可以认识世界首富。由此看来，你的人际关系就显得尤为重要。

西方有句谚语说："每个人距总统只有 6 个人的距离。"

这句话非常有道理：你认识一些人，而这些人又会有他们认识的另外一些人，这另外一些人又有与你不同的人际关系……这种连锁反应一直会延续下去。可以相信，总有一个人会认识总统。每个人的关系网都比自己现实中得到的要广大得多，你之所以不满意你现在的状况，就是因为你没有挖掘自己的人际潜力。你实际上所拥有的人际网络，可以延伸到与你经常联系的人之外，包括你与之共同工作或曾经一起工作的人，以前的同学、校友、老乡、朋友，还有你遇到过的小孩的父母及亲戚，你参加会议时所遇到的人，甚至是和你同走在一条路上的行人。这些人都是你的"网络成员"或者是"潜在的网络成员"。看看吧,你的关系网络有多么丰富,你怎么会感叹自己认识的人少呢?也许你会说,这又怎么为自己所利用?是的,必须要为自己所利用才有价值,否则没有任何意义。为此,我们应该怎么做呢?首先找出你认识并有业务联系的每个人,并做一个能使你最有效地利用这些关系的计划。你可以让这些人帮你打电话,向一些有用的人物介绍你,或者让这些人向你介绍某一特定领域的一些关系。你也可以给这些人写封信,让他们帮你一些忙。

当然,在行动之前,你一定得清楚你的目的。比如,你想在哪个领域多学些知识和经验?然后再把所有可能利用的潜在资源都写出来,不要有疏忽或遗漏,要尽自己最大的可能去挖掘自己的人际关系网。在平时和别人交往的时候,你要不断地与他们交流,询问他们是否认识某一领域的人。他们的提示往往又会使你认识更多的人,然后再从这些新的人名中延伸开来,一直不停,总有一天你会找到你想要找的人。如果你想节省时间,那就直接去和这位你想接触的人联系。通过媒体或者给他写封信,或者打电话,要不发电子邮件,最直接的就是亲自拜访。这个方法一般都比较有效。

当然,不要抱着投机的心态。要明白,拓展和建立牢固的关系,必须用多年的时间和精力投入,并且始终保持对这方面的敏感,才能够逐渐得到你想要的东西。有的人面子很薄,羞于向认识的人提出请求,这是不利于人际交往的。

如果你不请他们帮你介绍更多的关系,他们绝不会主动来帮助你!

朋友相助,麻雀也能变凤凰。有句话说,你想成为什么样的人,就和什么样的人在一起。想成为健康的人,那你就和健康的人在一起,因为他会告诉你保养身体的知识;想成为快乐的人,就和快乐的人在一起,因为他会告诉你如何拥有积极的心态。同样,如果跟"高含金量"的朋友在一起,久而久之你自身的含金量也就提高了,也许就能从一只不起眼的小麻雀变成人人瞩目的金凤凰。

人脉不是金钱,但它却是一种无形的资产,是一笔潜在的财富。没有丰富的人脉关系,你将寸步难行。马克思说得太对了,人的本质就是社会关系的总和。你的人脉关系越丰富,你的能量也就越大。别人办不了的事情,你可能一

个电话就非常漂亮地解决了；反之，你费了九牛二虎之力都解决不了的问题，别人一声招呼就轻轻松松地搞定了。原因何在？创建有效的、丰富的人脉关系就是不二法门。

社会是一张网，我们每个人只不过是其中的一个结，你和越多的结建立了有效的联系，那么你就越能四通八达，这张网就是我们通往成功彼岸的捷径。否则，你就只是这么一个结，即使这个结再大，也只是孤零零的结，终究于事无补，尤其是在重视人际关系的中国。

我们究竟离成功有多远呢？相信吧，不会太远——建立有效的、丰富的人脉关系并充分地利用它，因为人脉在成功的路上必不可少。

记得时时更新与优化你的好友圈

贵人就在身边，关键是要用心去找。在美国有一句流行语："一个人能否成功，不在于你知道什么（what you know），而是在于你认识谁（whom you know）。"

在当前高速发展知识经济时代，人脉已成为专业的支持体系。对于个人来说，专业是利刃，人脉是秘密武器，如果光有专业没有人脉，个人竞争力只是一分耕耘，一分收获，但若加上人脉，个人竞争力将是一分耕耘，数倍收获。因此，开发和经营人脉资源，不仅能为你雪中送炭，在"贵人"多助之下更能为事业发展锦上添花。

一、可以通过熟人介绍，扩展人脉链条

根据自己的人脉发展规划，可以列出需要开发的人脉对象所在的领域，然后，就可以请求你现在的人脉支持者帮助你寻找或介绍你所希望认识的人脉目标，创造机会采取行动。

二、参与社团，走出自我封闭的小圈子

想要扩展公司、单位以外的人脉，扩大交友范围，借助"虚拟团队"的力量很重要，即通过社团活动的开拓来经营人际关系。在平常，太过主动接近陌生人容易引起对方的反感，会遭到拒绝，但是通过参与社团活动，人与人的交往将更加顺利，能在自然状态下与他人建立互动关系，扩展自己的人脉网络。而且人与人的交往，在自然的情况下发生，往往有助于建立情感和信任。

如果参加某个社团组织，最好能谋到一个组织者的角色，理事长、会长、秘书长更好，这样就得到了一个服务他人的机会，在为他人服务的过程中，自然就增加了与他人联系、交流、了解的时间，人脉之路也就在自然而然中不断延伸。

三、利用网络：廉价的人脉通道

一位在一家中型企业做销售部经理的朋友，闲暇时间喜欢上网，而且建立了自己的博客，一有时间就将自己在商场打拼的体会、经验、教训及艰辛历程贴在网上。有一次，在浏览博客网页时，他发现一篇很精彩的文章，读完之后，发表了自己的读后感以及对文章的肯定和赞美。这样一来二去，他和作者建立了很好的"文缘"，4个月后，他们相约见面，交谈甚欢，对方邀请他到自己的企业去工作。原来，这位网友竟然是朋友所从事的行业中第二大企业的老板。现在，他已是这家企业主管营销的副总经理了。由于他们在网上不设防的交流，对对方的价值观、爱好兴趣、处世能力等已经有了比较透彻的了解，所以，他与老板相处得很融洽。他还利用网络在全国十五六个城市结交了20多位知心朋友，此举大大促进了他业务的开展，使他人脉资源的延伸取得突破性的进展。

四、学会处处留心皆人脉：学会沟通和赞美

想要成为一名成功的人士，要善于学会把握机会，抓住一切机会去培育人脉资源与关系。

参加婚宴，你可以提早到现场，那是认识更多陌生人的机会；参加活动，要多与他人交换名片，利用休会的间隙多与他人聊聊；在外出旅行过程中，要善于主动与他人沟通等。

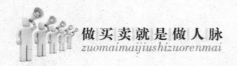
在公司内部，要珍惜与上司、老板、同事单独相处的机会，比如陪同上司开会、出差等，这是上天赐予的强化人脉的绝佳良机，千万不能错过，做好充分的准备，适当表现自己。

A在合资公司做白领，觉得自己满腔抱负却没有得到上级的赏识，经常想：要是有一天能见到老总，展示一下自己的才干就好了。同事B也有同样的想法，他主动打听老总上下班的时间，算好他进电梯的时间，刻意去守候，希望有机会遇到老总与他打个招呼。同事C更进一步，他详细地了解了老总的奋斗历程，弄清楚老总关心的问题，精心设计了简单而有分量的开场白，算好时间乘坐电梯，跟老总碰过几次面，交谈了几句，终于有一天有机会跟老总长谈了一次，不久就争取到了更好的职位。

A、B、C各自的人脉经营经历告诉我们，愚者错失机会，智者善抓机会，成功者创造机会。机会只给准备好的人，"准备"二字并非说说而已，更重要的是要去"做"。据说，日月光半导体的总经理刘英武当初在美国IBM工作时，为了争取与老板碰面的机会，每天都观察老板上洗手间的时间，并且选择在那时去上洗手间，创造与老板互动的机会。

"大数法则"的核心是：观察的数量越大，预期损失率结果越稳定。是保险精算中确定费率的主要原则。把大数法则用在人脉关系上，就是结识的人数越多，预期成为朋友的人数占所结识总人数的比例越稳定。所以，在概率确定的情况下，要做的工作就是结识更多的人，广泛收集人脉信息，有效运用大数法则来推断分析、评估人脉关系的进展以及存在的问题，从而制定相应的对策，不断改进方法，广结人缘。

法国亿而富机油前总裁每年都定下目标，要与1000个人交换名片，并跟其中的200个人保持联络，跟其中的50个人成为朋友。他遵循的就是大数法则。其实，职业和事业上的贵人就在身边，关键是你要有人脉资源经营的意识，用心寻找、用心经营。

与鲨鱼竞技，你能游得更快更远

在市场竞争中，对于经营者来说，出现对手、压力或磨难是必然的，而且并非坏事，有时候它们能成为经营者潜在的动力。

一位动物学家在考查生活于非洲奥兰治河两岸的动物时，注意到河东岸和河西岸的羚羊大不一样，前者繁殖能力比后者更强，而且奔跑时每分钟要多13米。他感到十分奇怪，既然环境和食物都相同，差别何以如此之大？

为了解开这个谜，动物学家和当地动物保护协会进行了一项实验：在河两岸分别捉10只羚羊送到对岸生活。结果送到西岸的羚羊繁殖到了14只，而送到东岸的羚羊只剩下3只，另外7只被狼吃掉了。谜底终于被揭开，原来东岸的羚羊之所以身体强健是因为它们附近居住着一个狼群，这使羚羊天天处在"竞争氛围"之中。为了生存下去，它们变得越来越有"战斗力"。而西岸的羚羊长得弱不禁风，恰恰就是因为缺少天敌而没有生存压力。

在市场竞争中，对于经营者来说，出现对手、压力或磨难是必然的，而且并非坏事，有时候它们能成为经营者潜在的动力。实际上，真正迫使经营者坚持到底的，往往既非朋友，也非顺境，而是那些可能置人于死地的对手。从这个意义上来说，经营者应当对对手怀有感激之情。

美国人金·吉利长着一脸大胡子，隔两三天就要刮一次脸。当时的剃须刀很不好使，用不了几次就会变钝，磨得太锋利又容易割破脸，致使鲜血淋漓。吉利在烦恼之余没有唉声叹气，而是想到能否发明一种安全剃须刀。他乐此不疲，孜孜以求，吉利剃须刀终于应运而生。吉利还在20世纪初创办了金·吉利剃须刀公司。当金·吉利产品在市场上大红大紫时，一家名叫盖斯门公司的小企业悄悄地与金·吉利较上了劲。它与别的竞争者做法不一样，没有公开打

擂要抢在金·吉利公司之前,而是不动声色地尾随其后,组织力量在市场上进行广泛深入的调查,收集金·吉利剃须刀的负面信息。在此基础上,盖斯门公司耗时17年,研制出一种双面使用、锋利安全的刀片。更为奇妙的是,它不但可以安装在本公司生产的刀架上,而且还能在金·吉利公司生产的刀架上使用。既然有那么多优点,新刀片投放市场后当然备受顾客青睐,金·吉利公司由此失去了许多老用户。

金·吉利公司当然不会善罢甘休,很快开发出新的产品。这时候,盖斯门公司的决策者们巧妙地避开正面的刀片之战,而在刀架上狠下工夫。不久,该公司又推出了一种新式刀架。面对盖斯门公司咄咄逼人的攻势,金·吉利公司凭借自己强劲的实力,不再"小打小闹",干脆将原来剃须刀的设计全部推翻,重新设计,研制出一种全新的剃须刀。然而盖斯门公司也不甘示弱,勇于迎接挑战,发明了与之相抗衡的产品。

就是在这种互为压力、激烈竞争的环境下,经过几番较量和"厮杀",金·吉利公司在全球剃须刀市场的占有率从开始的90%降至25%,以盖斯门公司为代表的后来者则瓜分了市场的75%。综观盖斯门公司发展壮大的整个历程不难发现,强有力的对手对金·吉利公司起到了重要的作用。

在法国,科学家法伯做了一个很有名的"毛毛虫实验"。他在一只花盆的边缘上摆放了一些毛毛虫,让它们首尾相接围成一个圈,与此同时在离花盆周围6英寸远的地方布撒了一些它们最喜欢吃的松针。由于这些虫子天生有一种"跟随者"的习性,因此它们一只跟着一只,绕着花盆边一圈一圈地行走。时间慢慢地过去,一分钟、一小时、一天……毛毛虫就这样固执地兜着圈子,一直走到底。在连续7天7夜之后,它们饥饿难当,精疲力竭,结果全部死去了。

在对这次实验进行总结时,法伯的笔记本里有这样一句话:"毛毛虫中如果有一只与众不同,它们就能够马上改变命运,告别死亡。"

同样的道理,成功企业最大的长处是不受定势的影响,不拘泥于传统的模式,走前人没有走过的路。

柯达公司是一家不固守传统、勇于创新的著名企业。自从1888年开发出柯达一号照相机以来，一直锐意进取，到1963年研制出了大众化的自动照相机。令许多人迷惑不解的是，当柯达公司在新相机带来可观盈利时，却一反常态，突然宣布放弃自动照相机的专利，同意别人仿制，并不收取分文转让费。其他厂家觉得这是天赐良机，捡了一个大便宜，便纷纷来仿制这种相机。

其实，柯达公司早已预料到，随着照相机专利权保护期的结束，世界照相机市场必将迅速扩大。这势必带来两种结果，一是面对竞争空前激烈的照相机市场，再生产照相机已无多大赚头，柯达照相机必定成为对手的"眼中钉"、"肉中刺"，欲除之而后快，柯达公司很可能会败下阵来；二是随着照相机市场的不断发展，胶卷的需求量一定会大大增加。于是柯达公司的决策者突破常规，下了一步"险棋"。他们有意把竞争者引到照相机市场上去"混战"，而自己却改弦易辙，在胶卷这块"处女地"上大做文章，将全部科技力量集中到感光产品的研制开发上。不久，柯达胶卷便占据了全球市场，仅"柯达"胶卷的商标就价值35亿美元。那些在开始时对柯达公司感恩不尽的大大小小的公司此时才发现，跟在别人后面跑而没有自己独特、过硬的产品，最终将无法在市场上立足。

在美国康奈尔大学，著名的威克教授也做过一个有趣的实验。首先，他把一只瓶子平放在桌子上，瓶的底部向着有光亮的一方，瓶口敞开，然后放入几只蜜蜂。只见它们在瓶子内朝着有光亮的地方飞去，结果只能撞在瓶壁上。经过几次飞行后，蜜蜂终于发现自己永远也无法从瓶底飞出来，它们只好认命，奄奄一息地停在有光亮的瓶底。接着威克教授把蜜蜂倒出，仍然将瓶子按原来的样子摆好，再放入几只苍蝇。没过多久，它们一只不剩地全部从瓶口飞了出来。苍蝇为什么能找到出路？原来它们坚持多方尝试，飞行时或向上、或向下、或背光、或向光，一旦碰壁发现此路不通便立即改变方向，最后终于找到瓶口飞了出来。

在这个实验中，苍蝇和蜜蜂的命运截然不同。其中的原因并不复杂：苍蝇靠不懈的努力在碰壁后总结教训，最终找到出路；而蜜蜂却一条道走到黑，即使面对无法逾越的瓶底也不回头，自然就只能陷于困境。于是，威克教授得出这样一个结论：与其坐以待毙，不如横冲直撞，因为后者的做法比前者聪明且

有用得多。

事实上，成功的经营者遭受过的失败或者犯的错误并不见得比一般人少，只不过他们勇于尝试，善于改变，直到成功。

日本有一家著名的企业——"综合经营企业"。它的总裁中田修今年70岁，曾饱尝创业的艰辛，经历十分坎坷。他曾穷途末路到流落街头的地步，甚至3次轻生。中田修28岁那年，生意亏损，血本无归。正当他悲观失望地想第4次自杀时，无意中看到一个广告牌，上面写着"桑泽设计院"。他当时并不明白设计院是干什么的，但觉得十分好奇。在读完了有关介绍后，他意识到干这个会很有前途。他想，如果干不好再把自己的生命结束也不迟。在随后的一年内，中田修组建了一个设计院，通过收费招收学员的方式集资。这样一来，原本空壳的公司因为注入了资金而活了起来，并取名为"东京设计院"。他在分析了设计行业的现状后，发现工业设计领域甚为薄弱，便以工业设计为突破口，结果一炮打响。"东京设计院"成功地为日本的许多大企业进行了产品设计，一跃成为全日本首屈一指的设计研究机构。

中田修完全变成了另外一个人，昔日的颓废和沮丧被自信和勇敢取而代之。他凭借对现实社会的入微观察，依靠自己的聪明才智，使得不尽的财源滚滚而来。请看他是怎样做的：

注意到人们如厕时蹲在那儿十分无聊，就将卡通漫画印在厕纸上；

发现商务用车在露天广场和大街上遭烈日曝晒与风吹雨打时，便开发出如同婴儿车上的那种帐篷式的可移动防雨棚；

见到快餐店人多乱哄哄后，便发明了可以随时供应食品的流动式快餐车……

中田修像变戏法似地几乎对所有的事物进行设计，其看似简单却又出神入化的创意令人叹为观止。他59岁时拥有的资产达到了100亿日元，从一个几次想自杀的人变成了声名赫赫的大企业老总，中田修靠的是"设计"。其实，他在酝酿产品设计方案时，也在对自己的命运进行着成功的"设计"。

一位年轻人第一次参加马拉松比赛，就获得了冠军，并且打破了世界纪录。

记者团团围住他,不停地提问道:"你是如何取得这样好的成绩的?"年轻的冠军喘着粗气回答说:"因为我的身后有一只'狼'。"

　　记者们听了,都感到很意外。他继续解释道:3年前,我开始训练长跑。训练基地的四周是崇山峻岭,每天凌晨两三点钟,教练就让我起床,在山岭间训练。虽然我尽了自己最大的努力,但成绩依然平平,每月的进步很小。有一天清晨,我在训练的途中忽然听见身后传来狼的叫声,开始是零星的几声,似乎很遥远,很快声音就变得急促起来,而且就在我身后。

　　我知道有一只狼盯上了我,我不敢回头,拼命地跑着。那天训练,我的成绩好极了。后来教练问我原因,我说我听见了狼的叫声。教练意味深长地说:"原来不是你不行,而是你的身后缺少一只'狼'。"从那以后,我在训练的时候,总想象着身后有一只"狼",成绩就突飞猛进了。

　　很多成功的故事总是那样耐人寻味。或许,每一个成功的人,心中都装着一只"狼",一只鞭策自己奋勇向前的"狼"。这一只"狼",就是我们的竞争对手。人在求学、事业的旅途中,总会有旗鼓相当的对手陪伴着你一起冲刺,不断激发你生命的潜力。正因为心中时刻惦记着对手的存在,人才会有危机感,才会有更高更远的目标追求,从而逼迫自己更加努力进取,最终变得日益强大。

　　古巴小将罗伯斯在训练110米跨栏时,即便再劳累、再倦怠,都要坚持超强度的训练,因为他心里装了一只"狼"——自己的对手刘翔。他曾经在接受记者采访时说:"刘翔一直是我训练的动力,我的目标就是超越他,创造世界纪录。"他成功了,在这项竞技项目中,他可能又会成为别人心中的那只"狼"。有时在进取的过程中,能让你坚持到底、突飞猛进的不是自己的亲朋好友,而是那些竞争对手,他们像一记响鞭,在你倦怠松懈的时候,给你狠狠的一击,让死水微澜的生活泛起美丽的涟漪。

　　不管从事何种职业,处于什么地位,心中都应有一只"狼",耳边多一声"狼"的嚎叫,在自己想偷懒耍滑、骄傲自满、故步自封的时候,它能及时地发出警告:你的身后还有另一只"狼"在奔跑。这样,你的精神状态就不会变得倦怠松懈,你的生活就不会缺少激情。

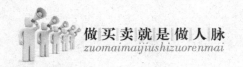
把握你生命中的"高含金量"朋友

在商场上,有"得渠道者得天下"之说,这个渠道实际上就是人脉的演化。

继国美总裁黄光裕荣升内地首富之后,苏宁在证券市场也有十分出色的表现。在深圳中小企业发行价仅为 16.33 元的苏宁电器,股价一度最高冲到 50 多元,成为目前沪深股市当之无愧的第一高价股。苏宁电器上市只有短短 3 个月,董事长张近东个人持股的账面财富就增加了 7 个亿,其个人持有的 3800 万股市值高达 19 亿元。在张近东眼里,财富只是天下的一部分,对于商业连锁企业而言,更重要的是人脉。

多年来,张近东凭借个人魅力搭建的雄厚人脉资源,是苏宁今日成功的一个非常重要的因素。可见,人脉就是竞争力,在平时,人脉资源可以让你比别人快速地获取有用信息,进而获得成功的机会和财富;而在危急或关键时刻,也往往可以发挥转危为安、临门一脚的作用。所以,无论你从事什么行业,掌握并拥有丰厚的人脉资源,定会使你在成功的道路上事半功倍。那么如何提高自己的人脉竞争力呢? 以下几点供你参考:

一、培养自信与沟通能力,提升人脉竞争力有许多技巧,但是,前提是一个人必须先具备自信与沟通能力。只有这样,才能很自然地与别人交流,并让别人对自己产生信任。确认自己是否自信,你可以问问自己的舒适圈有多大。一个没有自信的人,舒适圈很小,总是怕被拒绝,非常被动。因此,他不会愿意主动走出去与人交往,更不要说拓展人脉了。

二、建立守信用的形象,摩根大通集团台湾区负责人郭明鉴,有一次在接受记者访问过程中,当被问到"专业与人际关系到底哪一个比较重要"时,他沉思了许久后回答:"没有专业,你的人际关系都是空的。但是在专业里,有一

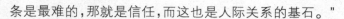

条是最难的，那就是信任，而这也是人际关系的基石。"

三、多赞美别人。美国"钢铁大王"卡耐基，在1921年付出100万美元的超高年薪聘请一位执行长夏布。许多记者访问卡耐基时问："为什么是他？"卡耐基说："因为他最会赞美别人，这也是他最值钱的本事。"可见，赞美的作用是多么的重要。

四、乐于与别人分享。不管是信息、金钱或工作机会，懂得分享的人，最终往往可通过与别人分享以获得更多，因为朋友愿意与他在一起，机会也就越多。

五、保持好奇心。一个只关心自己，对别人、对外界没有好奇心的人，即使再好的机会出现，也会与他擦肩而过。

六、增加自己被利用的价值。这句话听起来似乎有点儿不舒服，但却是事实。扪心自问，我们是不是都想结交那些比自己优秀的人？而《胡雪岩》一书里的一句话，"自己是个半调子，哪里来的朋友？"相当直接地道出了人际交往的本质。美商惠悦（Waston Wyatt）总经理周淑媛分析："过去企业在招募人才时，专业知识、学习能力都是首要条件，但渐渐地，在快速发展的知识经济时代，技术、知识迅速更新，光靠一个人的力量无法完成任务。如果一个人懂得培养人脉网络的支持体系，将强化他的个人竞争力。"

所以，在这个社会分工越来越精细化的时代，如果你想在残酷的竞争中取得最后的胜利，不仅需要学习和掌握更多的知识，更需要不断地拓展人脉，这是增强竞争力最有效的捷径。

自己走百步，不如贵人扶你走一步。30岁的人，一定要多结交高含金量的"重量级人物"，这样才能在人生路上左右逢源，立于不败之地！

让重量级人物重视你是非常重要的

交友也须"势利",这里所说的势利不是一般意义上的势利。打个比方,如果你正处于只能维持最低的生活水平,或者正处于事业发展的紧要关头,如果能结交几个对你此时情况有帮助的人做朋友,何乐不为呢?相反,如果此时你还找那些给你添麻烦的朋友,这在哪个方面都是不合理、不明智的。

香港有名的实业家李景全,就是一个得朋友相助而成为富人的典型。从一个一文不名的穷人,到成为香港小有名气的实业家,李景全的成功之路给了想要创富的人许多启示。李景全的建超实业公司,每年的营业额达 7000 万港元以上。

当年独立门户时,李景全只有 18 岁,他在创业历程中曾得到朋友曾文忠的帮助。最初,不到 18 岁的李景全辍学开始了给人打工的生涯。第一份工作是在一家电子公司做电子零件推销员。名为推销,实际上就是一个送货员。他在这干了一年,但却接触了很多电脑行家,其中就包括曾文忠。在工作期间,他逐渐对电脑业产生了兴趣,想自己创业当老板。于是拿出 2 万元积蓄和别人开了一家小型工厂,专替电脑商装嵌电脑界面板。但由于经验不足,加上合伙人的轻视,李景全和合伙人分道扬镳。最后,李景全只好退还合伙人 2 万元股钱,从此该工厂归他一人所有。此时公司已经欠债 20 多万元!

这个失败的实例告诉我们,在创业的道路上,选择合作伙伴是多么的重要,我们选择的合伙人除了应该有理想、有冲劲以外,还需要有着和我们风雨同舟的激情和勇气!李景全在创业之初的这个失败的典型,成为他生意成功以后也常常拿来教育自己晚辈的例子。

现代生活忙碌而又紧凑,很多朋友有的时候来不及见面聊天、联络感情,很多人开始学会利用网络和朋友交流。其实从认识朋友这方面来说，网络是一种更为便捷的交换器。

你可以通过建立自己的个人网站，在做其他用途之余，还可以借它来建立自己的人脉网。

刘星在两年前就建了一个自己的个人网站，在网站中他认识了不少朋友，这为他以后的事业提供了很大的帮助。

两年前，因为在媒体工作的缘故，刘星要做一个"老茶楼里有故事的人"的选题，这让刘星感到棘手。因为老茶楼本身就不好找，更何况还要找其中有故事的人。没有办法，他在自己的个人网站里发了一个名为"急寻老茶楼里有故事的人"的帖子。让刘星没有想到的是，不到一天的工夫，居然有了很多人回帖告诉刘星，他们也在帮忙找，而且把他们自己的QQ、MSN的名字都改成了"急寻老茶楼里有故事的人"。就这样，刘星要找人的消息通过朋友、朋友的朋友、朋友朋友的朋友一层层地在QQ、MSN上传递开去。两天之后，还真找到了这样一个有故事的老人。然后，刘星很顺利地把那期选题完成了，并引起了不小的反响。这件事之后，刘星就萌生了一个想法：再建一个个人网站，把自己朋友、自己朋友的朋友们都聚集在一起，大家多点儿对接，建立一个纵横交错的人脉网，以后大家有了什么事情，就会得到大家的及时帮助。想到做到，刘星把网站弄好，把朋友们组织起来，发现它对于人脉的拓展确实起到了不小的作用。网站里如果谁有个什么急事儿，只要在网站里说一下，十有八九能得到满意答案。个人网站的作用不可小觑，它比QQ、MSN更有针对性，通过它可以把自己的朋友聚集起来，成为一个看不见的"聚会厅"。大家在里面互通有无、彼此帮助，建立起一个复杂但是有序的人脉网，使大家从中得到无穷的好处。总之，网络是一个神奇的大世界，它的出现改变和丰富了以往人际交往的模式。30岁的人，有必要学会运用网络去扩大自己的交际圈子，获得友谊捕捉商机，从而赢得事业的成功！

交友也须"势利"，这里所说的势利不是一般意义上的势利。打个比方，如果你正处于只能维持最低的生活水平，或者正处于事业发展的紧要关头，如

果能结交几个对你此时情况有帮助的人做朋友,何乐而不为呢?相反,如果此时你还找那些给你添麻烦的朋友,这在哪个方面都是不合理、不明智的。

所谓势利是指互利而言的,如果你所结交的朋友一无是处,只接受你给他的帮助,不仅不公平,还让他内疚。再说,多帮对自己有用处的人,并不意味着不帮好朋友,两者并不矛盾。反过来说,朋友之间就是应该互相帮助,如果朋友帮了你,你却没有能力帮助别人,相信这样的朋友关系不会持久。势利这个词,在中国一直是个贬义词。因为按照中国人的心态来看,交朋友应该"以情会友,别无所求",谁要是在交往中注重交往对象的使用所值,然后想方设法接近他、利用他,这就被认为"太势利"。然而,我们不能把互利相助都当成"势利"来看待。再说了,人本来就是一个群居的动物,靠一个人打天下的日子早过去了。可以假设一下,有一个人对你冷漠,既不能与你信息共享、情感沟通,也不能与你相求相助,但他一有困难就跑来找你,这样的人你会和他做朋友吗?恐怕不会。朋友之间的关系不是索取和奉献,而是彼此互求互助。由此可见,人际交往还是有选择的。我们选择的朋友应该是可以互相帮助的朋友,只有这样关系才会长久。既然如此,应该如何"势利"地结交朋友呢?首先,要认清目标,找有相同需求的人,然后与之建立关系。在现实生活中,只凭情感去交朋友是不明智的,因为你难以预料后果。真正明智的人在交朋友的时候,都会有多方考虑。当然,"势利"结交能给你带来实惠的朋友需要花一点儿工夫,需要你有冷静的头脑和过人的分析能力。举个例子,一家公司由于经营不善,马上就要破产了。面对这种情况,有人像无头苍蝇不知如何是好,有人则已悄悄打电话联络,寻找下一个工作机会,以免和公司"同归于尽"。这些私下找门路的人就是能够获得实惠关系的人,他们一定比不去想办法的人活得更好。势利交友的人善于利用实际的关系。事实上,"关系"对他们来说就是生命线。和外界保持某种程度的"关系",消息才会灵通。要是问他们这些"关系"是怎么来的?其实就是他们能够"势利"地去结交朋友。但不要误会,这种事并非是鬼鬼祟祟、见不得人的勾当,而是一般人成功的秘诀。他们能准确地知道利弊在哪里,也能看清人与人之间的差异。他们对朋友是忠诚的,所不同的是,他们只是在选择朋友的时候比较高明罢了。"势利"正体现了公平和互利的交友原则，这样的朋友关系才是长久的。相反，那些只有索取和奉献的朋友关系才真正脆弱得不堪一击。

李景全的成功，就是朋友曾文忠起了很大的作用。试想，如果李景全没有遇到曾文忠，那么，李景全即使会成功，也不可能那么快。气球飞不起来，是因为它没有被打气。一个人生命中如果没有朋友相助，道路就会变得艰辛。放眼天下成功人士，在他们奋斗的过程中，都曾得到过"高含金量"朋友的支持，正因如此，他们才渡过了人生中最艰难的时期，缩短了创业的时间，走向了辉煌。对于一个渴望成功的人来说，"高含金量"的朋友可谓生命中的一个支点，凭着它，可以轻松撬起沉重的人生，让自己的生命绽放美丽之花。把握你生命中的"贵人"，积累人脉的目的，无非是希望自己在关键时刻得到帮助，能助我们一臂之力的人，我们称之为贵人。虽然贵人身上并没有贴标签，我们不能将其一眼认出，但是，他存在于我们生命的每个阶段，等着我们去发现和挖掘。那么，如何寻找你生命中的贵人呢？要做一个积极参与的人而非旁观者，能够对你有所帮助的人，不是毫无机缘地就会出现，他需要你用心去寻找，需要积极主动地认识和参与。

周芸与陈思思同一所大学印刷专业毕业，毕业后两人又同时签约在一家公司。原指望能成为办公室中的一员，可是万万没有想到，公司培育人才的方式规定，新来的大学生必须先到车间工作一年后方可调至办公室。两人从师兄师姐那儿打听到，车间工作比想象中的还辛苦：轰鸣的机器声，刺鼻的油墨味，12 小时白晚班连班倒，周末还得经常加班。男生在那儿都很难撑一年，更别说细皮嫩肉的女生了。两人一听顿时对未来失去了信心，同时，也开始动脑筋想法子来改变这种传统。要改变传统自然不是容易的事情，两人琢磨了很久，想到一定得找个贵人帮忙。可是找谁呢？周芸盯住了公司生产总监邓总，想让他做自己的贵人。新生进入公司经过一个月的入职培训后，董事长请吃饭，慰劳刚刚结束培训的大学生，同时鼓励大家迎接即将开始的工作，公司各事业部老总也出席了晚宴。周芸看准机会，坐到了自己未来老板邓总的旁边。

2个小时的饭局,周芸成功地让生产总监记住了自己的名字。第二天,就有人对她说,邓总请她去办公室一趟,她忐忑不安地去了。

邓总大约40多岁,看起来非常和善,他问了周芸一些在学校时的情况,以及她对公司的看法和对未来的设想,最后,她说:"小周啊,我看你很机灵又有潜力,我这办公室的秘书刚刚走了,你就接替他的职位吧。"周芸简直不敢相信自己的耳朵,她嗫嚅着说:"我……"邓总说:"好好干,我相信你能行!"陈思思也使出了找贵人相助的方法,但她找的是负责他们新人培训的人力资源部培训主任。入职培训时,组织培训的人员问及个人职业生涯规划,陈思思就直接坦言要从事人力资源工作。一个月的入职培训期间,陈思思也常常主动帮忙布置培训室,收集大学生们的各种需求信息反馈给培训主任,俨然一个小跟班。没过几天,人力资源部的经理找她过去,和她闲聊了一会儿,之后又问她,现在培训主任下面空缺一个职位,问她愿不愿意过来,陈思思欣喜若狂,满口答应,人力资源部经理说,那下午就过来上班吧。那天晚上,周芸和陈思思找了个饭店庆祝胜利,虽然她们没敢请公司生产总监邓总和人力资源部培训主任,但是她们还是在桌子上摆了两副碗筷,以示对这两位贵人的感谢。

第三章

讲和气：买卖不成仁义在

和善能增加人的吸引力，微笑也是同样，谁不喜欢看一张笑容绽放的笑脸呢？很多人都说性格决定命运，态度也是人生最重要的资本，良好的态度有时候会帮你走向成功。对于在商海中搏浪弄潮的企业来说，和谐不仅仅包括企业内部的和谐劳资关系，更涉及应对同行的竞争以及如何在行业内、在社会上稳健发展。

以"和"为贵,和气能生财

做买卖靠的是和气生财,不论穷富一样看待。

"买卖做得熟主到,上柜台,笑颜开,莫要发困莫发呆,像你这买卖怎么不发财!"这首现代人已经陌生的商业小调,陪伴老天津的商业走过无数个春夏秋冬,年代虽已久远,但余音依然绕梁。作为一个生意人,不论遇到怎样小的主顾,怎样小的生意,都应该打起十二分的精神来面对,因为生意就是积少成多的,成功也是需要一点儿一点儿地慢慢积沙成塔而得来的。

几年前的一个深秋,小顺请来专业队伍装修房子。经人介绍认识了一家地板加工厂的李老板,在其加工厂选中了一款 900mm×80mm 的木地板,便与业务员口头商定两天后到厂里取货。

到了那天下午,小顺便带着 3 名装修工人到厂里交款提货。加工出来的地板已成捆见方,不便拆开,从外表看也没有什么毛病便随即成交,开出发票满心欢喜地回了家。当天晚上,工人们摊开一捆地板检查,除了个别地板有一些硬疤等瑕疵外,没有发现大的毛病。第二天是星期六,工人们开始铺设地板,铺完了一捆,即发现第二捆地板颜色色差较大,当时觉得为了几块地板再跑一趟加工厂不值得,就叫工人将颜色深的地板铺在橱柜底下。但铺了一些之后,又出现了深褐色纹理的地板,继续铺下去,房间就成了花地板,而且褐色纹理的地板镶在浅黄色的地板上显得十分扎眼。电话打到加工厂,工厂老板答应第二天让厂里业务员到家中看看,如果不行就给换。第二天便换回了色差一致的地板。

但是,问题接着又出现了,在一些地板上发现了几个虫眼。工人们说,这样的地板铺在地上,如果虫子未死,就会蛀相邻的地板,将来处理很麻烦。又打电话给老板，老板不在厂里，打电话找业务员，业务员说要找老板才能定，装修工人只好停下手中的活儿。当下午找到老板时，他说：木地板都是经过高温高压处理过的，不会有问题，即使有虫眼也只有死虫子，如果还不放心，可以将有虫眼的地板拿到厂里换。经与家人商量，意见一致——退掉这些地板。但是，有些地板已装在地板梁上了，打过眼，钉过钉，恐怕厂方不同意退，如果不退掉装修过的地板，将来买回另一批地板，其色差与现在已铺设的地板颜色又不一样，真是进退两难。于是，小顺再次与老板商量，他说：买卖不成仁义在，退地板可以，退多少等派人查看后再定。来人了解了情况后回厂报告，经老板同意，全部退还了地板款，已经装钉过的两捆地板也未收折损费。

这样一折腾，几天过去了，结果室内地面一块地板也没铺上。按照《消费者权益保护法》规定，本来可以让地板厂赔偿损失，但是整个过程中，老板的诚信态度让小顺感慨良多，虽然损失了时间与工夫，却得到了诚信。面对老板的诚实态度，小顺决定无须再提赔偿之事。买卖不成仁义在，一句话让小顺感动了许久。

荷伯·科恩是美国著名的谈判专家。在他过去几十年的谈判生涯中，参加过数千次各种各样的谈判，从国内的企业吞并到与国际恐怖分子谈判，从代表政府机构进行的谈判到和一些小商店的店主交往，可以说他经历过很多人们能够想象得到的任何场面。

在他所著的《人生与谈判》一书中，记叙了他与一家电器商店老板的谈判经历。这是一次生动、有趣的谈判。荷伯·科恩利用他丰富的谈判经验和善变灵敏的思路，在很短的时间内（45分钟）做成了一桩公平的交易。

荷伯·科恩开车来到城中一家电器商店，准备在这里购买一台家庭所需的RCAVHC塞拉达——维森录像机和一台带摇控的21英寸"XY"牌电视机，但他对所要购买的商品的市场行情一无所知。怎样才能既买到称心如意的商品，又不至于让商店老板多赚钱呢？科恩决定先不动声色地观察、了解，再见机行事。

当他看到商店中空空荡荡、冷冷清清的只有他一个客人时，便装作很悠

闲地与老板攀谈起来:从与此商店近邻的一家商业中心的开业,谈到了客流量的增减,再谈到一个信誉好的商店对附近居民的重要性;商店老板还谈到了他目前的处境,谈到了他不喜欢人们用赊购卡来购货……

闲谈中,荷伯·科恩装作不经意地问店主录像机的性能如何,店主给他介绍了怎样使用,并随口说道:"在商业中心开张前,一个经理一次就给他们企业买走了两三台,可最近没人来买了。"

科恩随即问道:"如果他们买两台以上,你是不是也跟大商店一样打折扣?"

"当然了,买得多,我们就卖得便宜。"

这时候,科恩才表示出自己对录像机感兴趣,请老板给他推荐一台。

老板很热情地向他推荐道:"RCA是你最好的选择,我自己就有这样一台。"

科恩看了店主给他做的演示,诚恳地说:"我信赖你,就像我相信你推荐这是最好的型号一样,所以,我也相信你在价格上是公道的。我不打算跟你进行任何讨价还价,你要多少钱,你出个公平价,我马上就付给你现金。"

"谢谢你。"店主高兴地说。

"我信赖你的诚实。"科恩漫不经心地说:"我以为我了解你,你出的数字我绝不还价,即使我觉得去别的商店转转也许更好些。"

店老板这时写出了一个数字,但没有让科恩看到。

"我希望你得到合理的利润,但我自己也希望得到合理的价格。"科恩继续说。

"还有,如果我还买这台带摇控的"XY"电视机,会不会在总价上打点儿折扣?"

"你的意思是要一揽子交易?"

"对了,我想就是按你刚才说的。"

"等一等,"他喃喃道:"让我把这几个数字加一下。"

当他最后要给科恩报总价时,科恩又说道:"还有一件事我要提一下,我

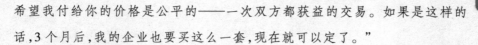

希望我付给你的价格是公平的——一次双方都获益的交易。如果是这样的话，3个月后，我的企业也要买这么一套，现在就可以定了。"

"当然。"老板说，"让我到屋里去一下，马上回来。"他去查了一下账本，然后写下了一个数字。

见此情景，科恩进一步大胆地说："我正在考虑几分钟前说过的话，你说的关于你们的资金周转问题，我现在有个主意，我原先没有想到，我本来打算记账，现在我给你付现金，你看是不是更方便些？"

"是的，"老板说："这样会给我很大帮助，尤其在目前。"他一边说，一边又写出另一个数字。

"你给我安装一下行吗？你知道我不住在城里。"科恩进一步要求说。

"行啊，我给你安装。"老板爽快地答应。

"好了，把你写的价格给我，我马上付你现金。"

最终他们以公平的价格做成了这笔交易。商店老板不仅帮科恩把机子安装好了，还送了一个录像机架给他。

两个月后，科恩实现了他的许诺：给他的公司购买了第二台录像机设备。

再以后，科恩与商店老板成了朋友，建立了亲密的信任关系。

科恩在这次谈判中，尽管事先毫无准备，却能在交谈中抓住细微的信息，顺藤摸瓜，了解对方的想法，利用他的观点动之以情，并以长远利益来说服商店老板放弃眼前小利，其中暗含了"远交近攻"战术的运用。

退一步换和气,争一步惹戾气

退一步海阔天空,别把小事放在心上,如果我们在生气的时候可以说服自己,让那一切不快乐都随风而去,那么,我们的心情就不会有冰点了!

当人们遇到不如意的情况时,往往会觉得这个世界是故意在和自己过意不去。在这种时候,很多人就会完全乱了套,以前的计划全部打乱了,很多人都会在心里升起一股无名火。如果任凭这种恶劣的情绪一直伴随着你,你就很可能在接下来的一天里因为一点儿小事而大发雷霆。

在这种坏心情的影响下,人们的思维混乱、情绪低落,很容易为一件小事而发狂。而且很容易采取一些过激的举动去应对一些事情。人们往往因为旁人的一句话就勃然大怒,甚至拳脚相向,等到激动的情绪过后,才又悔不当初。

徐某和于某本是一对好朋友,一年前合伙在昌邑南苑市场内做生意,可如今却因为个人利益大打出手。近日,昌邑市公安局奎聚派出所为他们解决了纠纷。 徐某和于某都是杀鸡的,因为志同道合,又是邻居,两人一直是亲密无间的好朋友。一年前,两人合伙在南苑市场内做生意,相邻而居,相互照顾。刚开始,两家人还能和和气气、互相照应,可是随着时间的推移,两家逐渐产生了隔阂。8月3日这天下午,有一顾客在两家店门前转来转去,最终选中了徐某店内的鸡。见此情形,邻居于某的妻子妒意横生,站在一旁说三道四,徐妻也不甘示弱,两人越吵越凶,最后大打出手,徐某的妻子被打伤面部,于某妻子的左前臂被刀子划伤,此时,于某和徐某也参与进来"帮忙",眼看事情就要闹大。接到报警后,派出所民警赶到现场,在民警的劝解下4人才罢休。

我们生活的这个世界中,很少有人一直都很开心。但在这些不开心的原因中,在很大的程度上来源于自己的内心,原因就是他们自己很在意一些小事情，很容易因为一些小事情而生气。这些人，不懂得在适当的时期放松自己的心情，遇事总是愁眉苦脸或咬牙切齿，日子当然不快乐。

殊不知，人生在世，不过短短数十载，很多事就如同过眼烟云，根本就没必要因为一些小事而懊悔不已。退一步海阔天空，别把小事放在心上，如果我们在生气的时候可以说服自己，让那一切不快乐都随风而去，那么，我们的心情就不会有冰点了！

什么是竞争？有相同的消费购买理由就是竞争！什么是竞争真空？不相同的消费购买理由就是竞争真空！

竞争真空策略的意义在于：在躲避惨烈竞争的过程中参与竞争，是参与市场竞争的最佳表现形式。因为在现代市场经济环境中，只要参与市场经济活动就不可能不与竞争为伍，竞争在市场经济的大潮中无处不在，关键是使用哪种外在竞争形式进行市场表现。

人们常说"机不可失，时不再来"，要抓住瞬时即逝的机会迎难而上，参与竞争，才能在产品日趋同质化的市场中赢得自己的一片天空。但是，人们可曾想过退一步海阔天空的道理？

伊利、蒙牛、光明是乳业领域的三巨头，近几年，蒙牛乳业和伊利乳业凭借其强大的企业地域优势、资金投入，以及当地政府的扶持，在常温奶领域迅速扩张。对于光明来说，不仅是常温奶产品的销售受到严峻的挑战，连光明品牌的影响力也逐渐下降。于是光明仔细研究了乳业市场后发现：消费者的消费认知越来越重视"新鲜"，新鲜成为了奶业的发展趋势，而这一领域此时是伊利、蒙牛无心顾及之地。于是光明开始聚焦"新鲜"，将自己的明星产品定位并向新鲜奶过渡。研究资料表明，鲜奶是全球消费的主流，在我国未来5年，新鲜乳制品的增长速度将是常温奶的2倍。正是由于光明抓住了市场时机，为进鲜奶而退常温奶，才使得常温奶在市场拼杀中价格低于水，光明的新鲜奶还拥有良好的利润空间。当伊利、蒙牛开始注重高利润产品的新鲜奶市场时，光明早已稳固并占领了新鲜奶的市场先机。光明在市场竞争中果断地采取了"退一步"的方法，获得了"海阔天空"的新鲜奶市场，获得了竞争真空的

市场。

市场竞争的真空区，可以通过创造性的细分市场来寻找而获得。因为，不管领导品牌如何强大，覆盖面如何广泛，而对于市场而言，力量总是有限的，在某一方面投入过多，就意味着在其他方面投入较少。这些被无力顾及的"其他方面"就是竞争市场的真空区。在市场高度竞争的边缘地带，就是市场竞争的真空区。

市场竞争的真空区，是相对于激烈、恶性市场竞争而言的，是动态地存在于市场环境中的。今天的市场竞争真空区，明天就可能转化为市场高度竞争区。这是商品社会发展的必然趋势和结果。市场竞争真空区的寻找和确立的实践意义在于，既利用了消费者已建立的消费习惯，又规避了激烈竞争的市场风险而快速地切入、占领市场，当市场竞争真空区转化为市场高度竞争区时，你已经站稳脚跟或成为领导品牌。

"退一步海阔天空"，是市场竞争真空策略的一种方法。当企业在产品营销过程中，投入的运行成本和机会成本不断增加，但却无法带来相应的利润时，企业就要果断地放弃现有的、已进入的高度竞争市场。即所谓的"退一步"，以市场细分的眼光分析研究现有的市场或边缘市场，以确保在新确立的细分市场中占有相对的优势地位，获得生存的利润，而获得"海阔天空"。

"退一步海阔天空"，是哲学思想的两分法在产品营销中的实践应用。直言说：就是失与得的关系，是放弃与占有的关系，成败尽在取舍之间。在现今的市场中会发现，我们的很多企业只会占有不会放弃。我们都知道，不管哪个行业尤其是快销品行业，新产品导入市场初期时利润率最大。随着市场成熟和消费认知度提高，进入本行业的企业增多，伴随着竞争加剧，其利润率开始下降，直至市场供需关系超过饱和，此行业便进入微利或负利时代。这时，"退一步海阔天空"将引领企业寻找并占领新的细分市场。

"退一步海阔天空"，是规避"鹬蚌相争，渔翁得利"行之有效的方法。如果只盯着自己的主要竞争对手不放，采取马拉松式的利润消耗竞赛，那么到最后只会两败俱伤。既然如此，何不学学打太极拳，借力打力、以退为进呢？硬碰硬是打，以柔克刚也是打，殊途同归罢了。与其让他人休养生息坐收渔利，不如让他人做"出头鸟"、"出头椽子"的勇者。

"退一步海阔天空"的"退"是一种主动行为，是一种战略手段，是保存实力的方法，是为了更好地"进"，寻找新的市场占有机遇，是让自己拥有换个角度观察市场的时间和精力。客观地讲，每个企业的时间和精力是有限的，对某一方面过分地关注，必将在其他方面有缺失。"退"下来，企业就会拥有时间和精力分析与研究市场，分析与研究竞争对手和环境，分析与研究新的消费需求的派生和细分市场。退一步必将带来海阔天空。

同行不相妒，共攀行业新台阶

我们说真正的成功，并不是把对手逼到墙角，让对手破产，而是达到和谐双赢！

2004 年，某个村庄被规划入景区，作为补偿，2005 年，一部分村民被安排进了景区内的羊皮筏子漂流队。然而，对漂流队的经营状况，这些农民一直心存疑虑。因为在这段不到 200 米的黄河岸边，紧挨着漂流队，还有几家快艇游乐项目。几家水上游乐项目如此密集，相互间激烈的竞争在所难免。然而几个月后，他们就发现这种担心纯属多余。

2005 年 5 月进入旅游旺季，这个漂流队生意火爆，队员们一颗悬了几个月的心终于放了下来。过去，他们一直担心这种羊皮筏子能不能竞争过附近这些快艇、摩托艇。

出于他们意料之外的是，来玩摩托艇的游客很少，而大多数都是对羊皮筏子感兴趣。因为羊皮筏子是黄河上独有的一种古老的渡河工具，在其他地方已经很难看到，许多游客来到这里后，对这种特别的羊皮筏子表现出了

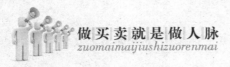
浓厚的兴趣。

很多游客不仅坐上羊皮筏子游玩，而且对羊皮筏子的来龙去脉也表现出了极大的好奇。

不久后，他们发现来玩的游客不少，但游客的抱怨却越来越多，意见都集中在漂流队自己养的十几头骆驼上。

原来由于羊皮筏子没有动力，不能逆流而上，这样当游客漂流到下游后，返回就成了问题。为方便游客从下游返回，漂流队养了十几头骆驼往回运游客。但没过几年，漂流队的骆驼很快就不再受游客的欢迎了。

原来，这段黄河正处于我国第4大沙漠——腾格里沙漠的南缘，包兰铁路从黄河的北岸穿过，将沙坡头景区一分为二，铁路的南面，就是开发较早的以黄河游览为中心的漂流区，而在铁路的北面就是腾格里沙漠。2001年，沙坡头加快北部沙漠景区开发，一些游客在北部沙漠区骑过骆驼、观过沙海后，对羊皮筏漂流队的骆驼失去了兴趣。

就在漂流队为自己的骆驼伤脑筋的时候，一直与他们暗中较劲儿的竞争对手快艇队却找上门来，提出了一个两全其美的解决方案。

"快艇走组合线路，羊皮筏子下去，快艇上来，或坐快艇上去，羊皮筏子下来。"

快艇队的提议不仅解决了游客返回的问题，而且还摆脱了羊皮筏只能向下游漂的局限，在现有漂流点的上游开发一些新的漂流项目。这样的组合受到了游客的欢迎，而今年搞了一个黄河水车，目的是让游客参观完后再坐羊皮筏子漂回来，这是往上游的好方法。"

这种合作方式让双方都获得了收益。沙坡头开始对同时拥有的黄河和大漠两种旅游资源进行整合。

游客们在游玩过后认为，这里既有江南的秀美，又有西部的风情。这样的资源整合既带动了当地的经济发展，同时也进一步地充分利用了当地的旅游优势，是个非常好的双赢的例子。

我们说真正的成功，并不是把对手逼到墙角，让对手破产，而是达到和谐双赢！

宋代的寇准与王旦同朝为官，王旦为宰相主管中书省，寇准为副相主持枢密院。两人性格相左，一个柔和，一个刚直，所以常有摩擦。一日，中书省有文件送枢密院，不合诏书格式，寇准便把这件事儿报告给真宗，王旦受到了责备，中书省的官吏也受到了处分。没出一个月，枢密院有文件送中书省，也违反了诏书格式，中书省的官吏很高兴地呈送王旦，认为报复的机会来了。王旦却叫人送还枢密院。寇准十分惭愧，拜见王旦说："您真是有天大的度量啊。"王旦与人为善，宽容对待同僚，不仅消除了彼此的隔阂，确保了政坛稳定，而且以自己的高尚情操"善"出了政绩卓著的一代名相寇准。

"互挖墙脚"的现象，在一些企业界并不鲜见。一整个班组的工人突然集体离开，之后出现在另一家企业的流水线上。去年还在一家企业任职的部门经理，今年就"流动"到了另一家企业的相同岗位上。而这中间，难免出现让一方企业猝不及防的"震荡"。

心平气和，做生意要有好心态

在企业之间，竞争不可避免。没有竞争，就没有企业生存的活力和发展的动力。

在现代市场经济环境下，并不存在"同行是冤家"的问题，将"蛋糕"做大才是共赢的关键之所在——竞争应是适度的、良性的。特别是在我国一些城市率先构建先进制造业基地的背景下，更需要相关联的企业抱团发展。

其实，作为恶性竞争的杀手锏，价格战已被证明是最终"损人不利己"的。价格战不仅会很大程度地降低企业利润，甚至会直接导致产品质量下降，同时会拖累产业链中上下游的合作伙伴，从而影响了整个行业的长远发展。同

样，"互挖墙脚"更是饮鸩止渴的短视行为，恶意跳槽、"讹诈"东家的风气扩散到全行业后，只会大大增加各个企业的用人成本，对任何一家企业都没好处。

曾几何时，看着本地品牌企业将大订单交给莆田乃至江浙的企业，不少中小企业颇有点儿"守着水井叫渴"的尴尬和无奈。大企业把订单放给本地中小企业，物流成本更低，也便于对产品质量进行监控。为何大企业要"舍近求远"呢？究其原因就在于有些中小企业成长慢，在规模、管理、研发等方面均有待提高。

在很多生意人中有这样一个故事，相传很久。

有一位卖豆浆的和一位麦烧饼的是邻居，每天不到天亮，这两位生意人便起床，一位担豆子、磨豆子，一位烧火、发面。等到天色亮起来时，热腾腾的豆浆做好了，香喷喷的烧饼也出锅了，人们排着队来吃早点。

两位生意人虽然只是做着小生意，但也非常知足，每天在开心和愉悦中忙碌着。

有一天，卖豆浆的家里来了个朋友，看他做了几天生意后，这个朋友神秘兮兮地告诉卖豆浆的说，大家其实都是因为爱喝你的豆浆所以才来的，你的豆浆做得好！可是你便宜了那个卖烧饼的，大家喝着豆浆总要就点儿主食啊！而且你看看你的豆浆卖多少钱一杯，他的烧饼卖多少钱一个？第二天在做生意时，这个卖豆浆的特意注意了一下对方的生意，觉得朋友的话很在理，收摊时，看见卖烧饼放钱的盒子里大把的铜圆，更是觉得朋友的话说得太对了。

经过很长时间的思考以后，卖豆浆的决定也要卖烧饼，一边卖豆浆，一边卖烧饼。才卖了不过几天，他发现客人越来越少了，为什么呢？原来这位朋友只善于做豆浆，做烧饼不仅常常做糊，还常常把口味调得过咸或者过淡，又因为做烧饼耽误了时间，耗费了精力，原本受人欢迎的豆浆质量也差了很多，生意自然萧条了不少。

这是一个恶性竞争的例子，虽然故事的主人公是虚构的，但是却说明了一个很重要的道理：做生意要有一颗宽容的心态，不要只顾自己的利益，到头来只能是搬起石头砸了自己的脚。

让条生路予他人，留条财路赠自己

古人云：冤冤相报何时了，得饶人处且饶人。这是一种宽容，一种博大的胸怀，一种不拘小节的潇洒，一种伟大的仁慈。

从古至今，宽容被圣贤乃至平民百姓尊奉为做人的准则和信念，而已成为中华民族传统美德的一部分，并且视为育人律己的一条光辉典则。

在生意场上，这个信条也有着其独特的价值，饶别人可以让别人感激你，同时也可以给自己带来更多的财富。所谓让别人一条生路，赠自己一条财路。如果一意孤行，只会给自己造成很不好的后果。

这是发生在正泰董事长南存辉身上的一件耐人寻味的事。

一日，南存辉接到一位友人的电话，说是有一件非常重要的事要请他帮忙。见了面以后才知道，原来找南存辉帮忙的并不是打电话的这位友人，而是一位在当地同样也颇有声望的企业家。其子长大成人且子承父业，故他希望儿子报读由李嘉诚投资兴办的一所商学院的 MBA，学些真实本领，接触些有识之士，建立自己在商界的人脉。但是该学院招生异常火热，门槛较高，很多人连报名的机会都没有，所以要请南存辉帮忙。

"老×与我很熟的，他怎么不直接找我呢？"南存辉纳闷。"他说自己曾做过一件很对不起你的事，所以不好意思来找你！"友人说。"对不起我的事？"南存辉丈二和尚摸不着头脑。经友人提醒，南存辉终于想起他和那位企业家之间的一次"过节"。

那是 10 多年前发生过的事。当时的南存辉初出茅庐，在电器行业还只是个新人。而那位被南存辉称作是"老×"的企业家，做了一个产品，生意一直很好。随后，南存辉也做起了这个产品，无形中两人成了竞争对手。

某日，老×请一位领导吃饭，邀南存辉作陪，南存辉兴致勃勃地入席。饭局进行了一会儿，老×便端起一大杯酒看着南存辉，南存辉以为对方要为自己敬酒，忙端起酒杯微笑着迎了上去，但谁知，老×却把这一杯酒狠狠地泼到南存辉脸上，还借着酒兴数落起来，场面尴尬不已！南存辉心想，大概老×喝醉了，心里不痛快，拿我出气吧，等酒醒后就没事了。所以南存辉就没与对方计较，赶紧擦了把脸便站起身来先行告辞。

从那以后，因为同处一个行业，他们有过很多机会聚在一起，有时候还要面对面讨论一些问题，但谁也没有提起当年的往事。时间一长，南存辉也早把此事给忘记了。

"我一定要帮他把这件事办好！"南存辉觉得，每个人在成长的过程中，考虑问题或多或少都会有些偏激，但随着时间的推移、阅历的增长，很多事情都会看开了，矛盾也就自然化解了，做人要多一些宽容，得饶人处且饶人，能帮人处多帮人。没必要为过去的一点儿恩恩怨怨而"老死不相往来"。

后来，南存辉亲自给商学院的院长打电话："这事比我儿子的事还重要，请您务必帮忙了！"院长给了南存辉极大的面子，终于使那位企业家的儿子如愿以偿地进入了商学院。

常言道：一个人的胸怀有多大，事业就有多宽广。一个企业家能否有大成就，关键就在于眼光与胸怀。企业家的境界决定了企业未来发展的空间。博大的胸怀是企业家应具备的基本素质。

长期以来，中国的企业是"宁为自守，不为留后"。不善于把竞争的对手变成竞争的伙伴，所以做不大、做不强。很多企业都把行业龙头企业当做标杆顶礼膜拜，但请记住最重要的一点：在学习别人的智慧或者方法甚至精神的同时，千万不要忽视学习别人宽广的胸怀。

共同致富才是硬道理

只有学会了共享、共富才能开拓出更大的发展空间，才能获得更多的资源为己所用，才能在以后的发展中获得更多的财富。

有钱大家赚，有利润大家共同分享，这样才有人愿意合作。假如拿 10% 是公正的，拿 11% 也可以，但是如果只拿 9% 的股份，就会财源滚滚来。如果我们只是一味地追求金钱和权力，而置人类高尚情操于不顾的话，那么，一切进步及财富的创造都将变得毫无意义。

一只蚂蚁的力量是非常有限的，也无法成就一番事业，筑起一个蚁巢。只有大伙儿齐心协力，共同富裕，才能展现出伟大的力量，才能获得非凡的成功。蚂蚁与人虽是两种形态的生命，有各自的语言信息，但就"蚂蚁的共享精神"来讲，两者之间是互通的。俗话说：单丝难成线，独木难成林。任何人离开了他人的支持和配合，离开了一个必要的环境，就像鱼儿离开了水一样，必将一事无成。

共享的力量是伟大的。从远古时期，人类就懂得借助集体的合力求生存，进而征服自然。在不断进化的漫长过程中，人类终于主宰了这个世界。人与人之间的相互依存度越来越高。虽然人们都渴望找到一个清静的世外桃园，远离人群，回归大自然，但是，离开了他人，离开了人类文明，任何人将无法生存。只有学会了共享、共富才能开拓出更大的发展空间，才能获得更多的资源为己所用，才能在以后的发展中获得更多的财富。

既能使"心独喜"，又能使"诸从者日益畏之"，可谓一举两得。真正支撑刘邦确立帝业的是其管理能力，在进退攻守的紧要关头，几乎没有计谋出于他的运筹；几乎没有战斗由他亲自指挥。他最常说的话就是"为之奈何"，也就

是"怎么办"。被问者不觉其少智无策，反觉其礼贤下士、平易近人，回答问题的人非常多。刘邦手下的谋臣能力很强，张良懂得运筹帷幄；萧何精通镇抚之道；韩信能将百万之众。刘邦凝聚汉高祖创业过程中的得力干将韩信。聚大家的智慧为合力，"海纳百川，有容乃大"，不可谓不高明。由于他"一无所有"地攻城略地，因而出手非常大方，谁攻破的就赐给谁，这让将士们热情高涨，也使投奔者越来越多。刘邦是善于把握细节之人，细节也给他带来成功的机会，比如在鸿门宴上，刘邦说自己与项羽合力灭秦，后来也不知怎么就入关了，今天才与老朋友见面，实在太快乐了，只是担忧小人离间我和将军，造成不好的误会。项羽听后立即说道：还不是你们那儿的曹无伤说的，要不我怎么会无端地怀疑你？疏忽之间就把朋友给出卖了，这样的傻事刘邦绝不会做。

刘邦的度量很大，能容忍部属的弱点，比如有人举报陈平"盗嫂受金，反复无常"，刘邦并不在意，因为他自己也不是完美的人。后来，正是陈平设计，使得项羽失去对范增的信任，当项羽的使节到刘邦军中时，刘邦用盛宴款待，接着仓皇失措地说：还以为接待的是范增的使者，原是项羽的人，那就不必这样费事儿了，于是撤掉盛宴，以粗劣的食物打发，这种卑劣的伎俩竟然也能使项羽中计，迫使范增告老回乡，并在路上抑郁地死去。楚歌于是乎卒夜唱起："人心都向楚，天下已属刘；韩信屯垓，要斩霸王头。"在大是大非的问题上，刘邦尽量做到"有理、有利、有节"，逮捕韩信就很能说出道理。早在韩信攻城略地时，就曾派人告诉刘邦，自己打算在齐地做"假王"，当时刘邦正在项羽手上，听到韩信的要求时火冒三丈，对使者发火道："整天等你们来救，却跟我要个什么'假王'。"随即虑及自己的安危，马上改口说道："男子汉大丈夫，应该做出一番大业，还可做真王嘛！"后来刘邦对其惩罚可谓顺理成章了。

刘邦的这些能力，都是拜少年时代混迹于市井所赐。底层生活给了他丰富的人生经验，也让他学会了如何趋利避害、保护自己。"大风起兮云飞扬，威加海内兮归故乡，安得猛士兮守四方！"刘邦之志可嘉，他"文不能安邦、武不能定国"，但能把个人发展同国家远景规划统一起来。一个早年"好酒及色"的街头混混，能把贵族气很浓的项羽逼得乌江自刎，自然有其独到的看家本领。从实用角度出发，一个人出身流氓并不意味着没有能力。出于对人性的成熟把握，刘邦从不犹豫和狐疑，这种资质使他经常化险为夷，也能够知人善任。"不拘一格降人才"，他能设身处地地替部属考虑，"有饭大家吃，有钱大家赚"，有功劳就得到奖赏，这种认识及其实践在斯时斯地显得非常通达。由于很多举措冷静务实，既知人又自知，避免过多的情感因素，刘邦找到稳步成功的方略，从此创立了汉朝400年基业，为日后的"文景之治"奠定了基础。

笑脸迎客，不成生意也成友

和善能增加人的吸引力，微笑也是同样，谁不喜欢看一张笑容绽放的笑脸呢？很多人都说性格决定命运，态度也是人生最重要的资本，良好的态度有时候会帮你走向成功。

在旧式的商业店铺中，很重视"拉主顾"，一个店员所认识的老主顾越多，就越会受到经理的重视。所以，作为店员，也都能主动与顾客或老主顾建立关系，以致有时只要是来过一次的主顾，伙计们就能在第二次见面时叫出其名字，这也是过去一些商业店家招揽生意的"绝招"，生意场上称为"套熟"，但不是"杀熟"。

过去，一般店铺的待客售货服务中，一是讲究说话和气，即俗语所说的"人无笑脸莫开店"。每当学徒一进店时，就时时告诫他们顾客是"财神爷"、"衣食父母"，在任何情况下，都不许顶撞和得罪顾客，提倡"和气生财"。有时，对于一些故意找茬儿的"刺头"，伙计们也都是忍气吞声，顺情说好话。至于故意寻衅捣乱的顾客，有经验的伙计看自己对付不了，就采取所谓"孩子哭了抱给娘"的办法，请出经理或交给负责人处理。售后服务有讲究，送货上门不用求。

当时的大商家非常注重售后服务。过去谦祥益的店中，它要求店员应千

方百计地满足顾客的要求，绝不能让顾客空手而归，如有时顾客买的衣料，回去一量不够做服装的尺寸，回来选配，哪怕只配半尺，当顾客拿着料子来时，也会不厌其烦地为其配好，使顾客愉快而归。试想，这样的售后服务，下回顾客还能不上这里来买东西吗？

再就是"送包"的惯例，这在过去商家是常有的事儿，对于一些顾客不便带走的东西，或者是在顾客选货后发现所带现钱不够的情况下，不管是买多少东西或是其他什么原因，凡是顾客有要求的，都能派专人把顾客买的东西送到指定的地方或家中。可以说，现代的送货上门在过去的天津已经不是什么新鲜事了。交易要奸不要赖，讨价还价有窍门。

天津商俗很注意职业道德，把道德规范变成口头传承的信条，如货真价实、公平交易、童叟无欺等等。再比如交易上讲求的"要奸（精打细算，看准了'宰一刀'）、不要赖（假冒伪劣，欺诈违约）"之类，都是约定俗成的经营守则。

讨价还价的议价方式是我国传统民俗中最常见、最典型的议价方式。"褒贬是买主，喝彩是闲汉"，经过买卖双方的反复协商，最后一般是在双方互有让步的情况下成交的，如果买卖双方的要价和还价差距甚远，双方又各不让步，买卖只好作罢。在一般市场上的小商品零售中，"多卖少算"似乎是民间交易中一条不成文的规矩，无论是街头小贩还是店铺坐商，大都乐于采取这种方式议价成交。

有经验的买卖家对所售商品的报价和议价也是很讲究"艺术"的，如旧时商店的商品卖价，通常都有事先约定好的商品的最低底价，俗称"暗码"，然后再针对不同的顾客采取不同的报价和议价策略。对于来店闲逛、只问不买者，一般都报以平价。特意来店购买某种商品的顾客，则要视其身份和地位报价，通常是先报以较高的价格，以便议价后在较有利的价格基础上成交。对于长年主顾或熟悉行情的顾客，为招揽生意，卖者一般只报平价，对方也无须还价。

在对顾客的商品介绍上，一般是先出示低档货报以低价，然后再出示高档货报以高价，以便在顾客的心目中形成价格对比，显示其按质论价和价格公道。有经验的店家在议价成交中，还讲究所谓的"三捆三放"，既不能让利太多，又不可吓跑了顾客，在几次议价中才能成交。不过，天津的大商号一般不会在价格上有很大的"晃"，多数采取"买一赠一"、"加放一尺"等促销手段给顾客优惠。

在经营中，各行业有各行业的禁忌特点，如旧时卖财神码的不能说"卖"，要说"送"，买的人也不能说"买"，要说"请"（可是你要是不给钱，他既不会送给你，你也请不来）。旧时卖药的和卖丧葬用品行业的买卖家，忌对客人说"请再来"或"欢迎再来"之类的话，就是怕因此会引起顾客误会，认为是"咒"人生病或家里死人。同样，买棺材是为死的人做"寿材"的，所以不可以用价钱贵贱来衡量，故而买主也不能在买"寿材"时进行讨价还价。

对于某种仪式或规矩的恪守和服从，如旧时商家在祭神时，忌在神前说出不吉利的话语来，以防神怒而于家人或生意不利。还有供神的供品一般都要成双成对，以表示对神的虔诚，并逐渐演变成为民间的多种风俗，如人们送礼时，往往也要成双成对等。

第四章

创灵气：别出心裁有商机

对于个人来说，专业是利刃，人脉是秘密武器，如果光有专业而没有人脉，个人竞争力只是一分耕耘，一分收获。但若加上人脉，个人竞争力将是一分耕耘，数倍收获。人脉是一个人通往财富与成功的入门票。人脉竞争力在一个人的成就里扮演着重要的角色。一个人能否成功，不在于你知道什么，而在于你认识谁。在利益滚滚的商业圈中，有的时候需要有一些新的点子和新的想法来创造财富。发散思维、逆向思考，也许就是你成功的第一步！透过表象细心观察，你就会发现事物的内核也许就潜藏着巨大的商机。

人脉网中必不可缺的 10 种人

关系到你的人生和事业品质。你的人脉网中要必须具备 10 种人,你生活和工作起来就会左右逢源、轻松愉快。

一、能够提供珍贵门票的人

你最重要的客户刚刚打电话来,告诉你今天晚上有一场联赛,他需要 4 张票。

你打电话问过所有的票务公司,对方都说没有票了。在这个关键时刻,你怎么办?

最好的办法,是告诉你的客户你会处理,然后打电话给你的球票联络人,请他给你留 4 张票。

事实上,没有所谓的"全部卖光"这回事儿,有钱能使鬼推磨,但你必须知道要找谁。如果找到了,你几乎可以在最后一分钟买到票。

二、在旅行社工作的朋友

对于同在一架飞机上的旅客而言,100 名旅客就有 100 种不同的机票价格。400 美元的票价,你可能以 300 元买到,别人可能以 200 元买到。为什么呢?因为他认识一位旅行社的朋友,而这个朋友又是最有办法的那种。你怎么能不希望拥有这么一位丰富的旅行经纪资源呢?

三、在职业介绍所、人才市场和猎头公司工作的人

除非需要一份工作,不然大部分的人不会和职业介绍所的人说话。其实,这是没必要的,重要的不是你现在怎样,而是你未来会怎样。即使你现在工作非常稳定,你也不妨与他们建立良好的关系。在口渴之前先掘井永远是正确的。

下次当就业顾问公司打电话来时,不管你多么满意目前的工作,都不要挂断电话，你应该说一些话。例如："我真的没有兴趣，但是你的电话令我受宠若惊。事实上，有时候我们可能会需要你的帮忙，或者找一份好工作，或者是寻找合适的人选。你可以留下你的联络电话，也许这一、两个月里，我们可以吃顿饭，彼此认识认识。"

四、银行中的人脉

难道你没有发觉，银行已在你的生命中发挥了越来越重要的作用。你的投资理财，都需要银行这个现代商业社会发挥其重要的作用。有了银行这个人脉，当你的资金运作出现问题时，你就知道该打电话给谁。

五、当地的公务人员、警察

几乎每一件事：填平路上的坑洞、运走垃圾、修理人行道、修剪树木、减低税赋、改变城市规划、子女就学、规范社区商业行为、监管空气、水以及噪音品质、你新买的车子被偷了、你家的门被小偷不请而入。你都需要当地公务人员、警察。

六、名人

如何才能认识名人呢？

有许多人认为，名人是很难接近的，其实他们是很寂寞的。所谓"高处不胜寒"，许多名人其实比你想象的还要容易接近。

所有的名人都有他们的律师、医生、牙医、会计师、亲戚、喜爱的餐厅及常去的地方。也有经纪人、宣传、公关人员及教练。先去认识这些人，然后请他为你安排一次与名人见面，或替你打第一通电话。

七、保险、金融、理财专家

也许，你要等到出了什么事以后才知道是否要投保。但你真的想这样吗？你希望有一天，你因为没有买对保单而无法得到应得的补偿吗？如果你不想在晚年倚赖社会救济金过日子，那么，你就需要结识一些从事保险行业的人。

八、律师

社会是复杂的，各种各样的人都有。不错，你为人善良，处世息事宁人，不愿得罪任何一个人。可是，你要明白，走在树下都有落叶打痛脑袋的危机。当

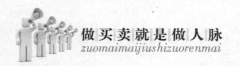

纠纷产生时,你不想对簿公堂,只想自己吃亏了结。但是,你不告别人,别人可能会反咬你一口。在公堂上,如果你的人脉关系中有知名律师,那么你的麻烦事儿就会少很多。

九、维修人员

一位优秀又诚实的维修人员是很重要的。你的汽车坏了、你家的下水道被堵了,你家的锁打不开了……在紧急关头,你知道谁可以在最短的时间以最快的速度,以最低的费用帮你处理吗?因为不好而且不诚实的修理工将使你损失惨重。

十、媒体联络人

从记者开始着手,即使你一生只遭遇这么一次,仍然可以使你脱离苦海。你有绯闻缠身,或有新产品上市。你的媒体联络人可以代表你,并站出来处理这件事儿。真正的公关专家也可以帮忙,他们正是以此为生。

你要如何让这些人加入你的人脉呢?为了使他们成为可靠的资源,首先给他们所需要的东西,然后他们就会给你需要的东西。

只要见过面,他们就不是陌生人。秘诀是,在需要他们的帮助之前先认识他们。

只要你留意,处处都是人脉金库

我们需要交友,但是要切记,在这种人际关系里面,不要只交一些酒肉朋友,因为他们对你的工作和事业毫无助益。

比如你的长辈、兄弟,他们的工作内容可能和你毫不相关,但是他们都有一些朋友,这样一来,长辈和兄弟也可以作为你广结人缘的对象,再进一步地说,如果以长辈和兄弟为媒介,就能够找到更多的朋友。再看看你父亲的那一边吧！假如父亲的兄弟还健在的话，以年龄来看也许已经达到相当的地位了；同样的，你母亲这边也应关注一下，同辈的堂表兄弟们，也可以作为广泛交友的对象。此外，连你的姻亲都是广结人缘的对象。像这样仅仅靠着血缘的关系，就可以使你的交友范围逐渐地扩大起来。

同乡亦是兄弟。把目标转移到你的家乡，一些父老兄弟由于同乡的关系，也能够顺利地与他们结成朋友；然后在你现在的住所附近，看看有没有能成为朋友的人物。

同学的深厚情谊。每每谈到同学，就会勾起人们对于青梅竹马的甜美回忆。也许遇到曾在同一球队里一起打球的队友；也许遇到的是一起参加过研究会的朋友；更可能遇到离开公司 10 年、20 年的朋友，这些人都是你结交的有利对象，尤其是同学关系最值得珍惜。

由亲戚介绍给你的朋友也是很好的结交对象。但是有些朋友，甚至还有些是许久未见的朋友，也绝不能把他们忘掉。利用同学会，常常能找到 10 年、20 年未曾相见的朋友。除了办公室的同事，在公司内和你有过接触的人，也是你可以考虑结交的对象，但是问题在于，当你离开了这个单位以后，交往是否能继续进行。

此外要切记，在这种人际关系里面，不要只交一些酒肉朋友，因为他们对你的工作和事业毫无助益。

只要你有心广结人缘，机会多的是，像共同兴趣的集会或是社团，还有各种活动中心，都是你交友的场所。甚至就是在候车室里也能交到朋友。总的说来，随时随地都可以交友，而最重要的就是：你要认清你所交往的人，明确与他们的关系。

一天，英国一个名叫弗莱明的贫苦农夫正在田地里干活。忽然，附近沼泽地里传来了呼救声，农夫赶忙放下手中的农具奔向沼泽地。只见一个小孩正在泥潭中挣扎，淤泥已没到他的腰部。农夫奋不顾身地救起了小孩。第二天，一辆豪华小汽车停在了这个农夫劳作的田边，一位风度优雅的英国贵族下车后，自我介绍说是被救小孩的父亲，他是亲自前来致谢的。农夫说，这件事不

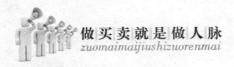
足挂齿。

贵族说："我想用一笔酬金来报答你,你救了我孩子的命。"农夫回答说："我不要报答,我不能因为做了一点儿事情就接受酬金,这是我应该做的。"

这时候,农夫的儿子刚好走出家门。"这是你的儿子吗?"贵族说,"我给你提一个建议,让我把你儿子带走,我要给他提供最好的教育。如果他像他的父母,他一定能成为令你骄傲的男子汉。"农夫同意了。

时光飞快地流逝,农夫的儿子从医学院毕业后,成为了享誉世界的医生。数年以后,贵族的儿子因肺炎病倒了,经过注射青霉素,他的身体得到了痊愈。

那个英国贵族名叫伦道夫·丘吉尔,他的儿子便是在第二次世界大战期间担任英国首相、领导英国人民战胜了纳粹德国的温斯顿·丘吉尔。农夫的儿子就是青霉素的发明者亚历山大·弗莱明。

这件以"不足挂齿"而结缘的事情改变了世界历史。在关系中找关系,做生意需要一张关系网,古今中外皆如此,而生意交际的目的之一就是织成这张网并利用这张网。但是,既然人人都知道这一点,都会去织自己的网,那么决定成败胜负的就是如何织好这张网了。有的人整天忙忙碌碌,认识很多人,整天为应付自己找来的关系而叫苦连天。网织得很大,但漏洞百出,而且又有许多死结,结果使用起来没有实绩,撒进海里却网不到鱼。

有的人却不会如此。人的精力是有限的,而且又有认识不完的人。这就要求人要能在关系网中找出重要的关系人。

浙江嵊县工艺竹编厂厂长王银飞在经营中,除了狠抓产品质量、信守合同、重视信誉外,还舍得在感情上投资,使得该厂在强手如林、竞争激烈的竹编行业里兴旺发达,立于不败之地,被人称誉为既有真本事、又有人情味儿的女企业家。

有一次,一位日本包销商来到嵊县竹编厂,王银飞在百忙中,专门抽出时间陪他们聊天、参观,请他们看样品、提意见,并耐心详细地解答了日商提出的各种问题,使日商对王银飞产生了一种信任感。王银飞觉得仅让日商了解产品还不够,还应该让他进一步了解职工们的精神风貌,于是决定举行一次全厂职工的文艺晚会，特邀日商参加。本来，日商已决定这天去邻县竹编厂，可是，当王银飞把举办联欢会的安排同客人一说，日商盛情难却，便满口答应下来。邻县的竹编厂见日商到来，也是盛情接待，并百般挽留，客商还是于当天赶回了嵊县竹编厂，兴高采烈地参加了联欢晚会，宾主载歌载舞，感情十分融洽。王银飞和全厂职工的热情，给客商留下了十分难忘的印象。日本客商回国后，即使躺在病床上也仍然想着嵊县竹编厂。1986年，他在刚刚动过胃切除手术不久就再一次来到了嵊县竹编厂，一次就包销了200多万元的竹编产品。

王银飞不仅对外商满腔热情，对国内客户也怀着真挚的感情。1984年的一天，一位哈尔滨的客户来到嵊县竹编厂，打算请他们专门生产一种酒瓶套。王银飞热情地接待了他，向他介绍本厂的产品，并应客人的要求，让创作组连夜赶制了4个样品供客人选择。样品出来后，客户非常高兴，立即选定了其中的两种，当场要了20万只。只是第二天，客人又变卦了，提出只要6万只，他自知理亏，十分抱歉地向王银飞说明了原委。王银飞不但没有责怪他，反而称赞他想得周到、细致，并帮他算了笔经济账，告诉他如何加快资金周转。这种将心比心、真诚待人的态度使客户非常感动，并诚恳地表示："以后我厂若要竹编产品，就一定来嵊县竹编厂订购。"果然，没过多久，他又订了10万件竹编酒瓶套，还特地从哈尔滨赶来参加了用户座谈会，赞扬王银飞的工作和为人。

至于对内，王银飞对本厂职工更是关心备至。虽然她工作很忙，却常常到生产第一线了解生产状况和职工生活情况，遇到生产任务重、质量要求高的情况，她就带领科室人员顶岗干，保质保量地完成任务，深受职工的称赞。由于她关心、体贴职工，大大调动了职工们的积极性。全厂上下一条心，产品质量精益求精，很快便走到了同行的前列。1984年受到轻工业部的表彰，1986年出口额达400万元，产品远销日本、美国、意大利、新加坡和香港等80多个国家和地区。

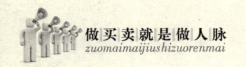
你知道"千人百元买房团"的故事吗

"千人百元买房团"的创意构思非常巧妙，让原本不相识的人们走到一起，由于一个共同的难题而聚集了一帮人脉，接下来利用这个人脉，开始解决一些实际的困难。

有一位"北漂族"打算买房，苦于自己是"月光族"，又不想做"啃老族"，于是筹划出了一个千人购房的活动。

这位朋友的网名叫"可乐事多了"，和女友租住在管庄，考虑到自己26岁了，到了准备结婚的年龄，二人觉得应该有自己的房子，而且女友的父母要求男方要有套房子。"我每月就那么四五千块钱，几乎存不下什么钱。"这位朋友说道。

"我不想跟家里要钱。"他坦然地说道，自己7年前从东北来到北京，工作一直不很顺利，直到去年才找到现在这份比较稳定的工作。最近和女友看中了位于通州一个楼盘里的一套两居，但是首付最低也要15万，"根本付不起首付。"他表示很无奈。

在和朋友聊天中，想要结婚却苦于没钱买房的"可乐事多了"突发灵感：召集1500人，每人出100元凑齐首付买房，然后大家通过抽奖、摇号等方式来决定房子的归属。8月5日，他在这个楼盘的业主论坛上发了帖子《我们买的不是房子，是生存》，号召大家参加活动。

"反正也买不起房子，何不碰一下运气？结婚也不差这100块钱。"他说。如果抽到自己固然高兴，若是抽不到那就继续打拼也要买房，"我觉得自己还是个潜力股。"他笑着说。

这是个有趣的创意，如果为这个创意加个名称的话，可以称之为"住房彩票"应当是最合适不过了。1499人帮一个人圆住房梦，相比较于理论上数百万人或数千万人圆一个人的发财梦，几率的确要大得多。如果有法律与政策支持，应当会有不少人可获得自己的房子。

这个创意看似简单，但含义丰富，只有那些穷得丁当响的人才愿意为之苦苦思考；已经拥有住房的人们，大概没几个会挖空心思来考虑买房难的问题，但是这个创意的构思确是非常有技巧，让原本不相识的人们走到一起，由于一个共同的难题聚齐了一帮人脉，接下来利用这个人脉，开始解决一些实际的困难。

入乡随俗，学会做中国式的人情买卖

国人的行事准则，其轨道一定是情、理、法，三者顺序不易变动，如果把它颠倒过来，事情就很难办，即使办成了，也会在无形中得罪人。

西方式的观念，很喜欢将"对人的问题"和"对事的问题"分开来处理。在商场上，说穿了就是"生意归生意"，"朋友归朋友"。受到西方的影响，中国人的观念也似乎逐渐倾向于"对事要无情"、"对人要有情"的论调。以经验而言，两者之间要求出一个平衡点来确实很不容易！

中国人到底还是中国人，五千年的传统，不是一下子就能甩得掉的！

在中国人的社会里，"人"与"事"是不容易分开的。中国人的行事准则，其轨道一定是情、理、法，三者顺序不易变动，如果把它颠倒过来，事情就很难办，即使办成了，也会在无形中得罪人。

在生意场合中，双方议价僵持不下，如果有一方撇下"面子"问题，而另一方居然还不肯给"面子"时，恐怕买卖就很难做下去了。

例如："老板，东西我很满意，价钱也差不多了，你就给我个'面子'少赚

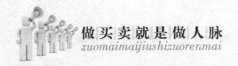
一点,把这笔买卖做成算了!"

"做生意就是做生意,价钱和'面子'是两回事儿。对不起,少一毛不卖!"

这种回答,保证令对方心里会不痛快!心里想:"干嘛!才这么一点儿钱,连这点'面子'都不给,又不是'孤行独市',大爷不找你买总行了吧!"

中国人一旦遇到"面子"问题,"焦点"会立刻转移,如果处理不当,不但买卖不成,而且仁义不在。但若换个方式说,效果可能就大不相同了!

"既然您这么讲,我就没有什么话说了,钱赚不赚是其次,但你这个朋友一定得交。一句话,照您的价钱给您!"

给对方"面子",他未必下次再找你做买卖,但至少他不会替你做"反宣传",这就是收获。

对中国人而言,一样买东西,我为什么找你不找他?除非你给我"面子",而所谓"面子",包含了折扣、优惠或特别的服务,要不然,我干嘛让你赚钱?

话虽这么说,也并不表示中国人对"人"与"事"一定会完全混淆不清,而是有程度上的差异。"合作是交情,成交是生意",虽因"交情"而合作,生意则仍应保持有利润才行。

与两类人做生意,占据了企业行为的很大一部分。一类是供应商、客户;一类是员工。前者作为企业,再生和创造利润的主要来源容易被认可,但把企业和员工的关系说成生意伙伴,似乎太不"人本",还相当庸俗。事实上,生意本身无善恶,而是利益双方做什么、怎么做使它具有了道德色彩。

企业用什么样的态度和行为对待与客户的生意,就会用同样的态度和行为对待员工。期待与客户双赢,也必然会用同样的态度去经营员工。对于这个问题没有殊途同归,只有并行一致。企业做好了同一利润链上的这两类生意,也就获取了持续的增长潜力。并不是说让商业行为回归了人道的面孔,企业就一定能做好。但可以肯定的是,你不这样做,必然会增加交易成本。

现在提倡科学发展观,提倡和谐,最近又热议"八荣八耻",无疑是在匡正发展观、树新风、修复传统道德。对于那些眼睛紧盯着市场与订单,为企业生存殚精竭虑的企业家来说,有些大道理很难吸引他们的眼球,除非他们看到了某些与命运攸关的联系。其实企业对这些大问题的态度，必然会影响到如何处理两笔小"生意"，换种角度说，做生意就是做环境，理想的环境有两方面，即和谐的营商环境与和谐的企业文化环境。要和谐就必须恪守一些准则，并不在于对生意伙伴进行怎样的人性假设，是恶还是善，是信任还是怀疑。而首先是自己该怎么做，该信守什么，该承诺什么。只要求别人遵守道德，就在与自己的私心达成一桩买卖。不求诸于人，而是内守于己，"与人方便，自己不便，我心坦然"，这才是一种带着善意做生意的商业理性。

跟中国人相处，尤其做生意，是一种艺术。运用之妙，存乎一心，很难完全套公式。简单来说，就是让对方有"爽"的感觉。能让对方愈痛快，就愈可能达到"买卖完成，仁义又在"的最高境界。

做生意要懂得在同行中建立知名度

积极地参加由同行所举办的研讨会、旅行、宴会。交换名片之后，别忘了再积极地与之交谈，让对方记住你的脸孔与名字。之后，如果有任何问题或疑问就可以成为彼此交往的话题，如果能把握住再见面的机会就更好了。

在生意场中，往来的几乎都是同行，而且转来转去也几乎都是在同一个圈子里。既然是同行，所面对的客户自然都是一样，换句话说就是大家都是竞争对手，彼此都在互相竞争。虽然如此，但在某一方面，大家还是站在相同利益立场上共同存在的伙伴，如果忽视了伙伴的存在就无法互相竞争。而且同行之间的关系又更为密切，正因为如此才会彼此攻击。拓展交际范围、利用多数人的智慧、保持着共同的话题及目的与同行交往，建立交往基础，才能在谈生意时占有优势，及早获得成功。

积极地参加由同行所举办的研讨会、旅行、宴会。交换名片之后，别忘了

再积极地与之交谈，让对方记住你的脸孔与名字。之后，如果有任何问题或疑问就可以成为彼此交往的话题，如果能把握住再见面的机会就更好了。

如果能够利用这种方式在同行之间逐渐打出知名度，只要稍有进步就能很快地拓展自己的交往。利用竞争的机会让自己的名字出现在对方的公司，不论以这种方式建立的评语是好还是坏，只要自己在外面的名声响亮，连带地也会提高自己在公司内部的知名度。

所谓交际广，就是由这样建立新的交际范围逐步拓展出来的。

从事广告宣传工作的人，能够在这个狭隘的世界中取得许多有利的信息，这就是因为他们懂得利用同行之间的各种关系，这也意味着广告业者很善于运用交际技巧。这个社会中，人的缺点，就是工作上的往来完全是以利为目的，因此不能彼此信任，如何在这样的环境中出人头地，就看你有没有用心去做了。

曾有人把经理比喻为企业移动的招牌，因为他始终代表的是一个集体，代表着企业的精神面貌。作为管理者，除去必不可少的工作能力以外，还应该在以下三个方面塑造自己：

第一，要具有丰富的知识。作为企业的主管，应该具备有一定的专业知识和社会文化知识。能够成为主管，一方面靠的是你的人品，另一方面用的就是你的知识能力，两者是缺一不可的。知识面广、专业知识强，才能做好工作，才能有人拥护你。学富五车，有利于干一番事业，工作生活无坎坷；才高八斗，更利于聚社会贤才，交天下有识之士。还有就是，管理者的知识水平可以让下属产生一种信任感和亲和力，这样一来才更能加强企业内部和企业外部的人脉关系。

第二，要注意服饰着装问题。作为领导者，你的穿着与服饰会对企业内部和外部的人际关系产生不同的效果。领导者的服饰端庄整洁，不要只是理解为外表的企业形象和整体素质，其实，它更是内对企业员工，外对来访人员的尊重，服饰在工作中虽然是个小节，但实际上是一件大事，在当今社会，不管是在政治活动还是经济场合上，每一个人都会穿戴整齐，各显风采，历届亚太经济合作组织会议的组织者，都要煞费苦心地为与会者设计一套特色服装集体亮相，一方面可以体现出会议的轻松气氛，另一方面，也是很重要的一点就是，能表现出与会代表亲密的人际关系，这就是服饰穿着的语言。

第三，要有得体的行为和语言。一个人的行为举止是其修养和素质的整体表现，企业的领导是企业形象的代表，在出入任何社交场合，周旋在各种人物之中。其言谈话语、行为举止在对方没有见到企业之前，作为企业形象代表已先行亮相，等于企业已给了对方第一印象。举止高雅，言谈得体，做生意、交朋友都可以给人以信任感。一个领导在工作中所体现出的良好的修养素质会使你赢得大多数员工的拥戴，员工都会把你当成朋友看，而不是领导与被领导的关系，会利于集体内部人与人的沟通。作为高素质的领导，应该是待人友好，乐于助人，谦虚而不自卑，所以，自信而不自大，用自身的人格魅力在企业之中营造出一种和谐的人际关系。

而作为企业中的一员，不管是管理者还是普通的员工，都要注意从以下几方面提高自己的人际关系：

第一，要下工夫做感情上的沟通。在集体中人际关系好，很大程度在于感情上的沟通。人是感情动物，对于协调人际关系来说，感情有时可以起到比理智更大的作用，人与人之间有一定的感情可以减少误会、增加信任。在企业中、上下级之间、同事之间关系好一点儿称之为有感情。不妨可称为相互之间有人情味儿，尤其是作为领导者，有人情味儿是获得拥戴的重要条件。美国惠普公司特别鼓励各级领导深入基层，提倡敞开式办公，即大家在一间大房间中共同办公，领导不单设办公室，目的是为了更好地进行人际沟通，培养感情创造条件。在西方发达国家，很多党政要人、大集团总裁都会投入大量精力，甚至财力来进行必要的"感情投资"，把培养感情作为管理的一个重要内容。英国前首相撒切尔夫人，每次参加重大活动，有人为她献花时，她总是挑出漂亮的一束送给司机，让司机带回家，并为他晚回家表示歉意。这些名人、大企业家在情感沟通上下的工夫往往比我们想象的大得多，而要想有理想的人际关系，就必须学习他们，下足工夫培养感情，以增进人脉关系。

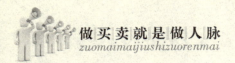
能否搞好人际关系，有时候比技能还要重要。一些国外大型客机的飞行员技术水平很高，但是却不能够当机长。航空公司考核机长水平，其中的标准就包括能否同机组其他人员搞好关系，因为机上几百人的性命都在机长手上，性格偏激狭隘的人即使具备驾驭飞机的能力，但人际关系的破裂也可能导致空难事故，现代技术条件下的飞机在飞行过程中需要良好的人际配合。其实，不光是飞机的飞行，在现代企业的管理中，人际关系的作用也是不容忽视的。

良好的情感沟通，极具人情味儿的交往，可以成为日常工作中的动力，形成很好的默契。而利益往往是暂时的，有时甚至被误认为是感情，因为利益的先决条件经常是由位置所决定的，你在这个位置，是这个位置给你带来了某些利益，但是"盛宴必散"，一旦没有了位置，利益也就不复存在，但真正的感情不会，不管在任何位置，用真诚培养起来的感情，到哪里都会有朋友拥戴你。

第二，平等待人。人际关系学说中有人际吸引这一节。有些人之所以与同事相处较好，工作生活各方面较顺利，人格魅力起很大作用，其中性格更是主要因素。有人讲，"性格决定命运。"正常人的性格应该是乐观、开朗的，可以给人带来快乐，沉着机智、勇敢果断可以给人带来依靠感。而认真负责、聪明勤奋的能力和工作态度，忠诚老实、心地善良、不随波逐流的个人品质会使个人的人格魅力更为突出，这样的人在工作生活中会给人以信任感。每个人在工作、生活中交朋结友所得到的评价，都客观地反映了一个人的为人，也决定了你的集体群众关系与个人人际关系的好坏。"人以类聚，物以群分"，具备人际关系优势的人，能够广交友、聚人气，老朋友越交越深，新朋友越交越多，工作、生活会事事顺畅。怨天尤人没有用，明智的人待人诚恳、讲求信誉，会经常总结检讨自己，只有愚昧的人才会抱怨命运、责怪别人，但这样做最终会毁掉原本较好的人际关系和朋友，也会使周围的人逐渐敬而远之。人与人之间，好的关系可以变坏，坏的关系可以变好，变好、变坏完全在个人。言行不一，言而无信、过分强调自我、一切以我为中心，没有人会愿意同你交往，这样的人也永远搞不好人际关系。人际关系良好的人，会事事替别人着想，勇于承担责任，包括错误。文学大师雨果在《悲惨世界》中讲过这样的话"尽可能少犯错误，这是人的准则，不犯错误是天使的梦想，尘世的一切都免不了错误"。勇于承担责任、勇于承认错误是一种美德，而恰恰是这种美德，很容易让你在同事中树立起自己的良好形象，拉近人与人之间的距离。不要让虚荣掩盖了真诚，也不要因所谓的职位盛气凌人。你今天的职位明天也许就被别人取而代之了。每个人都应得到尊重，尊重别人就是尊重自己，较高的职位只能说明你要承担比企业中其他人更重的责任，而不能作为在工作中各方面持优越感而不等同于他人的理由，"所有的人生下来就是平等的"，平等待人是搞好人际关系的基本条件。

在企业中，人与人更应该互助、平等，个人关系再好都不应把此种因素掺杂到工作、事业中。关系越好，就越应该在工作中互相帮助、互相补台，而不应倚仗关系好而变相拆台。所谓"变相"即是间接的，而不是直接的。这种损害的特点是利用集体中比较良好的人际关系，在不经意中起到了损害集体利益、影响正常工作的作用。企业中人际关系好，人与人之间相互信任是好现象，但不能利用别人的信任做出损害集体、伤害个人的行为和不经意的伤害。

第三，要注重自身的信誉和对他人的信任。信誉是每个人自身的社交名片，世界很小，个人的社交圈子更小，仔细想一想，每个人一生要经常打交道的可能就那么几个人。你的信誉好坏很容易对你的形象与为人产生正面与负面的影响，"失信不立"，一个人不讲信用就难以为人处世，随着社会的发展，每个人、每个企业的信誉度将是做人、做企业的基本条件。不讲信誉的人没人会愿意同他打交道，没有信誉的企业根本不会有生存空间，更谈不上发展。好的人际关系也需要对他人的信任，"自信者，不疑人，人亦信之；自疑者，不信人，人亦疑之。"意思是人有自信，不猜疑别人，别人也会信任你；多疑的人，不信任别人，别人也会不信任你，这种对别人的不信任往往会反映到工作、生活中，其后果有时是很严重的，同事间的相互不信任会使人际关系失和，领导对下属的不信任可能使企业失去人才，"疑人不用，用人不疑"。生活中，心胸狭窄无端猜疑，就不会有朋友，也难以拥有知己，对他人的不信任是一种伤害，

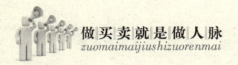
甚至最亲近的人也会因你的不信任而离你而去。

第四，忌妒是不可取的。在集体中，每一个人的聪明才智都应该得到发挥，每个人也都应为同事之间取得的成绩而由衷地高兴，而不应心怀忌妒，忌妒就是对比自己各方面都强的人产生的一种怨恨心理，有这种心理状态的人永远同别人搞不好关系。别人在知识学历上比你强，在工作能力上比你强，也可能在品貌服饰、气质修养上比你强。光忌妒没有用，也忌妒不过来，因为周围的每一个人都可能在某些方面比我们强。忌妒是心灵的腐蚀剂，破坏团结、害人害己，可取的态度应该是调整心态、团结同事、宽以待人、严于律己。

第五，积累为人处世的学问。人和人与人和事物之间有某种性质的联系称之为关系，有了关系就有了前提条件，但还需要基础条件，企业同员工是聘用人和被聘用人的关系，但如果企业效益不佳，发不出工资则会变成没有关系，这其中聘用是前提，企业效益是基础。"城门失火，殃及池鱼"，企业效益不好员工就失业。生活中同样如此，男女恋爱结婚是前提，而感情则是基础，没有感情就没有了基础，最终夫妻也会形同陌路。每个人都处在各种错综复杂的关系中，如何处理好就要看自身的能力和悟性，"世事洞明皆学问，人情练达即文章"。能把事情看透就是有学问，为人处世细致周到，人生就会因此而事事顺畅。

"企业兴衰，员工有责；加强沟通，相互理解"。可以说，良好的人脉关系已成为个人成长、企业成功的重要条件与资源。企业发展需要很好的人脉关系，所以如何处理人脉关系中的问题是至关重要的。

在职场上，有一句英国谚语必须谨记："When you point a finger at some-one else, remember that three fingers point back at you,"意思是，当你对某人指指点点时，同时也有更多的人与你作对，假如你四面树敌，最后吃亏的还是你自己。更重要的是，公司内有些要员是你需要加倍留意的，因为他们对你的事业发展往往起到非常关键的作用。

适时将自己推销给你的朋友

在销售工作中，我们无法光凭借理论来表现出真正的实力。不管理论如何清晰，都必须通过行动才能看见已经融会贯通的专业能力。

知名的沃尔玛商场要招考一名收银员，几经筛选，最后只剩3位女孩有幸参加复试。

复试由老板亲自主持，第一位女孩刚走进老板办公室，老板便丢了一张百元钞票给她，并命令她到楼下买包香烟。这位女孩心想，自己还未被正式录用，老板就颐指气使地命令她做事，因而感到相当不满，更认为老板是在故意伤害她的自尊心。因此，对于老板丢出来的钱，她连看都不看，便怒气冲冲地掉头离开。她一边走，一边还气呼呼地咒骂："哼，他凭什么支使我，这份工作不要也罢！"

第二位女孩一进来，也遇到相同的情况，只见她笑眯眯地接过钱，但是她也没有用它去买烟，因为钞票是假的。由于她失业许久，急需一份工作，只好无奈地掏出自己的100元真钞为老板买了一包烟，还把找回来的钱全交给了老板。不过，如此尽职卖力的第二位面试者却没有被老板录用。因为，老板录用了第三位面试的女孩。原来，第三位女孩一接到钱时，就发现钱是假的，她微笑着把假钞还给老板，并请老板重新换一张。老板开心地接过假钞，并立即与她签订合约，放心地将收银工作交给了她。

3位面试者有3种截然不同的应对方式。第一个面试者的心态，是多数老板最害怕的类型，毕竟，只会用情绪来处理事情的人，任谁也不敢将工作托付给他。第二位面试者的处理方式，则是最不专业的表现，虽然委曲求全的人比较有敬业精神，但万一真的遇到重大问题，老板需要的不是员工的委屈与退

缩,而是冷静与理性的处理能力。于是,第三位面试者成功了,因为在这件小事上,她充分表现出敬业态度和专业能力。从"接过钱"与"发现假钱"的两个小动作中,我们便能看出她的"配合度"与"专业能力",而这才是老板期待的最佳人选。想面试成功,除了要有自信与正确的态度之外,别忘了要多了解工作本身的需求,预备或培养好相关的专业能力,因为任何一个小动作,都将是你表现专业能力与敬业精神的机会。

销售工作也是如此,在向客户推销自己公司的产品时,首先是能否把自己推销出去。只有把自己有效地推销给客户,让客户能愉快地接受你,你才有机会来推销自己公司的产品。如何推销自己,下面的五个方法可以给你一些参考:

一、推荐自己应以对方为导向

在推荐自己的时候,需要注重的应该是对方的需要和感受,并根据他们的需要和感受说服对方,让对方接受。

二、推荐自己要有自己的特色

推荐自己必须先从引起别人的注意开始,如果别人无视你的存在,那就谈不上推荐自己。那么,如何引起别人的注意呢?关键是要有自己的特色。这里所谓的特色并非什么文凭,而是你有什么与人不同的特点。

三、推荐自己要善于面对面

人们通过面谈可以取得推荐自己、说服对方、达成协议、交流信息、消除误会等功效。面对面地推荐自己时,应注意和遵守这些法则:依据面谈的对象、内容做好准备工作;语言表达自如,要大胆说话,克服心理障碍;掌握适当的时机,包括摸清情况、观察表情、分析心理、随机应变等。

四、推荐自己要有灵活的指向

人有百号,各有所好。假如你针对对方的需要和感受仍说服不了对方,没能被对方所接受,你就应该重新考虑自己的选择。

五、推荐自己要注意控制情绪

人的情绪有振奋、平静和低潮等 3 种表现。在推荐自己的过程中,善于控制自己的情绪，是一个人自我形象的重要表现。情绪无常，很容易给人留下不好的印象。为了控制自己亢奋的情绪，美国心理学家尤利斯提出了3条有趣的忠告："低声、慢语、挺胸。"

任何东西，只要能卖出去就会有个买主，当你把自己推销出去时也不例外。所以，你要先站在买者的位置试问自己：有人愿意买我吗？

主动推销自己，让别人认识你！你懂得如何营销自己吗？你能为自己打造出独特的个人形象，让人不由得想到你吗？为了打造一本丰厚的人脉存折，你除了需要认识很多人之外，也必须让很多人认识你，甚至心仪于你所打造出的个人形象。事实上，不管你是想在人生的路上找工作、找对象，或是交朋友，那首先你必须懂得如何营销自己。

要建立人脉，"勤快"两字是秘诀，如果你只是坐在家中，怎么可能让自己被别人发现，别人又怎么可能认识你，对你产生好印象呢？当年，我有两位"想婚"的闺中密友，学历与外貌都很不错，但却因为两人对于打理人脉的看法不同，而有着截然不同的结果。

珍妮是位很务实的女性，她在动了"想婚"的念头后，马上就确立了自己找老公的标准：硕士学位以上，学有专长，最好是专业人士，如大学教授、医生或是法官，为人老实，拥有正职，不需要家财万贯。她认为嫁到太有钱的家庭，反而要花很多心思在家族的内部争斗当中，而且，男人有钱就容易花心。所以，还不如找个身家清白，又有一技之长的男性共同组建家庭，一起创造幸福的生活。

目标确立后，珍妮马上运用哈佛商学院所教导的营销策略，为自己铺下"天罗地网"来寻找与她有缘的"真命天子"，她为自己拟订了实际的"相亲计划"：找来10个最有人脉的长辈与朋友为她介绍对象，并随时大方地告诉朋友："我正在寻找对象！"

结果，珍妮动员了海内外各行各业的亲朋好友帮忙介绍，在一年半的时间内，一共相亲了158次，这真是一个非常惊人的数字，因为平均每三四天就要相亲一次。假日最高纪录，甚至一天相亲5次之多。

后来，珍妮果然认识了一位拥有博士学位、在学校教书的男朋友。两人兴趣相同，话题又多，非常投缘。不到半年的时间，两人就结婚了，还生了两个小孩。现在谈起当年的"人脉相亲学"，她还是非常自豪，虽然过程很辛苦，但总算让另一半找到了她。

至于我另一位女朋友琳达，可就没那么幸运了，到目前为止，她还是一位非常"想婚"的"单身熟女"。除了"缘分"这个难以控制的因素之外，最主要的原因，还是她完全没有"营销自己"的意愿，每天就是上班、下班，假日也不愿意主动参加活动结交朋友，也不愿意请身边的好朋友帮忙留意好对象，加上很多同年龄的男性多半愿意娶更年轻的女性。就这样，日子一天一天过去，她整天就是孤单地过日子，每天免不了自怨自艾，但就是不愿意走出去。

事实上，营销自己，并不是把自己物化，而是要让更多的人知道你的存在，了解你的优点及特点，进而知道你的独特性，甚至能因此成为彼此的人脉资源，因为就算在职场上，在"最有效的求职途径"调查中，"熟人介绍"还是曾被列为第二大有效方法。想想看，如果各行各业都有你的熟人在，那么，你成功的概率是不是比一般人要高一些呢？

人脉资源中的关键人物，通常可以在适当的时机发挥强大的"救命效应"。中国传播界就流传着一则笑话，一位外地企业的民营老板到处打听如何能买到某电视台的广告时段，结果答案竟是，去找电视台大门外卖面的老婆婆，因为这位老婆婆的侄子便是那家电视台的某部门主管。人脉的重要性可见一斑。

一家准备前往中国市场发展的财务公司，因为公司老板有着清楚的人脉概念，知道交朋友不一定是要送钱，于是在南北通关的过程中，总是记得送上中国没有生产的热带水果，像莲雾和番石榴等，甚至对一时下台的领导也从不放弃嘘寒问暖，重点是要在态度上让对方切实感受到自己的真诚。

一次，公司要拓展办公室；当时一平方米的楼价即高达9000多元，以老板的财力根本无法负担，但此时，救命的贵人却出现了，原来他的人脉组合发生了效应。以前，他曾到医院去探视过一位领导的太太，而且还是第一个去拜访的，没想到，这位退休领导将这件事深深地记在脑海中，于是愿意主动出面与业主斡旋，让他可以便宜地以一平方米仅 7800 元的价钱购得，就足足省下 20 多万元，由此可见，人脉资源中的关键人物，的确可以在适当的时机发挥出强大的"救命效应"。

如果你想有效地营销自己，你就必须增加自己"曝光"的频率，让别人可以有机会认识你。你可以多参加 EMBA、各种兴趣协会等团体，即使像公司内部的工会、旅游团、健身俱乐部等团体，也都是把自己推销给别人的途径，是一个可以建立自己形象的机会。尤其，现在通过网络交友、网络读书会、网络论坛、MSN 互动、BBS 的交流，甚至于通过建立博客（Blog），都能随时在网络上抒发自己的想法，让自己的人脉网络快速扩充，因此只要多用点儿心，想交朋友并不难。

推销自己是很重要的，但是要懂得掌握方法，想办法触动人心，让人们觉得在这个领域中你是独一无二的。最简单的方法，就是掌握两个原则：一个是有创意，另一个是要符合常理。

比如，很多父母都希望自己的小孩是人中龙凤，尤其中国的父母更是耗费巨资让自己的孩子学习才艺。但是，为什么别的父母总是那么幸运，可以当现成的星爸、星妈，不用付出高额的教育费用，孩子自己就可以为家里带来财富，难道那些子女天生就比别人幸运？

那可不一定，由很多案例可以知道，这些小童星的成功都是与父母的"人脉存折"有很大的关系，比如，主演《神鬼奇航》的女主角凯拉·奈特莉（Keira Knightley），目前是英国的当红女星。她在 3 岁的时候，就跟父母说想帮自己找个经纪人来打理演艺事业，这使她的父母当场傻眼。凯拉的父亲威尔是知名舞台剧演员，母亲莎曼则是剧作家，两人在影剧圈都拥有丰沛的人脉，他们因此很谨慎地对待孩子的演艺事业，一直到 9 岁，才让凯拉如愿以偿地得到第一个演出机会，但凯拉也从来没有考虑过其他的生涯。父母的人脉加上凯拉本身的努力，让凯拉有非常多的试镜机会，凯拉的才能也因此得到发挥，现在的凯拉才 20 出头，就已经成为好莱坞最璀璨的一颗星。

而主演电影《哈利·波特》的男童星丹尼尔·雷德克里夫（Daniel Jacob Radcliffe）更是一例。他从小就很有演戏天赋，因此能打败上万名的竞争对手，得到在英国BBC国家广播公司名著珍藏系列之《大卫·科波菲尔》中扮演少年科波菲尔的机会。之后，年仅11岁的丹尼尔，又顺利地从4万名试镜少年中脱颖而出，获得主演《哈利·波特》的机会。

丹尼尔在17岁的时候身价已经达到2400万英镑，成为全英国最富有的青少年。但是值得一提的是，丹尼尔的父亲艾伦·雷德克里夫（Alan Radcliffe）是出版经纪人，母亲马西娅·格雷沙姆（Marcia Gresham）则是选角导演，父母亲都有许多影视圈内的朋友，消息非常灵通，因此他们能够得到第一手的信息，也能为自己的孩子争取到最佳的竞争时机。一颗珍珠，也是需要慧眼才能真正被发现的。

其实，增加自己"曝光"的途径，就是增加自己被利用的价值，经营人脉并不是要你当一只花蝴蝶，而是找机会让大家都能认识你，建立别人对你的信赖感，知道你的才能及不可或缺性。通过参加一些跟自己爱好有关的社团活动，例如登山、旅行、参与义工等，都可以增加认识朋友的机会，让别人更了解你。

因此，应尽快想办法认识更多的好朋友，说不定你的命运将会因此有全然不同的结果！

也许你不相信，大多数的人交不到朋友，并不是因为自己的条件不够优秀，而是因为观念不正确，检视以下的观点，看看自己是不是在交朋友这件事上有着错误的观念，以致一直交不到好朋友。

1. 认为找人脉就等于是攀关系

大多数人最常犯的毛病就是：不好意思营销自己。事实上，再好的人才也需要有伯乐的欣赏才能发挥所长。

2. 认为寻找人脉就是求人帮忙

专业分工的时代已经来临，甚至兼职也成为上班族的流行趋势，寻找人脉是找机会让自己帮别人解决问题，和求人帮忙是大不相同的，除非你的能力真的不够好。

3. 有专业就好,干嘛还要找人拉关系?

在英国某所学校有一位工友,他是波兰移民,弹得一手好钢琴,但在英国却没人知道。有一天他放下拖把,在学校的一架钢琴前弹奏了起来,这场面恰巧被网络摄影机拍了下来,人们这才发现他的天分。但如果他的运气不好,他的天分将永远不会被人所知。所以,拥有专业,还得主动出击才是。

4. 我口才差,怎么才能建立人脉?

建立人脉主要贵在诚恳,而不是口若悬河、夸夸其谈。光靠嘴皮子建立出来的人脉,通常也只拥有非常薄弱的基础。因此,不要用"口才差"当借口,真正让你望而却步的,其实是你是否真心想拉近自己和别人之间的距离,只要拥有真心,别人一定会被你打动。

5. 工作那么忙,哪有时间建立人脉?

工作是讲求效率的,有时,如果你遇到贵人相助,反而可以让事情事半功倍。更何况,现在的网络世界不分距离与国界,上上 MSN 表达对朋友的关心,其实不会花太多时间。交朋友的过程往往是重质不重量,适时地支持与鼓励,远比言不及义的漫谈更有效果。

天下没有一次性的人情

生活中有许多人抱着"有事有人,无事无人"的态度,把朋友当做受伤后的拐杖,复原后就扔掉。这种态度做人一定会被更多的人抛弃,没人愿意再给他帮忙。即使这种人想去帮助他人,大概也没人愿意领受他的情。

那么,要让人觉得你是一个既有情又有意的人又应该怎么做呢?

1. 同舟共济。同事之间的交往尤其是在困难的环境中的交往,必须采取合作态度,互相支持,互相帮助,互相关照,只有这样才能最容易产生感情,

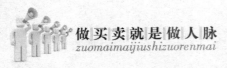

才能建立深厚的情意。

2. 杜绝"一次性交际的心态"的行为。给对方一包烟，请对方吃一次饭，这不是增加情感账户的真正含义，但当你知道对方有困难需要你帮忙时，作为知情者不要无动于衷，主动伸出援助之手援助对方。这种交际行为才能够赢得更好的"人情效应"，即使受助者一时无力给你回报，但你热忱的态度，你的崇高秉性，会被更多的人所知晓。

3. 口渴以后再送水。试想一个人快饿死了，送一包饼干、一瓶水和送一座金山，哪个更能让被救助者感激你一辈子，甚至终生不忘。工作中，我们是不是应该先帮助那些紧急且非常重要的忙，无论是对事情本身，还是存储人情都是件好事，正所谓口渴以后再送水，能为你的情感账户带来一大笔收入。

4. 雪中送炭。对身处困境中的同事仅仅有同情之心是不够的，提出具体建议帮他渡过难关才是真的帮助，这种雪中送炭、分忧解难的行为才能让对方从内心深处发出感激之情。

5. 培养与同事之间的共同爱好。因为共同的爱好、兴趣，可以成为建立彼此交情的纽带。说了这么多其实就是一个目的，帮助大家建立存储自己的情感账户。我们今天存款绝不是为了随时提款，但是如果你拥有大量的情感账户，账户关系良好，信任度也高，只要你是无心之失，别人也会谅解。

北京市崇文洗染厂是一家只有152名职工的小厂。在竞争激烈的洗染行业中，他们不靠给回扣、送礼拉拢客户，坚持以优良的质量、周到的服务吸引客户。

崇文洗染厂非常重视联络客户的感情。客户一进厂门，从传达室到厂长室乃至车间的工人，全都笑脸相迎，问寒问暖。外埠的客人到京，不管厂里人手多么紧张，也要派人去帮助客户找旅店，订返程票，甚至帮忙采购东西，使客人能腾出时间，舒舒服服地逛逛北京城。客户来厂里染布，他们坚持随到随干，保证快速敏捷。布染好后码放整齐再请客户查看，只要客户对印染质量满意，立马儿装车。活儿干得这样干净利索，客户没有不满意的。如果客户不能把料送到厂里，只要来一个电话，不论有多远，他们就二话不说，立即出车去拉。布料染好后再负责送回去，赢得了不少回头客。他们还不断开发新品种，为山西太原钢铁公司研制出二次阻燃布，成为北京市洗染行业中唯一能生产阻燃布的厂家。

崇文洗染厂始终贯彻国务院关于不准给推销、采购人员回扣的规定，不用厂里的公款买私情，凭着热情周到的优质服务，走出了一条不靠钱缘靠情缘的企业经营之路。

说到这里请大家问一问自己，你们当中谁有大额存款账户，一段互相信任的关系呢？想一想，这个人和你的关系深厚到什么程度，心灵是否相通，即使你和他人沟通出现差错，他人依然可以明白你的心意。为什么可以这样，是因为他人明白你的为人，了解你的真实意图。

现在把问题反过来再看看，你们当中有多少人和别人的关系紧张，缺乏信任，而且情感账户透支。是已经有过这样的经验呢？还是正在经历这样的情况呢？你和他人沟通的情况又如何呢？在你清晰地传达信息时他人又有何反响呢？你是不是经历过或正在经历这样的情况？说什么都没用，他人听不进去，他人只顾一个劲儿地寻找你的所谓隐藏动机，你说的每一句话、每个字到底是什么意思，真正的含义又是什么？即使你只是犯了个小错误，他人也会小题大做，甚至把缺点夸大说成是不可原谅的错误，导致你无法与人正常沟通，无法让别人相信你所说的一切？

如果你经历过或正在经历中，我想说还来得及，立即行动起来迅速建立自己的情感账户吧。

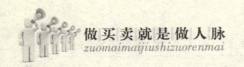
说者虽无意，听者要有心

　　要想做一个精明的生意人，在生意场上说每句话之前都要慎重地思考一番，因为你的不小心，也许会给你周围的人带来难以抚平的伤害呢。

　　台湾作家林清玄在青年时代做记者时曾报道：一个小偷的作案手法非常细腻，犯案上千起后才第一次被捉到。他在文章的最后感叹："像心思如此细密、手法如此灵巧、风格这样独特的小偷，做任何一行都会有成就的吧！"不料，林清玄无心写下的这几句话，竟影响了那位青年的一生。如今，当年的小偷已经是台湾几家羊肉火锅店的大老板了！在一次邂逅中，这位老板诚挚地对林清玄说："林先生写的那篇专稿打破我生活的盲点，使我想到，为什么除了小偷，我就没有想过做正当事儿呢？"从此，他脱胎换骨，重新做人。

　　是啊，谁也没有想到，一句小小的、看似简单而平凡的话竟改变了一个人的一生！这不禁使人想起了《项链》中玛蒂尔德夫人说的那句充满悲剧意味的话："一件事可以成全一个人，也可以败坏一个人！"不是吗？美国诺必塔小学校长皮尔·保罗的一句"我一看你修长的小拇指就知道，将来你会成为纽约州的州长"使罗杰·罗尔斯成为纽约历史上第一位黑人州长；武钟英的一句"该生天资聪颖！"造就了一代语文教育大家、特级教师钱梦龙；特级教师于永正曾因对儿子说了一句"跑调了，你怎么五音不全？"导致儿子不再唱歌而深感不安……由此可见：一句话对人的影响是多么巨大！

　　所以，要想做一个精明的生意人，在生意场上说每句话之前都要慎重地思考一番，因为你的不小心，也许会给你周围的人带来难以抚平的伤害。

第五章

必诚信：价值是最高的无形资产

信誉是珍贵的，但又是易损的，这就应了中国的那句古语：从善如山登，从恶如山崩。要获得和维持信誉需要长期不懈的努力，但毁坏信誉却只需要犯一次错误。正因如此，很多公司都将诚信视为生命，不但将其摆在价值观的第一位，同时也付出百分之百的努力去捍卫它。

信誉只可累存，不可透支

生意人一定要明白，"诚信"是维持良好商誉的关键因素。人们常说"买卖不成情义在"，情义的建立与维持，"诚"字显得尤为重要。

做生意是建立信用的过程，信用是交易的基础。老子认为：事物得到同一，便有了顺利与祥和；事物失去同一，也就失去了和平与安宁。表现在经商活动中就是，厚道做人，表里如一，讲求信誉才能广结善缘，赢得合作伙伴和客户的信赖。

经商盈利有"道"，有规律可循，然而"德"是"道"的化身——懂得如何做人，具备了做人的品德，才能做个成功的商人、成大事。我们常常说"做人要厚道"，意思就是不能违背诚实、豁达、感恩、直率、助人等品质，成为可信赖、值得倚重的人。

信誉作为一种无形的财富，有一个很重要的特点是只可积累不可透支，否则就像失去弹力作用的弹簧一样，再也不会发生作用了。

小公司规模有限，一般有其特定的顾客和客户。因此，只有积累信誉才能抓住老客户，获得回头客。我们也能看到在市场上，有些小公司并不起眼，业务量似乎也不大，但是它们依靠特定的客户维持了公司的发展，并获得了巨大的经济利益，其中的秘密就是"诚信"和"信誉"。正是由于和客户建立了彼此信任的关系，为客户提供了质量有保证的产品和服务，这些小公司才在老客户的基础上发展起来，建立了自己的商业模式。

因此，生意人一定要明白，"诚信"是维持良好商誉的关键因素。人们常说"买卖不成情义在"，情义的建立与维持，"诚"字显得尤为重要。对交易双方要开诚布公，坦诚相待，才能赢得双方的信任与长期的支持，即使一时不能达成交易，但在长期的经营中一定会得到更大的回报。

很多自认为"精明"的经营者在做生意时经常会以次充好、以假充真，欺骗自己的客户或合作伙伴，从而使他人受损而自己获利。这些"精明"的商人其实很愚蠢，他们对于经商之道理解得很肤浅，得到了一时之利，却失去了长久之利，因为他们忽略了一个非常重要的资产——商誉。商誉是公司在经营活动中积累的无形资产，对其经商行为和经营利润的影响是巨大的。要知道，开发一个新客户要比留住一个老客户难上加难，因此，聪明的生意人都会竭力维护自己的商誉，追求稳定的顾客和长久的利益。

诚信是免费的高效应广告

"诚信是一种美德，更是一个企业最大的效益。"这是荣获大奖的吉利人的一个深刻认识。

吉利金刚车型广告在 2007 年中国首届诚信汽车广告中，获得中国消费者认可的诚信汽车广告奖。"诚信是一种美德，更是一个企业最大的效益。"这是荣获大奖的吉利人的一个深刻认识。

特别是在中国加入世贸组织以来，在经济全球化的大背景下，消费者的认可度，也就是市场诚信度显得更为重要，诚信守诺已成为企业发展壮大成功的法宝。进入汽车行业 10 年来，吉利始终恪守诚信这个原则，坚持质量第一，诚信第一，坚持自主创新。

产品质量决定着一个企业的生死存亡，吉利从造车第一天起就很重视质量，在关键工序上使用了包括瑞典的 ABB 机器人、高精冲压设备、全自动底盘传输线等大批国际先进设备，并通过实施精致工程和用户满意工程，狠抓产品的内在质量和用户的感知质量进行改进，使现有产品的质量水平得到全

面提升。

与此同时，吉利在自主研发的过程中，坚持"以我为主，以创造新市场、创造新机会、创造新价值"为原则，整合国内外资源，在消化吸收国际汽车成熟技术和公开技术的基础上进行再创新，快速开发出具有国际先进水平、拥有完全知识产权、填补国内空白的CVVT发动机、自动变速器、电子助力转向装置等汽车动力总成、电子电器产品和自由舰、吉利金刚、远景等全新的整车产品，增强了市场竞争力。

此外，售后服务质量的不断提升也是吉利快速发展的一个重要原因。近年来，吉利秉承"关爱在细微处"的服务理念，在售后服务领域全面导入"一二三"的服务模式，在服务半径不断缩小、服务网络不断优化的同时，服务系统的服务能力和水平日渐成为自主品牌的标杆。

吉利的努力终于结成硕果，吉利LOGO图文先后被认定为中国驰名商标，吉利品牌成为家喻户晓的知名汽车品牌，这也是各界对吉利品牌的认可和支持，更是对吉利品牌的信任。本次吉利金刚车型广告荣获"中国消费者认可的诚信广告"，更是各界对吉利品牌信任与支持的又一次体现。

作为吉利"新三样"中重要车型的吉利金刚，是吉利战略转型的一个重要车型，是吉利打开自主品牌与合资品牌分庭抗礼全新格局的黑马。自2006年8月份以来，吉利金刚的优良品质得到广大消费者的认可，终端销售也一路领先。来自吉利汽车销售公司的数据显示，目前吉利金刚的月销量保持在4000辆左右，累计销量已突破4万辆，显示了诚信的强大力量，吉利战略转型也初见成效。

过去的实践已经表明，诚信已成为吉利打造世界知名品牌的一张王牌。在吉利今后的发展中，诚信也必将承担着更为重要的作用。

有一位铁匠，铸铁技术一流，他铸造出来的工具得到了当地许多人的认可和赞赏。在士兵眼中，没有人比这位铁匠造出的武器更坚韧；在农民眼中，没有人比这位铁匠造出的犁具更耐用；在工匠们眼中，没有人比这位铁匠铸造的工具更好、更结实好用。

　　这一天，几个木匠来到铁匠铺中，要求铁匠为他们每人做一把最好的锤子，因为他们打算结伴到邻村的一个包工老板那里去做木匠活。"你们是要最好的铁锤吗？"铁匠问几个木匠，他们齐声回答道："是啊，否则也不会花大价钱来你这里了。"铁匠听到回答后笑了两声，然后说："只要你们愿意出钱，我就保证给你们每人做一把最好的锤子。"

　　"听说那个包工头承包了一项非常大的工程，这一下可有你们几个人干的了。"铁匠边给他们打造锤子边和这几个木匠聊天。"是啊，不过在我们开工之前，你可是先要忙活一阵子了。"答话的是一个嗓门很大的高个子木匠。

　　边聊天边工作，而且这几个木匠还时不时地主动上来搭把手，几把铁锤在不知不觉中做好了。几个木匠试了试果然十分好使，于是付过钱之后兴冲冲地走了。

　　几天之后，那位承包了大工程的包工头亲自上门来找铁匠订做几十把"最好的锤子"，而且包工头还特别强调，一定要比前几天来过的那几位木匠手中的铁锤更好。他还表示，只要铁匠能够做出更好的锤子，那么他愿意支付更多的钱。

　　听完包工头说的话之后，铁匠笑了笑说道："以我目前的技术已经不可能做出比他们手中更好的铁锤了。"

　　包工头不以为然地说道："他们一共才要了几把铁锤，我要的数量可多得很。再说每把铁锤我支付的价钱一定比他们高得多，难道放着这么好的生意你不做吗？"

　　铁匠回答："我当然愿意做这笔生意，可是当初我给他们做时已经尽我所能做得最好了，现在也不可能再做出更好的铁锤了。其实，无论你给我多少钱，无论主顾是谁，凡是我接手的生意，我必定会尽我所能做得最好。也许在几年以后，随着我技术水平的提高还会做出更好的工具，但是现在我真的做不了。"

　　听到铁匠的话，包工头无话可说，他决定仍旧在这里定做几十把"最好的铁锤"，而且还决定，以后凡是他需要的工具都在这里定做。

忠诚与权势、利益等无关。对于职业的忠诚，并不仅仅是为了从职业中获取某种利益，而是将自己的工作当成信仰，将每一次任务当成使命。在现代社会，真正的忠诚更应该是一种职业的责任感和使命感。如果缺少了充分的责任感和使命感，即使能够利用自身的职业技能获取一定的物质利益，但在精神上，这样的人却是最贫穷的。

肝胆相照，生意场上也能交到真朋友

从投资价值来说，兄弟、朋友才是你一辈子值得投资的生意。生意可以失败，但只要有朋友在你身边，你就可以东山再起、卷土重来。

朋友是一辈子的生意，商场如战场，只有永远的利益，没有永远的朋友。古往今来成大事者，之所以成功，一是脸皮够厚，二是心肠够黑。随便翻翻二十四史，有几个皇帝的王位不是鲜血染成的？

正所谓，一将成名百骨枯。这就是为什么古来圣贤皆寂寞的原因。勾践、秦始皇、刘邦、朱元璋等等，一旦坐了龙廷，哪个不是高举屠刀，首先杀害兄弟？范蠡先生向同朝为官的文种警告说：高鸟尽，良弓藏；狡兔死，走狗烹。赵匡胤要杀南唐后主，后主很惊诧地说，我侍奉皇帝很尊敬呀。赵匡胤很不耐烦地说，卧榻之侧岂容他人酣睡？后主无奈，只好束手就擒，独自品尝"问君能有几多愁，恰似一江春水向东流"了。

是呀，一山难容二虎，不是你死，就是我亡。这些道理的确很深刻，但有时人们也在观察和思考，这种对待兄弟的哲学，实则是不适合人们做生意的。

兄弟如手足。你想，本来就穷得叮当响了，要是朋友们再不施予帮助，这生意怕是很难做下去。特别是现在这样激烈的竞争条件下，如果你还对朋友一厚二黑，坏事做绝，好人得罪完，那基本上你的生意怕是百分之百做不下去了。和气生财，特别是做小生意，人缘好是决定性的因素。

从投资价值来说，兄弟、朋友才是你一辈子值得投资的生意。生意可以失败，但只要有朋友在你身边，你就可以东山再起，卷土重来。项羽的失败，就是到乌江边上他才发现，自己的生意，原来只剩下自己在操心，落了单，再回江东也成不了气候了。

曾经有这么一个故事，说一对好朋友一起做生意，做的都是牛皮生意，开始两个人感情非常好，常常是一起上货或是一起加工，当后来生意越做越大，赚的钱越来越多时，其中一人有了一个很不好的想法，觉得这些钱没必要分两个人赚，如果是他一个人赚的话，他就觉得那是一件非常有吸引力的事情。于是他开始算计他的好朋友了。在朋友完全没有防范的情况下，这个有了坏心眼的生意人，一下子就达到了自己的目的。他的好朋友只好收拾自己所剩不多的家当远走他乡，开始寻觅新的生意市场。

一个人独揽一份生意，的确日进斗金。可是接下来好景不长，这个地方又来了一个大商人，资本、手腕十分了得，因为没有朋友的帮助，也没有朋友的出谋划策，这位生意人十分疲于应付。屋漏又遭连夜雨，某一天夜里，由于气温突变，他加工的牛皮毁于一旦，这个时候，他已经是濒临破产的边缘了。

就在这个时候，他那位远走他乡的朋友回来了，不仅给了他经济上的帮助，还帮助他把损失降到最低的程度。

面对这样一位不计前嫌、有恩有义的朋友，面对着自己的忘恩负义、无信无义的行为，这位经历了人生重创的生意人应该是有所领悟了。

后来这两位朋友重新走到一起，从此团结一心，开创了事业上一个接一个的辉煌。而这段往事，也被这位改过自新的生意人写进了自己的族谱，希望用自己犯下的错误来警告后代子孙们。

这个故事告诉我们的是，生意场上硝烟弥漫，但并不是没有朋友、没有感情可言的。

谁都不可动你的信誉

信用是一笔无形的资产，却可以为企业带来财富。从某种意义上说，以"信誉、信用"为基础的合作，比以资金为基础的合作更为牢靠，更为持久，更为深入，也更为有效益。在发达的资本主义国家，很多企业的无形资产的总资产比重已达到50%~70%，有的甚至达到了3~5倍，足可见信用的重要性。

人的一生有许多财富，其中信用就是一笔不小的财富。信用，是古代社会人际关系的精神纽带，也是人际关系的最高原则。今天，信用所能创造的财富价值被放大，信用带来的不仅是道德财富，而且还有"真金白银"的价值。

信用虽然是一笔无形的资产，却可以为企业带来财富。从某种意义上说，以"信誉、信用"为基础的合作，比以资金为基础的合作更为牢靠，更为持久，更为深入，也更为有效益。在发达的资本主义国家，很多企业的无形资产占总资产的比重已超过50%，有的甚至达到了3~5倍，足可见信用的重要性。

市场经济本身就是信用经济，科学而严格的信用管理体系同样能为企业创造巨额财富。莊典国际虽然在化妆品行业是后来者，但却成为后起之秀，之所以能在短时间内迅速在美容化妆品行业站稳脚跟，原因就在于莊典国际十分注重自身的信用管理，使企业迅速而稳定地成长。同时，诚信经营更带来了一大群忠实消费者的支持和信任，还吸引大批客户订购莊典国际的产品。

在这里，笔者想起一个寓言故事：一个人的斧头掉进了河里，他坐在河边伤心地哭起来。财神便跳进河里帮他去捞，很快便捞出了一个金斧头，这个人却摇头说："这不是我的。"财神又拿出一把银斧头，他还是摇头，最后，财神拿出一把铁斧头，这个人说："这才是我丢掉的斧子。"财神把金、银斧头一起送给了他。一个贪心的人知道后，故意把斧头扔进河里，很快财神拿出一把金斧头，没等财神问他，他马上就说："这就是我丢的那把。"财神恨他不诚实，就和金斧头一起消失了，这个人最终连自己的斧头也没找到。

　　没有诚实，哪来的金斧头？甚至把自己的老本也赔上。信用就是财富，信用建设需要一个过程，这个过程虽然缓慢，但带来的财富却是巨大的；但是你破坏它的时候却非常快，所以，一定要珍惜这个财富，珍惜这个过程。

　　莊典，莊典国际的董事长，化妆品配方工程师，莊典三绝的发明人，中国高校面子工程总设计师，高校祛痘吧的首创者，曾经是赫赫有名的深圳策划大王；莊典同时也是化妆品网络营销第一人，美容业十大风云人物。1992 年，莊典南下深圳，在身无分文的窘境之下，骑着自行车拉广告，创造了 45 天净赚 60000 元的神话；1993 年又抓住邓小平同志南巡一周年这一机会，出版了轰动全国的大型历史画卷《光辉的足迹》，向邓小平同志南巡一周年献礼；1996 年仅以 3000 元的投入，成功地承办了 96 深圳国际汽车展……一路的辉煌，成就了莊典深圳策划大王的至高荣誉。

　　2003 年以后，莊典潜心研究痘根尽、斑根尽、疤根尽，莊典把网络营销的经营理念，创造性地运用到化妆品的生产与销售实践中，经过几年的刻苦努力，痘根尽、斑根尽、疤根尽逐渐成为化妆品界久负盛名的莊典三绝。2009 年春天，莊典做客广州电视台，与著名电视节目主持人阮星航和广大观众，共同分享了他南下寻梦的成长历程，成为《心水销士》栏目化妆品行业第一嘉宾。

　　《莊典传奇》在广州电视台的热播和土豆网、优酷网视频的广泛传播，引起了全国各大知名媒体的极大关注。新浪、搜狐、网易、腾讯、中国网、中华网、21CN、Tom、千龙网等全国 28 家知名媒体，纷纷采访和报道了南下寻梦人莊典。这些网络强势媒体的竞相炒作，进一步引发广大网友的热切追捧。莊典，这个痘根尽的缔造者一夜窜红网络，成为玩转化妆品网络营销的网络媒体宠儿。

平时小投资，关键时刻就能四两拨千斤

信，是立国之本。信，是中国古代社会人际关系的精神纽带，也是人际关系的最高原则，它不与仁、义、礼、智四德并列，而是这四德的综合体现。

下面是一个对诚信通由失望到赞美的故事，情节已不新鲜，但是这件事还是值得说给广大不了解阿里巴巴、不了解诚信通的朋友听听。

阿里巴巴在创业开始时也不是一帆风顺的，在早期阿里巴巴不为人所知时，也遭遇过"寒流"。

在 2004 年 3 月，对电子商务一无所知的杭祝勇无意间看到了阿里巴巴网站。杭祝勇是丹阳市后巷镇星明五金灯具厂的销售部经理，当时看到阿里巴巴上有很多灯具行业的信息，供货与求购的信息都非常丰富。由于不是付费会员，无法看到具体的联络信息，禁不住"诱惑"，他主动打电话给阿里巴巴客服，询问怎么样才能看到那些信息……最后，他付了 2300 元，有点儿"糊里糊涂"地成为了阿里的诚信通会员。

之后的他，主动或被动地联系了一些客户。由于缺乏电子商务的经验，根本不知道如何在网上识别真假客户，他被小小地骗了两三回，都是去了外地，请对方吃了饭以后才发觉不对劲，然后败兴而归。被骗的经历让杭祝勇对电子商务和阿里巴巴非常失望，骨子里认定网络的虚幻注定做不成生意。

转眼一年过去了，到了诚信通该续费的时候。当阿里巴巴客服的电话打给杭祝勇询问是否续费时，杭自然是对诚信通的效果大为不满："这个根本没效果，2300 块白花了！"

这时，客服耐心地与杭进行了沟通，发现杭祝勇对阿里巴巴平台的使用压根都还没有入门。客服帮杭祝勇找出他使用诚信通时出现的一些问题，要求他认真打理自己的商铺，无论图片还是说明文字都要认真制作，使产品更具吸引力；要及时发布和更新产品信息，这样可以让商铺的排名靠前，才能让更多的客户看到工厂的信息；要经常上阿里的诚信社区，学习防骗技巧……若干通电话以后，阿里客服的认真和敬业的精神打动了杭祝勇，他还是续了第二年的费，打算再试一年。

没想到，方法得当后，生意接踵而来。第一个客户是海宁的，在双方谨慎地沟通了一个月之后，3万元订单的生意做成了！这笔不大不小的生意着实令杭祝勇惊喜。"原来在贸易通上打打字，通几个电话，也能做成生意！"这让以前一直做传统贸易的杭祝勇看来是不可思议的。因为以前做一笔外地的单子，光交通费都远不止两三千，电子商务大大节省了生意人的人力财力和时间！

"这第一笔生意做成功了，以后我对电子商务越做越有信心了！最近又接了3个单子，都是外地的。"

"因为我们厂的销售有两套班子，为了操作方便，更因为感受到了诚信通的效果，工厂又注册了另外一个付费ID，呵呵，效果同样很好啊，刚注册一个月就有4笔生意了。主要是我将做阿里的经验都教给他们了，所以一点儿弯路都没走，做得很顺！"

展望未来，杭祝勇雄心勃勃："明年我要专门招一个人做贸易通。现在工厂每年的销售额是600万元，我打算明年利用诚信通为工厂增加20%的销售额！"

诚信的阿里巴巴，给诚信的生意人带来了诚实的生意，也带了诚实的利润。

还有一个例子是关于美国一位著名总统的。

亚伯拉罕·林肯是美国历史上一位有名的总统，他出身卑微，但为人和蔼公正，诚实厚道。林肯21岁那年，在朋友开的一家商店里当店员。有一天，一位老妇人来买纺织品，多付了12美分。林肯当时没有发觉，等他结账时发现多了钱之后，当晚就步行赶了6英里路，把多收的钱退给了那位老妇人。又有一次，一位女顾客来买茶叶，林肯少称了4盎司，为此他又跑了好长一段路把

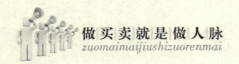

少给的茶叶补上。附近的居民都很尊敬和喜爱这个瘦高的年轻人，亲热地称他为"诚实的林肯"。

当然，也有一些朋友因为自身的不诚信而遭受生活的重创。

北京某名牌大学一位学生被美国一所大学录取为博士研究生，其录取分数线高得令那些招生的教授咋舌。该生入学到校不久的一天下午，女导师给他派了任务，让他下午2点至3点在实验室做实验。实验室里刚好有一部电话，可以打美国境内的长途，结果他在这一小时内打了40分钟的长途，与在美国的同学聊天。过了几天，导师偶然从记录电话的电脑上发现了这个事实后非常生气，就把他叫来询问："那天下午2点至3点你在做什么？""在按您的要求做实验。""除了做实验，还做了什么吗？""没有，我一直在专心地做实验。"女导师气得眉毛都竖起来了。几天以后，校方宣布开除这个来自中国的"优秀学生"。

由此可见，信德对人的重要性是非常大的。信德之重要，表现在孔子对弟子子贡所说的一段话中，子贡问："怎么样去治理政事？"孔子回答："要使粮食充足，要使军备充足，百姓就会相信政府了。"子贡又问："如果迫不得已要在这三项中去掉一项，先去掉哪一项呢？"孔子说："先去掉军备。"子贡又问："如果再迫不得已要在食与信之中去掉一项，先去掉哪一项呢？"孔子的回答斩钉截铁："去掉粮食。因为没有粮食吃不过是死亡，而自古以来谁都免不了死亡。如果百姓对政府不相信了，国家就无法确立了。"魏武帝曹操带兵出征，有一次军粮不够吃了，主管军粮的官员决定用小斗来给军队发粮饷。此事被士兵发觉，不少人认为是曹操欺骗了他们，十分愤怒。曹操于是把主管军粮的官员召来，当众将其斩首并公开宣布："此人用小斗发军饷。"鲁僖公二十五年（前634年），晋国攻打一个小国——原国，晋文公命令部队携带3天的粮食，说3天打不下来就撤军。到第3天原国还是没有投降。晋文公不顾这种情况，还是下令撤退。这时，晋文公派往原国的间谍回来报告说，原国正在准备投降。于是军队统帅请求，等原国投降后再撤。但晋文公说："信用，是立国的根本，百姓靠它来生存。如果为了等到原国而失去信用，百姓失去了依靠，那我们是得不偿失的。"于是，晋军就按晋文公命令撤退了 30 里，而原国也随之投降了。

商鞅任秦孝公之相，欲为新法。秦孝公有些担心，犹豫不决。商鞅终于说服了秦孝公实行变法，发布了新的政令。为了取信于民，商鞅立三丈之木于国都市南门，并告知百姓如有谁能把此木移到北门就给予 10 金。百姓对这种做法感到奇怪，没有人敢去移动这块木头。然后，商鞅又布告百姓，能移动者给予 50 金。有个大胆的人终于移动了这块木头，商鞅马上就给了他 50 金，以表明诚信不欺。看热闹的人都说："这官员真守信用！"就这样，商鞅很快提高了威信。这一移木取信的事实，终于使百姓确信新法是可信的，从而推行了新法。

季布是汉朝人，他以真诚守信著称于世。时人谚云："得黄金百金，不如得季布一诺。"意思是说，季布说出的一句话比金子还要贵重。后来，季布跟随项羽战败，为刘邦通缉，不少人都出来掩护他，使他安全地渡过了难关。最后，季布凭着诚信，还受到了汉王朝的重用。

丛林里有一只五色鹿，它的住址只有他的好朋友乌鸦知道。一天，它在河边听见救命声，于是就奋不顾身地跳下水救人。那人非常感动，答应五色鹿不说出它的住址，因为说出来五色鹿就有被人杀头剥皮的危险。那天晚上，王后梦见了五色鹿，她要国王一定要捉住五色鹿。于是国王就贴出布告，用巨金悬赏捉拿五色鹿。那个被五色鹿救起的人财迷心窍，说出了五色鹿的住址。国王捉住了五色鹿，它毫无惧色地在国王面前跪下，说："国王，我想知道你是怎么找到我的。"国王指着告密人说："是他。"那人就是五色鹿救起的那个人。五色鹿怨恨地说："我救你的时候，你发誓不出卖我，现在你全忘了吗？"国王激动地说："五色鹿啊！你虽是四脚动物，却有慈悲的心。而你眼前的人，却是禽兽不如！"

这个故事告诉我们：实现诺言，是一种信义。而信义是做人的根本，因此不能忘记在困难中帮助过你的人。

在宋庆龄小的时候，一天早晨，一家人正准备去李伯伯家做客。突然，她告诉父母："我和小珍约好，今天上午我要教她叠纸花，我不去李伯伯家了。"

爸爸说："以后再教吧！明天再和她解释一下，再说李伯伯家有你喜欢的鸽子，你不去会后悔的！""不会，"宋庆龄想了想，说，"你们去吧，我在家等她，我不能失信。"妈妈想了想，说："就按她的意思吧！有句话说：'言必信，行必果'。一个有道德的人要讲信用，不能自食其言。"就这样，宋庆龄一个人在家等小珍。11点了，小珍还没来，宋庆龄十分失望。中午，父母回来了，听宋庆龄说小珍没来，爸爸说："唉！要知道她不来，就不等她了。"宋庆龄却说："不。没有来，我也要等。虽然没有等到，但我心里很坦然。"宋庆龄就是这样一个守信义的人，从幼年起，终生都要求自己恪守信用，绝不自食其言。

趋小利者损大业：贾而好儒，商德至上

真正的生意人，首先应该是个懂人情世故的聪明人。

国王查理三世准备拼死一战了，因为里奇蒙德伯爵亨利带领的军队正迎面扑来，这场战斗将决定谁统治英国。战斗进行的当天早上，查理派了一个马夫去备好自己最喜欢的战马。"快点儿给它钉掌，"马夫对铁匠说，"国王希望骑着它打头阵。""你得等等，"铁匠回答，"我前几天给国王全军的马都钉了掌，现在我得打点儿铁片来。""我等不及了。"马夫不耐烦地叫道，"国王的敌人正在逼近，我们必须在战场上迎击敌兵，有什么你就用什么吧。"

铁匠埋头干活，从一根铁条上弄下4个马掌，把它们砸平、整形，固定在马蹄上，然后开始钉钉子。钉了3个掌后，他发现没有钉子来钉第4个掌了。"我需要一两个钉子，"他说，"得需要点儿时间砸出两个。""我告诉过你我等不及了，"马夫急切地说，"我听见军号，你能不能凑合一下？""我能把马掌钉上，但是不能像其他几个那么结实。""能不能挂住？"马夫问。"应该能，"铁匠回答，"但我没把握。""好吧，就这样，"马夫叫道，"快点儿，要不然国王会怪罪

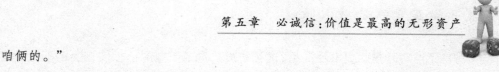

咱俩的。"

两军交上了锋,查理国王冲锋陷阵,鞭策士兵迎战敌人。"冲啊,冲啊!"他喊着,率领部队冲向敌阵。远远地,他看见战场另一头自己的几个士兵退却了。如果别人看见他们这样,也会后退的,所以查理策马扬鞭冲向那个缺口,召唤士兵调转头进行战斗。

他还没走到一半,一只马掌掉了,战马跌翻在地,查理也被掀翻在地上。

查理还没有抓住缰绳,惊恐的马就跳起来逃走了。查理环顾四周,他的士兵们纷纷转身撤退,敌人的军队包围了上来。

他在空中挥舞着宝剑,"马!"他喊道,"一匹马,我的国家倾覆就因为这一匹马。"

他没有马骑了,他的军队已经分崩离析,士兵自顾不暇。不一会儿,敌军俘获了查理,战斗结束了。

所有的损失都是因为少了一个马钉。

从那时起,人们就经常说:

少了一个铁钉,丢了一个马掌,

少了一个马掌,丢了一匹战马,

丢了一匹战马,败了一场战役,

败了一场战役,失了一个国家,

所有的损失都是因为少了一个马掌钉。

据报道,日本三洋电机株式会社在 2004 年,因为对其下属的半导体工厂没有参加地震保险,结果一场地震导致该半导体工厂受到了强烈的影响,无法进行生产,形成近 10 亿美元的巨额损失。这一损失是造成日本三洋电机在 2004 年度亏损 17 亿美元的罪魁祸首,而且导致日本三洋电机的董事会高层出现大换血,对企业的长期发展带来了极大的负面影响。

为什么日本三洋不投保地震险?虽然详细的原因我们无法尽知,但是在企业经营比较困难的局面下,通过削减保险等经营费用,来降低运营成本,保证营业利润,显然是重要原因之一。然而,这看似降低成本的正确举措,却带

来了巨额亏损的灾难性后果，这和初衷是背道而驰的。相信在确定不投保地震险之时，总会有人提出万一发生地震怎么办的问题？但是，决策层为了确保眼前"一万"的短期利益，而心存侥幸去搏"万一"，结果因小失大，追悔莫及。

其实，在很多企业的经营管理工作中，或多或少都存在着这种短视的做法。例如，为降低管理费用，培训部门削减培训费用，总务部门降低报刊杂志费用，虽然完成了相关的目标与指标，但是对企业的长期发展带来了一些不良影响；安全部门减少了安全生产教育的投入，少交了相关保险，就有可能增加安全事故发生的概率，而且一旦发生了事故也缺乏必要的保障；技术部门片面追求降低设计成本，在没有进行充分的寿命实验的情况下，就匆忙实行国产化，虽然完成了年度部门指标，却给用户在以后使用产品的过程中增加了出现故障的隐患……如此种种都提醒我们，千万不能因为只顾及眼前利益而忽视了长远的利益，绝不能因小失大。

作为企业的经营者和各级主管，都有着聪明的头脑，对上述短视做法的后果基本上是心知肚明的，但终究抵制不住眼前利益的诱惑，自觉不自觉地重复进行着这些因小失大的、看似正确的事，最终得不偿失，这能怪得了谁呢？更可悲的是，当损失发生时，很少有人来正视错误和承担责任，而是把它视为正常的经营成本，从而使相同的蠢事周而复始地反复发生，极大地损害了企业的长期健康。因此要想使企业真正得到可持续发展，就必须克制住追求短期利益而损害长远发展的欲望，真正做到在确保长远发展的前提下兼顾短期利益，这才是企业发展的根本之道。

真正的生意人，首先应该是个懂人情世故的聪明人。

某钢材公司销售部门经理郭海，听说一家公司要进一批钢材，正在联系货主。郭海于是和该公司联系，但是他发现已有数家钢材公司同时和这家公司联系，竞争十分激烈。郭海通过调查该公司人员资料发现，该公司的一部门经理竟是自己高中时的同学任光，虽然郭海与其10多年没见面了，但是郭海还是决定约见任光。

在周六的晚上，郭海和任光二人在"聚仙阁"酒楼相聚。两人见面后，自然是感慨万千，各自唏嘘不已。两人一阵寒暄后，郭海就谈起了高中时的往事：

"任光，不知你还记不记得，高中一年级时我们的那次春游。那时真是天真烂漫的时候，记得爬山时的情景吗？咱班的马丽丽怎么也爬不动了，让你拉她一把，你脸红得不得了，还不好意思拉人家！"

任光不好意思地笑了起来："我那时哪有那么大的胆子，不比你，用一条橡皮'蛇'吓得女生们都不敢往前走了，还是我揭穿了你的诡计，把你的'蛇'扔到了山下，你还吵着让我赔来着！"说着两个人都笑了起来。

两个人又谈起了高中时的许多往事，不禁越谈越来劲，越谈越动情，两个人都落了泪。

这时候已经不早了，两个人又聊到了当前的工作，郭海顺势说："我们公司最近有一批好钢材，质优价廉，听说你们公司正需要，怎么样，咱兄弟也合作一回吧？"

当时的任光还沉浸在高中的回忆之中，一听到老同学有所求，自己公司又需要，二话没说，当即就说："这不是太容易了嘛！回去我就跟销售经理说，凭我和他的关系，保证没问题。"果不其然，几天后，在老同学的帮助下，郭海顺利地签订了购销合同。

而郭海也正是利用与任光的这层同学的关系，先勾起对方的回忆，再顺水推舟，提出合作之事，任光也乐得做个人情，既增进了双方的友情，又做成了生意，可谓是一举两得。

其实在当今社会，不管是同学关系也好，还是亲人关系、同事关系也罢，总之如果办事求到他们中间的任何一个，只要你用心去办了，再难的事也会办成，就看你的办事水平怎么样了。就像郭海一样，他就是借着同学关系来办成这件事的，在当时有那么多的钢材公司在他之前，竞争是相当激烈的，但是有了同学关系就很容易地把问题解决了，这就是人脉的动力。

就当今而言，商场如战场，竞争如此之大，如没有一点牢固的关系还是不行的，但有关系你也应该知道怎样去利用。

在第一次世界大战以后，国内经济也有了很大的发展，各行各业也在大

兴土木,水泥的需求日益俱增,价格也随之上涨,每桶市价由5元飞涨至12元,但仍然还是供不应求。此时,刘鸿生敏锐地察觉到水泥工业有利可图,于是决定办一家水泥厂。刘鸿生办工业前,总是事先考虑到供、产、销和国际竞争等方面的情况,经过周密考察后,然后再着手进行。当时国内水泥厂只有5家,其中华资3家,日资2家,年产水泥也只有130万桶。而国内每年的需要量估计约为200多万桶,缺额约为100万桶,办一个年产几十万桶的水泥厂,销路绝对是没有什么问题的。原来水泥需求的缺额是由进口水泥填补的。刘鸿生也考虑到了外货的竞争问题。他认为,水泥是笨重物资,外货远道运来,费用昂贵。而国内就不同了,就地生产,就地销售,成本较低,只要产品质量过关,就一定能同外货竞争。刘鸿生还考虑到制造水泥必须以大量煤屑做原料。煤的比重约为水泥的一半。而他手里有的是煤,不怕原料不够,并且正好又为销路不畅的煤屑提供了一个好出路。

刘鸿生于是决定创办水泥厂,就在他经过一个阶段的紧张筹备后,其他条件都具备了,但缺一个重要条件:就是需要一个地位高、名气大、资历深的大人物出面支撑局面。这是因为当时的水泥业在中国还是个新兴行业,涉及方方面面的麻烦事儿很多。虽然说刘鸿生已稍有名气,但毕竟还是年轻资浅。为此,他就想到了老乡朱葆三,并登门造访。

于是刘鸿生就去拜访朱葆三,在略叙了乡情并寒暄了一番后,刘鸿生就简明扼要地说明了造访的来意。

朱葆三不动声色地问道:"小老乡要办水泥厂,这个念头是怎么想出来的?"

刘鸿生回答道:"这是形势所需。据晚辈近期考察市场行情得知,我国建筑方式逐日西方化,而水泥则是西式建筑的主要材料,不但道路、桥梁、堤坝等建筑,就是日后的民宅、公馆也需要大量的水泥。由此可见,我国建筑市场对水泥的需求定会日益增加,前景十分看好。"接着,刘鸿生向朱葆三汇报了当年中国的水泥厂家、产量、需求量和发展概况。

这时,朱葆三不动声色地问道:"如今欧洲战场战争结束已两年有余。若

国外水泥再次大量卷土重来，不知小老弟将如何应对？"

其实，刘鸿生对此也早有准备。他从容不迫地说："洋商的水泥均在万里外，且多凭水运。一是路途遥远，费用甚高，即使成本再低，运到了中国也加高数倍。二是水泥笨重，又忌潮湿，重洋远渡，难免受潮降质。而国内自产，得地利之便，成本低质量优，即使与洋商抗争，亦能稳操胜券。为此，晚辈以为国外水泥即使大量卷土重来，也不可怕。"

朱葆三听后不觉点头道："贤弟所言极是。水泥新业，潜力巨大，上海更无厂家，实乃一大缺口。只是……"老谋深算的朱葆三又提出新的问题："只是中国人通此技术者为数寥寥。若无技术保证，质量就有问题。若是质量上不去，怎能与洋商抗争？"

刘鸿生深知朱葆三的厉害。幸好他早有防备，这才不慌不忙地道出一个水泥专家来。这个专家名叫马礼泰，德国人，现时任湘北华记水泥厂工程师，与刘鸿生交情甚厚。只要刘氏一办厂，他即应聘前来，并可帮助刘氏企业派人去德国考察见习，并为其购买设备和培训人才。与此同时，资金方面经过几年筹集，刘氏已征得80万元以上，不过还有20万元至40万元的缺口，问题不大。朱葆三能出多少算多少，不做强求。

最后，刘鸿生说："现今已经万事俱备了，只要凭朱老一言定乾坤了，这水泥厂您说是办还是不办？"

朱葆三捻须笑道："既然你筹谋得那么有方，胜券在握，我也只能不勉从其事了，我答应出面就是了。"

刘鸿生与朱葆三的这次会面是很重要的。由于有朱葆三的出面主持，兴办水泥厂的一切手续，包括登记、注册等等，都办得十分顺利。同时，由朱葆三出面招徕清末状元、南通大实业家张謇入股，补足了预备资金的不足。当时，还发生了一件事：刘鸿生兴办水泥厂的消息，震动了英商设在上海的怡和洋行。因该洋行近年来一直在上海几乎是独家销售设在香港水泥厂的"青洲"牌水泥，获利甚厚。而现在刘鸿生也要办厂，这必然会涉及对方的利益。怡和洋行对刘鸿生的水泥厂进行软硬兼施，但是都并没有收到什么效果，到了最后看在朱葆

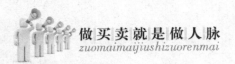
三这块金字招牌的分上,英商也只好就此了事了。

精诚所至,再难的商谈也能攻克

　　一个优秀的公司不会去雇用没有诚信的人。如果公司发现自己的员工在诚信方面存在严重问题,该员工就会被立刻解雇。

　　西汉时期,有一个著名的将领叫李广,他精于骑马射箭,作战非常勇敢,被称为"飞将军"。有一次,他去冥山南麓打猎,忽然发现草丛中蹲伏着一只猛虎。李广急忙弯弓搭箭,全神贯注,用尽气力,一箭射去。李广箭法很好,他以为老虎一定会中箭身亡,于是走近前去仔细一看,未料被射中的竟是一块形状很像老虎的大石头。不仅箭头深深地射入石头当中,而且箭尾也几乎全部射入石头中去了。李广很惊讶,他不相信自己能有这么大的力气,于是想再试一试,就往后退了几步,张弓搭箭,用力向石头射去。可是,一连几箭都没有射进去,有的箭头破碎了,有的箭杆折断了,而大石头一点儿也没有受到损伤。

　　人们对这件事情感到很惊奇,疑惑不解,于是就去请教学者扬雄。扬雄回答说:"如果诚心实意,即使像金石那样坚硬的东西也会被感动的。""精诚所至,金石为开",这一成语便由此流传下来。

　　"精诚所至,金石为开"是指诚心能够感动像金石那样坚硬的东西。在经商过程中,即使是最挑剔的顾客,也能靠发自内心的真诚去打动他。

　　日本有一家地方性报纸——《佐贺报》,它在邻近的福冈县大报社的竞争夹缝中历经110年而没有被挤垮,靠的就是处处为用户打算的真心诚意。佐贺北临日本海,南接太平洋,是典型的海洋性气候,经常下雨给报纸的传递带来了很大的困难。《佐贺报》的董事长说:"下雨天送去湿漉漉的报纸实在说不过去。"所以凡是阴雨连绵的早晨,每一位《佐贺报》的读者都会收到一份用塑料袋细心包裹着的报纸。《佐贺报》对读者的这份真诚和温馨，是它历经百年而不倒的经营秘诀。

其实，顾客们花钱购买商品，除了以钱换物之外，还希望得到另一种不花钱的额外商品，那就是营业员的"诚意"。诚意就是对消费者发自内心的尊重。俗话说"你敬我一尺，我敬你一丈"，没有哪一位顾客愿意看到营业员那副爱理不理、冷冰冰的面孔，也不会有人欣赏那种千呼万唤不吭声的哑巴式的营业作风。这种服务态度就是对顾客的不尊重，是一种缺乏诚意的经商作风。只有用真诚、有礼貌的服务使顾客心满意足，才能赢得回头客。

台湾的一些企业已经注意到日本厂商是靠精诚服务为企业赚大钱的，于是也纷纷适时开展精诚服务，令企业经营的业绩不断增长。目前我们内地的市场已由卖方市场转为买方市场，国营商店再不是"皇帝的女儿不愁嫁"了，最大限度地争取顾客已是大势所趋。那种冷冰冰的、毫无诚意的销售面孔只会把顾客推到别的商店去。所以要在商品竞争的大潮中战胜对手、立稳脚跟，就必须树立"顾客至上"的意识，诚心诚意地提供最优质的服务，赢得所有顾客的满意。

香港著名实业家李嘉诚先生，曾经就自己多年经营长江实业的经验总结道："做事先做人，一个人无论成就多大的事业，人品永远是第一位的，而人品的第一要素就是'诚信'。因为诚信是一种'长期投资'，唯有维护了你的信誉和品牌，才能得到可持续的成功。"

能源巨人安然曾被美国《财富》杂志列为世界 500 强企业中的第 7 名，一年的营业额收入高达 1000 多亿美元。但因为安然的执行董事与财富总监在财务报表上作假，隐藏债务，以便哄抬股票价格并从中谋利，公司失去大众的信任，最终倒闭。

安然公司的教训是极为深刻的。因为这些不诚信的员工使几十年、几百年创建的公司就这样毁于一旦，看到这样的事例，我们还有什么理由拒绝诚信的价值观呢？

不诚实的做法也许可以得到短期的利益，但是一旦被发觉，整个人或企

业的信誉都将被毁灭。当一个企业的谎言被客户得知后,它将会名誉扫地,用户将不再信任它,不再购买它的任何产品。

但是,在这种开放、授权的公司里,不讲诚信的员工可能会对公司造成巨大的伤害,不仅公司的财产、智慧、人才被丢失,而且公司的风气和企业文化也有可能被带坏。所以,一个优秀的公司不会雇用没有诚信的人。如果公司发现自己的员工在诚信方面存在严重问题,该员工就会被立刻解雇。"好的品德才是最好的买卖"。每位员工都要对客户诚信,与客户发展一种相互理解、相互赏识、相互尊重的合作伙伴关系,缔造高质量产品,获得成功。

换位思考,你敢和信誉度低的人合伙吗

"一个人有两样东西谁也拿不走,一个是知识,一个是信誉。我只要求你做一个正直的公民,不论你将来是贫或富,也不论你将来职位高低,只要你是一个正直的人,你就是我的好儿子。"

前面这段引言,就是著名的联想集团董事会主席柳传志父亲在他小时候教诲他的话语。此后,无论做什么事情,柳传志都以诚信为先,以真诚为首,这一思想一直到他掌管联想集团的时候都未曾改变。

联想的成功或许就是因为诚信的理念,它取信于银行,取信于员工,更取信于投资者,而这一切都离不开柳传志这位当家人,柳传志的父亲"正直做人"的教诲也许就是联想的精神支柱。

1997年,香港联想因为库存积压造成1.9亿港元的亏损,这在当时是个相当大的数字。在这危急的时候,联想的领导层竟然选择了首先告之银行亏损的消息,然后再申请贷款。一般人认为,先借钱再通知银行亏损状况,或者干脆不通知银行会比较容易借到钱。但是联想集团宁愿付出天价也不愿失去

银行的信任。此举果然赢得了银行的信任,并再次贷到款。如果不是联想长期守信用,这件事儿根本就做不成。

联想靠诚信赢得了足够的信誉度,也赢得了巨大的财富,这就是诚信的力量。

所谓信誉,是指依附在人之间、单位之间和商品交易之间形成的一种相互信任的生产关系和社会关系。信誉构成了人之间、单位之间、商品交易之间的双方自觉自愿的反复交往,消费者甚至愿意付出更多的钱来延续这种关系。

一是看不见摸不着;二是像影子一样时时刻刻在人之间、单位之间和商品交易之间存在并发挥作用;三是默默地影响着人、单位、商家和政府部门等的形象。形象是一种软生产力。

发达国家的消费者和企业都有信誉和信誉资格,信誉资格是贷款、购买商品和进入各国及世界经营领域的通行证。二是信誉可以用来量化和评估无形资产价值。发达国家对企业及品牌的信誉,大多都有专门机构评估其价值,像目前我国评估品牌无形资产一样评估信誉的价值。中国作为发展中国家,企业的信誉资格及等级也正在审核评定中。三是生产要素功能。人、劳动工具、生产资料等都是有形的生产要素,而信誉是一种无形生产要素,在生产中流通,起着重要配置作用。四是金融流通功能。信誉好,金融流通就会加快,增加资金周转次数;反之信誉不好,就会形成"肠梗阻"、"呆坏账"。

一、建立信誉伦理道德观,塑造人的诚实守信品行、品德和人格。二、建立信誉文化基石,使信誉文化形成中国的环境和土壤。三、"无恒产者无信用",建立产权明确的基石。四、建立信誉监督机制基石,迫使不讲信誉的"水"顺着"信誉渠"而流。

从小到大都安分守己的许薇,认为自己的不良记录有点儿"冤"。

许薇在北京某媒体工作,2005年底正赶上商业银行争相圈占信用卡业务,一家银行的推销员上门服务,为单位的员工集体办卡。看到同事都填写了表格,促销员承诺的可爱的礼物也眨着眼睛向自己招手,许薇没意识到自己

已经有了许多张信用卡了,也就随手填了申请表。

这些信用卡开通之后,许薇大都没怎么用过,它们和其他各种健身卡、贵宾卡、工资卡一起,躺在许薇的钱包里,直到不久前许薇买房子需要使用公积金贷款的时候,才发现自己的个人信用报告中已有"污点"——自己忘给"信用卡们"缴年费了。

记录许薇信用"污点"的,是 2006 年 1 月开始正式运行的个人信用信息基础数据库。截至 2006 年 12 月末,中国已有近 5.33 亿人的信用报告被收录在内,其中有信贷记录的超过 6400 万人,不仅包括个人的房贷、车贷、学贷、贷记卡、准贷记卡的透支记录,还包括个人提供担保的信息。

"让个人过去的信用行为对未来新的信用活动产生影响,可以用制度约束个人养成重信用、守合同、遵守法律的行为准则和诚实守信的社会氛围。"全国工商联常委、全国政协委员童石军这样说。

据悉,目前我国征信系统在全国的商业银行基层各级营业网点开通的查询终端有 14 万多个。随着数据库的日益庞大,商业银行在办理信贷业务的时候,已把查询客户的信用报告作为审批的重要环节和参考。商业银行平均每天对征信数据库的查询量为:企业查询超过 8 万多次,个人查询则超过 15 万次。

"如果没有这个系统显示的信用报告,银行放出去的不良贷款比例有可能会相应提高。"童石军告诉记者,通过查询征信系统,商业银行拒绝的企业贷款申请占企业申请额的比重达到 2.5%,拒绝的个人贷款数量占个人贷款申请额的 10%。

在欧美一些国家,信用已经成为一个人在社会生活中的"第二身份证"。以美国为例,每个人都有一个社会保障号码,人们的所有经济活动,比如领工资、纳税、储蓄等都要用到这个号码。国家专门设置有联网电脑记录这些资料,每个人的收入、纳税情况,特别是与银行的交往记录都可以通过电脑查到,银行根据这些个人信用信息来决定是否提供贷款及贷款额度的多少。

如果有一天,你因为曾经多次欠缴了电话费等,而在买房买车或者申请其他的消费贷款时被银行拒绝贷款,请不要惊讶。

中国人民银行的有关负责人表示，今后不仅个人贷款信息、信用卡信息和为他人贷款担保信息等在个人信用报告中体现，甚至个人是否按时交纳公共事业费用的信息，以及法院民事判决、欠税等信息将全部记录入银行的个人信用信息数据库。

第六章

得用心：掌握技巧自然能游刃有余

想做生意先做人，做好人才能做好生意。你虚荣心大、好胜心强，锋芒毕露，骄横跋扈就会得罪人，就会产生仇恨。人家就不会愿意和你做生意，就会对你敬而远之，阳奉阴违，口蜜腹剑，就会想方设法挤你，就会千方百计毁你！生意人就怕生活在矛盾是非之中，就怕树立冤家对头。所以，生意人更需要低调做人。

低调做人，能获得朋友圈中的好人缘

不仅权势显赫者宜低调做人，不仅大富大贵者宜低调做人，经商做生意也要低调做人！低调做人，你会一次比一次稳健；高调做事，你会一次比一次优秀。

山不展示自己的高度，并不影响它的耸立云端；海不展示自己的深度，并不影响它容纳百川；地不展示自己的厚度，没有谁能取代它作为万物的地位……

人生在世，我们常常会产生想解释点儿什么的想法。然而，一旦解释起来，却发现任何人的解释都是那样的苍白无力，甚至还会越抹越黑。因此，做人不需要解释，便成为智者的选择。那么在当今社会与人相处，学会低调做人是非常关键的！

低调做人，是一种品格、一种姿态、一种风度、一种修养、一种胸襟、一种智慧、一种谋略，是做人的最佳姿态。欲成事者必须要宽容于人，进而为人们所悦纳、所赞赏、所钦佩，这正是人能立世的根基。根基坚固，才会繁枝茂叶，硕果累累；倘若根基浅薄，便难免枝衰叶弱，不禁风雨。而低调做人就是在社会上加固立世根基的绝好姿态。低调做人，不仅可以保护自己、融入人群，与人和谐相处，也可以让人暗蓄力量、悄然潜行，在不显山不露水中成就事业。

学会低调做人，就是要不喧闹、不娇柔、不造作、不故作姿态、不假惺惺、不卷进是非、不招人嫌、不招人嫉，即使你认为自己满腹才华，能力比别人强，也要学会藏拙。而抱怨自己怀才不遇，那只是肤浅的行为。

低调做人，就是用平和的心态来看待世间的一切，修炼到此种境界，为人便能善始善终，既可以让人在卑微时安贫乐道、豁达大度，也可以让人在显赫

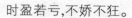

时盈若亏,不娇不狂。

　　美国开国元勋之一的富兰克林年轻时,去一位老前辈的家中做客,昂首挺胸走进一座低矮的小茅屋,一进门,"嘭"的一声,他的额头撞在门框上,青肿了一大块。老前辈笑着出来迎接说:"很痛吧? 你知道吗? 这是你今天来拜访我最大的收获。一个人要想洞明世事,练达人情,就必须时刻记住低头。"富兰克林记住了,也就成功了。

　　史春生一篇《低调》的文章中讲了两个故事。意思大概是:一位将军在大军撤退时总是断后。人们都称赞他很勇敢。可将军把自己舍生忘死的无畏行为,说成是由于马走得太慢。将军的如此低调,不但不会矮化他的高大形象,反而会增加更多的亲和力,此人实在厚道! 另一个故事,说的是两只大雁与一只青蛙结成了朋友。秋天来了,大雁要飞回南方,它们希望青蛙与其一道飞上天,青蛙灵机一动,让两只大雁衔住一根树枝,然后自己用嘴衔在树枝中间,3个好朋友一齐飞上了天。地上的青蛙们都羡慕地拍手叫绝,问:"是谁这么聪明?"那只青蛙生怕错过了表现自己的机会,于是大声说:"这是我……"话还没说完,青蛙便从空中狠狠地摔下去了。

　　现实生活中,这两种人都实实在在地存在。可近年来第一种人越来越少了。第二种人却越来越多,也就是人们常说的:雪中送炭的少了,锦上添花的人多了,往肥肉上贴膘的更多;批评与自我批评的人少了,表扬与自我表扬的人多了;有人说"也许我们生活的这个时代,人们对成功的渴望都非常急切,几乎所有的人都希望找到一种实现成功的捷径,从而导致心态的严重扭曲。"社会是纷繁复杂的,生活是丰富多彩的,各人又是千差万别的。老百姓常说:"人有千十层。"这是唯物的辩正观点,充分认识到了人的个体差异,"人之初,性本善;性相近,习相远。"人在后天生存发展的过程中,因生存环境的不同,生存条件的限制,个体努力奋斗的程度,将会使人的生活质量、生活水平高低相差很大幅度。

　　有高歌奋进、开拓创新、锐意进取者;有墨守成规、按部就班、脚踏实地者;有欺名道世、谎言连篇、巧取豪夺者;更有阴谋狡猾、奸诈忘伪、尔虞我诈

者。千张面孔,百种心态,拿自认为适合生存环境的理论,急功近利地演绎着人生大千世界的闹剧。高歌奋进者,是社会前进的先锋,是榜样;墨守成规者是主流,是基石;而欺世盗名、阴谋狡猾者是寄生在社会健康肌体上的病毒,是肿瘤。

在多数人眼里,低调的生活态度是没有远大理想、目光短浅、精神颓废、缺乏自信的表现,事实上,《生存智慧的诗意拷问》的作者李正兵说:"低调不是精神颓废,颓废的人没有追求和理想,面对生活的不幸,缺乏必要的意志来改变自己的命运。而在低调者看来,苦难与不幸只是生命航程中必不可少的风景,人的命运掌握在自己的手中,脚踏实地地追求,必将引渡自己抵达圆满的彼岸。低调的人也不缺乏自信,只是对自己有一个清醒的认识,不愿为时过早地轻易下结论,不愿对事情的发展进行盲目乐观地估测。"

低调是一种显示为柔弱,但是比刚强更有力的生存策略。低调的人表面上常常给人一种懦弱的感觉,但低调绝不是懦弱的标志,而是聪明持久的象征。因为只有低调才能成大事,铸就辉煌。低调的本质是一种宽容。低调者首先放弃炫耀自己,不愿将自己强过别人的方面表现出来,这是对其他人的一种尊重,对不如自己的人的一种理解。低调的人相信:给别人让一条路,就是给自己留一条路。

我们应该保持低调,低调是正确地认识自己,是一种诗意栖居的智慧,是一种优雅的人生态度。生活中,人们似乎总想寻觅一份永恒的快乐与幸福,总希望自己的付出能够得到相应的回报,然而生活并不像我们想的那样顺畅,当你的努力被现实击碎,当你的心灵逐渐由充满激情而走向麻木的时候,你感受到的可能只是深深的苦闷与失望;然而,在低调者看来只是生活对自己的一次拷问而已。

低调的人比一般人经历更少痛苦的原因,在于他们知道如何避免失败,他们不会用种种负面的假设去证明自己的正确。总之,低调是一种优雅的气质。保持低调,是对生存智慧的诗意拷问,唯有如此,我们才能真正享受生存的快乐。

　　以退为进，以守为攻。"退一步海阔天空"，山峰之高，是因为它不拒微土；海纳百川，是因为它不拒细流。我们说的低调，实际上就是在条件不成熟时，潜心努力，积蓄能量，蓄势待发，为下次机遇的到来做准备。这样的低调，是摒弃浮躁的心态，沉入生活的底层，返璞归真，实实在在地做人，勤勤恳恳地做事。这样的低调，是聪明人明智的选择；是普通人正常的生活基调。

　　为人处世，低调做人，高调做事！诸葛亮说："非淡泊无以明志，非宁静无以致远！"这里的淡泊是指思想的淡泊，而不是行动的不作为！不宁静就考虑不长远，在情绪化的时候，往往做的举动和决定是不明智的，因为不够理智、意气用事会坏了大局！

　　对于经商做生意来说，低调做人同样重要！

　　在低调中修炼自己，低调做人无论在官场、商场还是政治军事斗争中都是一种进可攻、退可守，看似平淡实则高深的处世谋略。

　　谦卑处世人常在，谦卑是一种智慧，是为人处世的黄金法则，懂得谦卑的人必将得到人们的尊重，受到世人的敬仰。

　　大智若愚，实乃养晦之术。"大智若愚"，重在一个"若"字，"若"设计了巨大的假象与骗局，掩饰了真实的野心、权欲、才华、声望、感情。这种甘为愚钝、甘当弱者的低调做人术，实际上是精于算计的隐蔽，它鼓励人们不求争先、不露真相，让自己明明白白地过一生。

　　平和待人留余地，"道有道法，行有行规"，做人也不例外，用平和的心态去对待人与事，也是符合客观要求的，因为低调做人才是跨进成功之门的钥匙。

　　时机未成熟时要挺住，人非圣贤，谁都无法甩掉七情六欲，离不开柴米油盐。所以，要成就大业，就得分清轻重缓急、大小远近，该舍的就得忍痛割爱，该忍的就得从长计议，从而实现理想、成就大事、创建大业。

　　毛羽不丰时要懂得让步，低调做人，往往是赢取对手的资助、不断地走向强盛、伸展势力再反过来使对手屈服的一条有用的妙计。

　　在"愚"中等待时机，大智若愚，不仅可以将有为示无为，聪明装糊涂，而且可以若无其事，装着不置可否的样子，不表明态度，然后静待时机，把自己

的过人之处一下子说出来，打对手一个措手不及。但是，大智若愚，关键是心中要有对付对手的策略。常用"糊涂"来迷惑对方耳目，宁可有为而示无为，万不可无为示有为，本来糊涂反装聪明，这样就会弄巧成拙。

主动吃亏是风度，任何时候，情分不能践踏。主动吃亏，山不转水转，也许以后还有合作的机会，又能走到一起。若一个人处处不肯吃亏，则处处必想占便宜，于是，妄想日生，骄心日盛。而一个人一旦有了骄狂的态势，难免会侵害别人的利益，于是便起纷争，在四面楚歌之中，又怎会有不败之理？

为对手叫好是一种智慧。美德、智慧、修养是我们处世的资本。为对手叫好是一种谋略，能做到放低姿态为对手叫好的人，那他在做人做事上必定会成功。

以宽容之心度他人之过。退一步海阔天空，忍一时风平浪静。对于别人的过失，必要的指责无可厚非，但能以博大的胸怀去宽容别人，就会让世界变得更精彩。

功成名就更要保持平常心。高调做事是一种责任，一种气魄，一种精益求精的风格，一种执著追求的精神。哪怕是做一些细小的事、单调的事，也要代表自己的最高水平，体现自己的最好风格，并在做事中提高素质与能力。

做人不要恃才傲物。当你取得成绩时，你要感谢他人、与人分享、为人谦卑，这正好让他人吃下了一颗定心丸。如果你习惯了恃才傲物，看不起别人，那么总有一天你会独吞苦果！请记住，恃才傲物是做人一大忌。

容人之过，方显大家本色。大度睿智的低调做人，有时比横眉冷对的高高在上更有助于问题的解决。对他人的小过以大度相待，实际上也是一种低调做人的态度，这种态度会使人没齿难忘，终生感激。

做人要圆融通达，不要锋芒毕露。功成名就需要一种谦逊的态度，自觉地在名利场中做看客，开拓广阔心境。

知足者常乐。生活中如能降低一些标准，退一步想一想就能知足常乐。人应该体会到自己本来就是无所欠缺的，这就是最大的财富了。

不要太把自己当回事。不要把自己太当回事，才不会产生自满心理，才能不断地充实、完善自己，缔造完美人生。

谦逊是终生受益的美德。一个懂得谦逊的人，是一个真正懂得积蓄力量的人，谦逊能够避免给别人造成太张扬的印象，这样的印象恰好能够使一个员工在生活、工作中不断地积累经验与能力，最后达到成功。

淡泊名利无私奉献。性格豪放者心胸必然豁达，壮志无边者思想必然激越，思想激越者必然容易触怒世俗和所谓的权威。所以，社会要求成大事者能够隐忍不发，高调做事，低调做人。

对待下属要宽容。作为上司，应该具有容人之量，既然把任务交给了下属，就要充分关注下属，让其有施展才能的机会，只有这样才能人尽其才。

简朴是低调做人的根本。在生活上简朴些、低调些，不仅有助于自身的品德修炼，而且也能赢得上下的交口称誉。

深藏不露是智谋。过分地张扬自己，就会经受更多的风吹雨打，暴露在外的椽子自然要先腐烂。一个人在社会上，如果不合时宜地过分张扬、卖弄，那么不管多么优秀，都难免会遭到明枪暗箭的打击和攻击。

出头的椽子易烂。时常有人稍有名气就到处洋洋得意地自夸，喜欢被别人奉承，这些人迟早会吃亏。所以在处于被动境地时一定要学会藏锋敛迹、装憨卖乖，千万不要把自己变成对方射击的靶子。

才大不可气粗，居功不可自傲。不可一世的年羹尧，由于做人的无知而落得个可悲的下场，所以，才大而不气粗，居功而不自傲才是做人的根本。

盛名之下，其实难副。在积极求取巅峰期的时候，不妨采取颜之推倡导的人生态度，试图明了知足常乐的情趣，捕捉中庸之道的精义，稍稍使生活步调快慢均衡，才不易陷入过度偏激的生活陷阱之中。

做人不能太精明。低调做人，不要小聪明，让自己始终处于冷静的状态，在"低调"的心态支配下兢兢业业，才能做成大事业。

乐不可极，乐极生悲。在生活悲欢离合、喜怒哀乐的起承转合过程中，人们应随时随地、恰如其分地选择适合自己的位置，起点不要太高。正如孟子所说的："可以仕则仕，可以止则止，可以久则久，可以速则速。"

做人要懂得谦逊。谦逊能够克服骄矜之态，能够营造良好的人际关系，因为人们所尊敬的是那些谦逊的人，而绝不会是那些爱慕虚荣和自夸的人。

规避风头，才能走好人生路。老子认为"兵强则灭，木强则折"、"强梁者不得其死"。老子的这种与世无争的谋略思想，深刻体现了事物的内在运动规律，已为无数事实所证明，成为广泛流传的哲理名言。

低调做人，便可峰回路转。在待人处世中要低调，当自己处于不利地位或者危险之时，不妨先退让一步，这样做不但能避其锋芒，脱离困境，而且还可以另辟蹊径，重新占据主动地位。

要想先做事，必须先做人。要想先做事，必须先做人。做好了人，才能做事。做人要低调谦虚，做事要高调有信心，事情做好了，低调做人的水平就又上了一个台阶。

功成身退，天之道。懂得功成身退的人是识时务的，他知道何时保全自己，何时成就别人，以儒雅之风度来笑对人生。

不要揭人伤疤。不能拿他人的缺点开玩笑。不要以为你很熟悉对方，就随意取笑对方的缺点，揭人伤疤。那样会伤及对方的人格、尊严，违背开玩笑的初衷。

放低说话的姿态。面对别人的赞许恭贺应谦和有礼、虚心，这样才能显示出自己的君子风度，淡化别人对你的嫉妒心理，维持和谐良好的人际关系。

说话时不可伤害他人自尊。讲话要有分寸，不要伤害他人。礼让不是人际关系上的怯懦，而是把无谓的攻击降到零。

得意而不要忘形。得意时要少说话，而且态度要更加谦卑，这样才会赢得他人的尊敬。

祸从口出，没必要自惹麻烦。要想在办公室中心情舒畅地工作，并与领导关系融洽，那就多注意你的言行。对于姿态上低调、工作上踏实的人，上司们更愿意起用他们。如果你幸运的话，还很可能被上司意外地委以重任。

莫逞一时口头之快。凡事三思而行，说话也不例外，在开口说话之前也要思考，确定不会伤害他人再说出口，才能起到一言九鼎的作用，你才能受到别人的尊重和认可。

口出狂言祸必至。因为物欲文明的催生所致,如今社会上各类职业当中都有动辄口出狂言的人。

耻笑讥讽不可取。言为心声,语言受思想的支配,反映一个人的品德。不负责任、胡说八道、造谣中伤、搬弄是非等等,都是不可取的。

不要总是抱怨原单位。跳槽属于人才流动,是当今社会很正常的一种现象,并不为奇,而且跳槽者屡屡能在新的团队里找到适合自己的位置,创造更佳的业绩。如果这一步还没有达到,你就急急忙忙地大要"嘴功",以贬低旧团队的手段来抬高自己在新团队的人缘和地位的话,那你就大错特错了!

说话不可太露骨。别以为如实相告,别人就会感激涕零。要知道,我们永远不能率性而为、无所顾忌,话语出口前,考虑一下别人的感受,是一种成熟的为人处世方法。

沉默是金。沉默,并不是让大家永不说话,该说的时候还是要说的。适度的语言本身也是一种沉默。

高调做事,能换来生意场上的好名誉

成事之难,难于从纷乱的矛盾和利益的交织中理出头绪。而最能促进自己、发展自己和成就自己的人生之道便是:低调做人,高调做事。

在人的一生中,能够强固自身根基的事不外乎两件:一件是做人,一件是做事。的确,做人之难,难于从躁动的情绪和欲望中稳定心态;成事之难,难于从纷乱的矛盾和利益的交织中理出头绪。而最能促进自己、发展自己和成就自己的人生之道便是:低调做人,高调做事。低调做人,高调做事,就是把自己调整到以一个合理的心态去踏踏实实做人、做实事、做好事,就是树立信念、

敢想敢拼、以诚待人、公正处世、努力学习、成熟思考、积极行动、持之以恒。唯有此,则事必成!做人和做事往往都是相互联系的,只有彼此相互配合才能在人生道路上一步一步走下去。

首先在思想上要高调地给自己一个希望:不论你遇到了多么艰难的挫折,都应当以坚持不懈的信心和毅力感动自己,感动他人,把自己历练成一个做大事的人。

保持向上的激情。我们需要激情,需要开拓,让我们从现在做起,兢兢业业,开拓创新,扎扎实实做好本职工作,在平凡的工作中燃烧激情。

自信是高调做事的秘诀。信心对于做事成功者具有重要意义,成功的欲望是创造和拥有财富的源泉。人一旦有了这种欲望,并经由自我暗示和潜意识的激发后形成一种自信心,这种信心就会转化成一种"积极的感情",它能帮助人们释放出无穷的热情、智慧和精力,进而帮助人们获得财富与事业上的巨大成就。

别让借口"吞掉"你的希望:无论什么时候,我们都不要为自己寻找借口,只有尽职尽责,勇往直前,不找借口,才能实现理想,创造辉煌人生。

丑小鸭也能变成白天鹅。一个人有希望,再加上坚忍不拔的决心,就会产生创造的能力;一个人有希望,再加上持之以恒的努力,就会达到目的。

点燃希望之火。一颗充满希望的心灵,具有极大的创造力,这种创造力会激发人的潜能,实现人的理想。

成功需要付出代价。从古到今,凡成事者,成大事者,莫不受尽磨难,在磨难中完成自我历练,如此也水到渠成地成就了事业。

主动去做应该做的事。只有奋发图强、积极进取的人,才能不断成功,不断取得好成绩。

不要轻言放弃,坚持就能成功:抱定任何都不放弃的信念,即使在一片懊悔或叹息、宽容或指责的氛围中也要坚持。是的,任何时候都不要放弃,无论条件多么困难,只要能坚持到底,成功就一定属于你。

学会自己鼓励自己。能自己鼓励自己的人就算不是一个成功者,但绝对也不会是一个失败者，你还是趁早练练这"功夫"吧！

永远保持好心情。突破困境的方法，首先在于要肃清胸中快乐和成功的仇敌，其次要集中思想，坚定意识。只有运用正确的思想，并抱定坚定的精神，才能从逆境中突围。

激发自己的潜能。倘若你和失败者面谈，你就会发现，他们之所以失败，是因为他们从来不曾走进激发人、鼓励人的环境中，是因为他们的潜能从来不曾被激发，是因为他们没有力量从不良的环境中振作。

不要畏惧贫穷和困苦。行走于人生丛林中的每个人都应该记住，如果你正在遭受困苦，这并不完全是件坏事，"天将降大任于斯人也，必先苦其心志，劳其筋骨，饿其体肤，空乏其身，行拂乱其所为"。因为老天要把重任交给你，必先磨炼和考验你！

挖掘出自身的强项。当巨大的压力、非常的变故和重大责任压在一个人的身上时，隐伏在他生命中最深处的种种能力才会突然涌现出来，使他成就大业。

坚定生活的信念。困境可以检验一个人的品质。如果一个人敢于直面困境，积极主动地寻求解决问题的办法，能在任何不利的环境中始终充满热情，坚定对生活的信念，那么他迟早会成功。

把挫折当成垫脚石。在生活中，有的人被挫折击败，有的人却把挫折当成垫脚石，不断前进。只要我们正视坎坷，永不放弃自己的追求，生活的艰辛将被我们踩在脚下，生命将会永放光芒！

对生活充满热情。有了热情，就能把额外的工作视作机遇，就能把陌生人变成朋友，就能真诚地宽容别人。有了热情，就能充分利用余暇时间来完成自己的兴趣爱好。有了热情，就会抛弃怨恨，变得心胸宽广。有了热情，就会战胜困难，取得成功。

注重细节，从小事做起。看不到细节，或者不把细节当回事儿的人，对工作缺乏认真的态度，对事情只能是敷衍了事。而注重细节的人，不仅认真地对待工作，将小事做细，并且能在做细的过程中找到机会，从而使自己走上成功

之路。

工作中没有小事。点石成金，滴水成河，只有认真对待自己所做的一切事情，才能克服万难，取得成功。

认真对待每一次训练。那些在平时训练和准备过程中认真对待的人，由于一直接受高强度的模拟训练，他们更容易在关键的比赛中表现出镇定的心态，因为在他们心目中，这无异于平时的一场简单的比赛和训练。

悄悄地为他人做点儿好事。试着去真心真意地帮助别人，当这一切完全发自你的意愿时，你将会感觉到这是件多么快乐的事，你的心灵就会得到回报——一种平和、安静、温暖的感觉。

敬业精神＋脚踏实地＝成功。敬业，不仅仅是事业成功的保障，更是实现人生价值的手段，有的人在生活中，总是不满意目前的职业，希望改变自己的处境。但世界上绝对没有不劳而获的事情，人们的成功无一不是按部就班、脚踏实地努力的结果。

相信自己，重视开端。任何大的成功，都是从小事一点一滴累积而来的。没有做不到的事，只有不肯做的人。想想你曾经历过的失败，当时的你真的用尽全力试过各种办法了吗？困难不会是成功的障碍，只有你自己才可能是一个最大的绊脚石。

扎实的基础是成功的法宝。如果一味地追求过高远的目标，丧失了眼前可以成功的机会，就会成为高远目标的牺牲品。许多年轻人不满意现在的工作，羡慕那些大款或高级白领人员，不安心本职工作，总是想跳槽。其实，没有足够的本领，就不应该有妄想。我们应该多向成功之人学习，脚踏实地地做好基础工作，一步一个脚印地走上成功之途。

实干才能脱颖而出。那些充满乐观精神、积极向上的人，总有一股使不完的劲儿，神情专注，心情愉快，并且主动找事做，在实干中实现自己的理想。

不为薪水而工作：想要获得成功，实现人生目标，就不要为薪水而工作。当一个人积极进取、尽心尽力时，他就能实现更高的人生价值。

要征服世界，先战胜自己。要想成功，就要战胜自己的感情，培养自己控制命运的能力。

用心做事,尽职尽责。以积极主动的心态对待你的工作、你的公司,你就会充满活力与创造性地完成工作,你就会成为一个值得信赖的人、一个老板乐于雇用的人、一个拥有自己事业的人。

对待小事也要倾注全部热情。倾注全部热情地对待每件小事,不去计较它是多么的"微不足道",你就会发现,原来每天平凡的生活竟是如此的充实、美好。

朋友在办公室的墙上挂了他自撰自书的条幅,上写:竖起桅杆做事,砍断桅杆做人。他说,这是他一次惊心动魄后经历的结晶。

朋友出身在渔民家庭,从小就喜欢海,几次请求爷爷带他出海打鱼,可爷爷总是以他还小为借口拒绝。他懂得爷爷的心思,爷爷是怕他这根独苗发生意外。

长大后,他将要到远离家乡的地方去工作,那是个看不见海的地方。在等待行期的日子里,爷爷决定带他出一次海,一来了却他一直的心愿,二来让他去见识见识大海的博大,开阔开阔他的心胸,或许对他的人生会有益处。

他非常兴奋,跟着爷爷跑前跑后,做好所有准备工作之后,在一个风和日丽的日子扬帆出海了。

在一望无际的大海上,爷爷教他如何使舵,如何下网,如何根据海水颜色的变化辨识鱼群。可是天有不测风云,大海的脾气也让人捉摸不透。刚刚还晴空万里、风平浪静,突然间就狂风大作、巨浪滔天,几乎要把渔船掀翻。连爷爷这个老水手都措手不及,但他丝毫不慌,吃力地掌着舵,同时以命令的口气大喊:"快拿斧头把桅杆砍断,快!"他不敢懈怠,用尽力气砍断了桅杆。

没有桅杆的小船在海上漂着,直到大海重新恢复平静,祖孙俩才用手摇着橹返航。途中,由于没有桅杆,无法升帆,船前进缓慢。他问爷爷:"为什么要砍断桅杆?"爷爷说:"帆船前进靠帆,升帆靠桅杆,桅杆是帆船前进动力的支柱。但是,由于高高竖立的桅杆使船的重心上移,削弱了船的稳定性,一旦遭遇风暴,就有倾覆的危险,桅杆又成了灾难的祸端。所以,砍断桅杆是为了降

低重心，保持稳定，保住人的生命，人是最重要的。"

行期到了，虽然离开了爷爷，但他把爷爷的话记在了心里，那次历险也在他的心里扎下了根。他的工作非常出色，职务也一再升迁。但他仍然脚踏实地地做人，无论取得多大成绩，无论地位多么显赫，绝不凌驾于他人之上。他说："高调做事，低调做人。每当春风得意之时，总会想起那砍断的桅杆。"

有时候，我们经常为如何在生活中立身所扰。做人难，估计是许多人心中的暗叹。如何立身，关乎做人的立场、方法与原则，也许更关乎一个人一生的成与败。通常情况下，做人做事高调点还是低调点，觉得左右为难，因如棋如迷的世事而决定了自己的需要。

人生之路，如同伴着乐曲同行。但做人做事，应该选择高调还是低调呢？有个原则永远要记取：自己所做的一切，将来一定会有同样的回报。

生活有如一首自己填词谱曲的音乐，人生之路，无时不刻在伴着这首乐曲同行。人生如一首歌，活着的生命就如一首旋律，单调不成曲，八音才和谐。起伏跌宕的高中低调谱成了人生奇妙的意义。有高山巍峨，有平川畅意，有激昂奔放，有韵沉低回，弹奏这首旋律要穷极一生，直至生命最后乐章的戛然而止。一生的弹奏，有的人弹得圆满和谐，有的人弹得断续难听，这代表着做人的成功与失败，其结果的产生无疑是高调与低调结合不完美所致。

说起高调，字面上的释义很多，姑且不论。只在做人方面，一个高调的人是积极、乐观、热情的，也绝对是主动的。从心态上看，高调也没什么不对。高调是建立在自己内心基础上的突出自我，我行，故我在；我能，故我优秀。其心理都很强悍，至少会要求自己强悍，这是一种鞭策，勇敢地承认自己的欲望，接近自己的欲望，所以高调不是问题，意味着一个透明的人品德端正，才华横溢。"天生我材必有用"，的确应该表现自己最美好、最有才华、最善良的一面。

而另一种高调，则是错误地理解或曲解高调的概念。表现为粗鲁、易暴易怒、不拘小节、华而不实、混乱的情绪化、暴躁、易怒、自恃太高、损人利己、不懂人情世故、凌驾于现实与虚幻之上等等许多方面。从做人角度和长远看来，这种高调虽然能慷一时之慨，开一时之怀，逞一时之利，但却"木秀于林，风必摧之；堆出于岸，流必湍之；行高于人，众必非之。"事实告诉我们，一个人一旦目空一切，就会遭受打击，谁会喜欢一个尾巴翘到天上的人呢？过分追求完美，反遭挑剔与批评，人们大都认同踏实做事，却讨厌张扬跋扈。这样的情况非常多，错误的高调之害可见一斑，这是应该摒弃的。由此可以看出，真正的高调，不是肤浅的表面，而是真实的内在。

什么又是低调呢？其实，低调不是安贫乐道，也不是阿Q的"精神胜利法"，更不是心理上的懦弱。它是一种足够的生活沉淀和精神的内敛。海纳百川，有容乃大，豁达、超脱、宽容、恢宏大度、胸无芥蒂，这些都是成熟和理性的代表，是一个人在人生百态历练后呈现的朴素风景，一种达观的胸怀，一种淡泊明志的广阔，一种品位很高的人格提升。不张扬，不外显；既含蓄，又内秀，是为低调。

人的思想取决于欲望与动机，其言行取决于其学识与观点，取决于他长期所接受的事物与教化。任何人的一生，需要面对的只有两件事：一是学会做人，二是学会做事。这个世界上，社会是人的社会，人是社会的主体。因此，选择如何做人做事，既是世界观的具体反映，更是人生价值取向的重要标志。对所有的人来说，其心可以激昂，其行却应沉稳。故此，"高调做事，低调做人"的理念，集中体现了人的思想境界，也是人格志向的追求。这就是说，做事应该全心身投入，认认真真、踏踏实实。这样才有可能体现自身价值，体现人生的实质意义。故此，现代社会所普遍认同的观点是"低调做人，高调做事"。因社会客观要求了成大事者必须隐忍不发地高调做事，低调做人。

学会做事，高调是关键。人生始终要用一种高调的态度对待，奋发向上是基本态度。这是一种责任，一种气魄，一种精益求精的风格与执著追求的精神。意味着无论面对什么，都要有积极和自信的心态。也是思维慎密、性格稳重，乐观、温文尔雅中充满着的自信和激情。但不是张扬，更不是张狂，而是以一种很高的姿态去认真努力地做具体事情。即使没有把握，也需要充满自信，哪怕是以失败而告终。这是成功最重要的因素，这才能称之为高调做事，但前提是要学会做人。

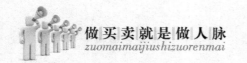

学会做人,即在生活中乃至为人处世上应该保持低调。为人处世,低调是保证。低调做人看似平淡,实则是高深的处世谋略,是为人处世的黄金法则。于工作、生活之中都进可攻、退可守。"满招损,谦受益",这样一种智慧和修为,是一种美德、修养和自信,是博大的胸怀和超然洒脱,是处世智慧和人格魅力。是"大巧若拙、大辩若讷、大勇若怯、大智若愚",如老子说的"自见者不明,自足者不彰,自伐者无功,自夸者无长"。故此,低调做人,自然、含蓄,更具有品位和内涵。这并非没有个性,也不代表一无所知,而是智者的圆满,没有"半瓶水"的晃荡。

如何去"高调做事,低调做人"呢? 人生在世,究其根本不过为人一场。意义会有多大,全看自我的心态与作为。但一个成功的人都必须胸怀坦荡,真诚做人,以良好的道德,高尚的情操,时时高风亮节,事事严以律己,处处与人为善。博大的胸怀和超然的心态是基本的前提。始终保持踏踏实实、平平常常、自自然然的人生态度和格调。不说狂妄之话,不干偏激之事,不逞张扬之能。心底无私天地宽,表里如一襟怀广,心胸坦荡,光明磊落,用自身的人格、品行来赢得尊重和信任,这是收效最好的做人做事原则。

故此,高调做事,低调做人,一要超然自处,不奢名利,但求无量功德;二要慈祥和蔼处世,与人为善;三要澄静待事,自我反思;四要处世果敢,不优柔寡断,决而不行;五要善看得意,淡然处之;六要泰然失意,荣辱不惊;七要敢于担当,甘干大事;八要逆顺自如,虚怀若谷;九要喜怒不形,"大喜临门不张扬,无故加之而不怒";十要谨言慎行,凝聚和谐。不偏听偏信,不搬弄是非。

人往往很容易犯一个错误,生活中常见一些恃才傲物或看不起别人乃至不尊重人格者,这往往在一些知识阶层更易发生。这是做人的大忌,想来令人叹息。看不起或不尊重别人,总有一天要自吞苦果的! 任何社会里,人不求人一般高,更何况谁也不比谁笨到哪里去,任何人活在世上,成功与失败从根本上来说无外乎很大程度上受着"时也、运也、命也"所制约。即便是有了成功的志得意满也要记住,对生命而言,财富如何? 才华又如何? "所有人的加减乘除,最后得分都是一样。"一场为人,应对生命有所洞明,即使已处登峰造极之

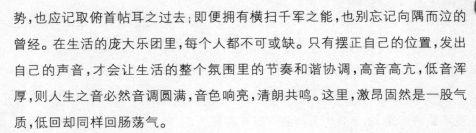

势，也应记取俯首帖耳之过去；即便拥有横扫千军之能，也别忘记向隅而泣的曾经。在生活的庞大乐团里，每个人都不可或缺。只有摆正自己的位置，发出自己的声音，才会让生活的整个氛围里的节奏和谐协调，高音高亢，低音浑厚，则人生之音必然音调圆满，音色响亮，清朗共鸣。这里，激昂固然是一股气质，低回却同样回肠荡气。

由此可见，人性之光，止于至善。荡漾在人生之河，高山低谷的落差常有，我们不得意于登临峰巅的天低，不在意没落渊谷的沉沦，不理会水花击溅一身，时刻保持那么一种昂扬的斗志，葆有那么一种涵养的深沉，生命才有着一份悠长的隽永。

微笑让彼此更亲近

微笑是对创伤的理疗。微笑像一杯热茶，滋润我们干涸的心田。微笑如一杯薄荷茶，让你在春天感受到一丝清新。微笑似一缕阳光，能给人带来一瞬间的温暖。

微笑，是人类最基本的动作。微笑，似蓓蕾初绽。这朵花，植根于美好的心灵。真诚和善良，在微笑中洋溢着沁人肺腑的芳香。微笑着告别寒冬，微笑着迎接阳春。尽管未来的岁月里还会有风风雨雨，但心灵的花蕾上总是闪烁着信念之光。微笑的风采，包含着丰富的内涵。它是一种激发想象和启迪智慧的力量。在顺境中，微笑是对成功的嘉奖。在逆境中，微笑是对创伤的理疗。微笑像一杯热茶，滋润我们干涸的心田。微笑如一杯薄荷茶，让你在春天感受到一丝清新。微笑似一缕阳光，能给人带来一瞬间的温暖。

在一个小镇上，有一个非常富有的富翁，但他很不快乐。有一天，这个富翁垂头丧气地走在路上，这时，走来一个小女孩，小女孩用天真的眼神望着

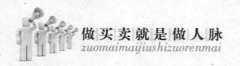

他，给了他一个很甜美的微笑。这个富翁望着孩子天真的面孔，心中豁然开朗。为什么要不高兴呢？能像这样微笑该有多好啊！第二天，这个富翁离开了小镇去寻求梦想和快乐。临走前，他给了这个小女孩一笔巨款。

镇上的人觉得奇怪，就问这个小女孩，明明不相识的富翁怎么会送她一笔巨额的财富，小女孩天真地笑："我什么都没做，只是对他微笑了而已。"

"只是对他微笑了而已。"是啊，小女孩一个善意的笑，却换来了巨额的财富，实在令人难以置信。但是，这就是微笑的力量，小女孩的微笑点燃了富翁几乎化为灰烬的心灵，让他再一次有了希望，有了梦想，有了快乐。这世界上还有什么比梦想和快乐更重要呢？俗话说得好："一笑解千愁。"有一副对联也说，"眼前一笑皆知己，举座全无碍目人"。

的确，没有人能轻易地拒绝一个笑脸。笑是人类的本能，要人类将笑容从脸上抹去是件很困难的事情。由于人类具有这样的本能，因此微笑就成了两个人之间最短的距离，具有神奇的魔力。

美国的希尔顿饭店名贯五洲，是世界上最富盛名和财富的酒店之一。董事长唐纳·希尔顿认为是微笑给希尔顿带来了繁荣。为什么希尔顿这么重视微笑呢？许多年前，一位老妇人在希尔顿心情不好的时候去拜访他，希尔顿不耐烦地抬起头，他看见的是一张微笑的脸。这张笑脸的力量是那么不可抗拒，希尔顿立即请她坐下，两人开始了愉快的交谈。交谈中，他发现老妇人是那么慈祥，她脸上真诚的微笑完全感染了他。从此，他把"微笑"服务作为饭店的宗旨。每当他在世界各地的希尔顿饭店视察时，总会问员工："今天，你对客户微笑了吗？"如果你去任何一家希尔顿饭店，你就会亲身感受到希尔顿的微笑。

唐纳·希尔顿总结说：微笑是最简单、最省钱、最可行、也最容易做到的服务，更重要的是，微笑是成本最低、收益最高的投资。因此，他要求员工不管多么辛苦，多么委屈，都要记住任何时候对任何客户报以真诚的微笑。即使是在20世纪30年代的大萧条中——各行各业的每个人脸上都挂着愁云惨雾的时候，希尔顿的员工仍然用自己的笑容给每位客户送去阳光。大萧条过后，希尔顿率先进入了繁荣期。

也许是希尔顿人的微笑赢得了"上帝"，从此，它迈入了黄金时期。

微笑是一种态度，爱生命，爱生活，爱自己！

想要生活得快乐，最重要的就是保持自己的本色。你只能唱你自己的歌，你只能画你自己的画，你只能做一个由你的经验、你的环境和你的家庭所造就的你。不论好坏，你都得自己创造自己的小花园；不论好坏，你都得在生命的交响乐中演奏你自己的小乐器。

史坦哈已经结婚18年多了，在这十几年里，从早上起来，到他要上班的时候，他很少对自己的太太微笑，或对她说上几句话。史坦哈觉得自己是百老汇最闷闷不乐的人。

后来，在史坦哈参加的继续教育培训班中，他被要求以微笑的经验发表一段谈话，他就决定亲自试一个星期看看。

现在，史坦哈要去上班的时候，就会对大楼的电梯管理员微笑着说一声"早安"；他微笑着跟大楼门口的警卫打招呼；他对地铁的检票小姐微笑；当他站在交易所时，他对那些以前从没见过自己微笑的人微笑。

史坦哈很快就发现，每一个人也对他报以微笑。他以一种愉悦的态度来对待那些牢骚满腹的人。他一面听着他们的牢骚，一面微笑着，于是问题就容易解决了。史坦哈发现微笑能带给自己更多的收入，每天都带来更多的钞票。

史坦哈跟另一位经纪人合用一间办公室，对方的职员之一是个很讨人喜欢的年轻人。史坦哈告诉那位年轻人，最近自己在微笑方面的体会和收获，并声称自己很为所得到的结果而高兴。那位年轻人承认说："当我最初跟您共用办公室的时候，我认为您是一个非常闷闷不乐的人。直到最近，我才改变看法，您微笑的时候，您的脸上充满了慈祥。"

你的笑容就是你好意的信使，你的笑容能照亮所有看到它的人。对那些整天都看到皱眉头、愁容满面、视若无睹的人来说，你的笑容就像穿过乌云的太阳；尤其对那些受到上司、客户、老师、父母或子女的压力的人，一个笑容能帮助他们看到一切都是有希望的，也就是世界是有欢乐的。

"微笑服务"作为优质服务的基本内涵，是每个酒店孜孜以求的目标。山

西唐明饭店餐饮部为实现"微笑服务"创设了"五步微笑法",效果甚佳。

所谓"五步微笑法",是指无论是管理人员还是普通员工,在至少五步之内面对客人时,必须对客人报以真诚的微笑,致以亲切的问候。一个微笑谁都会,但是要做到始终如一,还必须保证在五步之内就有些难度了。刚开始,该宾馆部分员工有些不习惯,但通过他们管理员的上下疏导,他们从思想上认识到,客人是他们的衣食之源。在激烈的市场竞争中,他们唯有用心去体会客人的感受,为其提供特色性服务并持之以恒地坚持下去,才会赢得更多的客人。该宾馆员工思想意识的转变,使"五步微笑法"逐步转化为员工的自觉行为。

唐明饭店餐饮部设在饭店后院,门脸并不显眼,一度时期还曾出现亏损状况。从 2000 年 10 月份饭店对餐饮部管理层作出人事调整后,总结经验教训并对其重新进行了市场定位,经济效益逐步好转。特别是推行"五步微笑法"以来,服务人员以其独特的服务气质、娴熟的服务技能,特别是永远能让客人感觉十分亲切的微笑使餐厅人气渐旺,不仅楼内的客人,其至周围的客人也慕名前来,生意做得红红火火。该宾馆客人一语道破:"来这儿吃饭,图的就是个舒心愉快。"

琢磨自己的表情也是一件大事。每天早晨上班前,哪怕只有 30 秒钟也行,站在镜子前面照一照自己的笑容,想想会给客人留下什么样的印象,再变换一下表情看看如何。设想一下处在不同的场合,是否会自然地做出关怀他人的表情,共同分享欢乐的表现和惋惜懊悔的表情等等。归根结底,基本功是由真心诚意而产生自然的笑容。对着镜子练习时,自己应该做出最令人满意的微笑,努力做到使笑容自然而然地产生。如果能做到随时调整自己的表情,那么,即便是在忙得不可开交的一瞬间,也可以在客人面前自然地流露出亲切的微笑。用微笑来招徕客人的好感,这是服务人员不可替代的"武器"。

改革开放以来,上海的国营大饭店受到了个体户经营的家庭饭馆业的严重挑战。这些位于里弄深处的家庭饭馆,门面一般都不大。很多是利用自家的住房,白天做饭馆营业,晚间支上一张行军床住人。也有的是租用弄堂口的一两间房子营业的。里边摆上三四张桌子,夫妻二人共同经营,或由慈祥的老婆

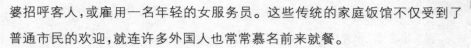

婆招呼客人，或雇用一名年轻的女服务员。这些传统的家庭饭馆不仅受到了普通市民的欢迎，就连许多外国人也常常慕名前来就餐。

家庭饭馆最好的招牌是餐馆内传出的阵阵诱人的香味。这里的饭菜比大饭店既便宜又实惠。经营的大多数是普通的家常菜，如炒青豆、烧豆腐、炝菜花、凉拌卷心菜、腌黄瓜等等。一顿饭外加两瓶啤酒，一般十几元就够了。

家庭饭馆轻松的气氛也给顾客以宾至如归的感觉。到这里来吃饭，就好像是到人家里去做客一样，非常舒适。这种家庭餐馆也很干净。

良好的服务是家庭饭馆吸引顾客的杀手锏。这里的服务员个个笑容可鞠，对顾客招待得特别热情周到。他们可以根据顾客的要求，现炒现吃，而且不论客人什么时间进门，都可以很快吃上一顿美味的饭菜，即使半夜去光顾，也能吃到可口的饭菜。

船小好掉头。个体餐馆由于经营规模小，显得方便灵活，更适合顾客的口味。在餐馆业中的竞争能力，令中外人士刮目相看。

有位记者为写报告文学寻找素材，到某大城市的食品街转了一趟。他先走进富丽堂皇的某餐厅去采访中方总经理，被拒绝接待。于是迈步到挂着"谢绝参观"牌子的二楼吃了顿饭。开票和端饭的服务员穿着标准的日本和服，迈着日本式细碎的步子，浓妆艳抹，但脸上却挂着鄙夷与不屑。饭菜端上来一看，袖珍的碗里装着几颗袖珍的丸子，另一道菜是沙拉，不过是在几片生菜叶子上撒上一点儿沙拉油而已，另外加一碗饭，一个汤。在服务员高傲而冷漠的目光中默默地吃完了饭，算账时才发现花了36元钱。记者在挨宰的愤怒中，被服务员一双双冰冷的目光送出了餐厅。他发誓这辈子再也不登该餐厅的门槛了。

拐了个弯儿，记者来到一个不起眼的小食品店"食多方"门前。小店已经打烊，隔着玻璃窗，只见一个老师傅正在搅动灶上大锅里热气腾腾的肉汤。记者轻轻地敲了敲窗户，那老师傅打开门销请他进来，很快端上一碗热气腾腾的馄饨。老师傅坐在记者对面，一边看着他吃馄饨，一边和他聊了起来。从饭馆每天的工作说到家里的彩电、冰箱、房子、老伴，好像遇到了多年不见的朋

友,有说不完的知心话。这碗馄饨,共花了5元4角钱。

从"食多方"出来,记者心中百感交集。这一晚上所经历的事反差太大了。一个是现代化的餐厅,虽优雅、宁静,具有异国情调的舒缓的音乐不绝于耳,但却让人感到彻骨的寒冷。另一个是不起眼的小店,从桌椅板凳到大师傅腰间的围裙都是油腻腻的,但它却处处透着亲切、朴实和温情。走出店门很远了,老师傅那张微笑着的、极富人情味儿的面孔还在记者的脑海中晃动,久久不能忘怀。

食客们到酒楼饭馆吃饭,除了希望饭菜质优价廉之外,还希望看到服务员的笑脸。微笑服务可以温暖所有人的心。所以,凡是招待周到、服务员热情的酒楼饭馆,必定顾客云集。试想,谁愿意到一间冷冰冰的酒楼,花钱去看服务员的白眼呢?希尔顿酒店的创始人康拉德·希尔顿曾经说过:"如果我的旅馆只有一流的设备,而没有一流服务员的微笑的话,那就像一家永不见温暖阳光的旅馆,又有何情趣可言呢?"

食品街上的那家餐厅,从餐厅的装潢设计到服务员的服饰、打扮、步态都把日本餐厅的风格模仿得惟妙惟肖。但唯独没有学到日本餐厅服务员最起码的基本功——微笑服务。微笑其实是模仿不了的,它必须出自对顾客真诚的态度。希尔顿先生深知微笑的真谛和价值,所以才使自己的酒店生意兴隆。"食多方"的老师傅虽然未必从理论上认识到这一点,但他那发自内心的真诚微笑,也是经商者必须下工夫才能真正做到的。

王星明1995年从西南财经大学经济管理专业毕业,在学期间就多次带领同学出色地完成一年一度的四川糖酒交流会的促销任务,并从中深刻地领悟到"和气生财,会微笑者才能经商"的道理。

"努力为客人服务,他会给你带来财富",这是王星明在8年餐饮工作中总结出来的人生信条之一。1998年在"凯悦酒店"任餐饮部经理时,他被企业推荐到"广州白天鹅宾馆"进行为期约一个月的酒店管理模式学习。之后又有幸参加了世界高级名师——李泽仁老师为期一周的酒店职业经理人培训,且被湖北省黄冈市法院四星级宾馆聘请担任总经理。"勤奋为企业工作,他会让您受益无穷"，这是王总的另一个人生信条。他在工作中不断学习、总结，使"湖北省黄冈市法院宾馆"获得该市市委、市政府表彰的"服务最优秀企业"的荣誉。

"星星之火，可以燎原"，他走出了自己万里长征的第一步。2000年底他返回深圳后，同香港舞业大亨邓崇光先生一道打造"满庭芳"饭店，从装修风格的定位、灯光的设计、市场的开拓、产品的开发与创新、管理理念的创新、广告策划推广、员工培训等等，大胆地推陈出新，不断地提高企业运作水平，使企业走上一体化、规程化管理模式。在这期间，他本人再次参加关于企业管理的培训。

俗话说，活到老学到老；冰冻三尺，非一日之寒。成功不是偶然的，他的成功是他长期积累的结果。理想的气质会让你更加自信；稳定的情绪会让你少犯错误；坚强的意志会让你蒸蒸日上。这均是现在担任乡里湘味连锁餐饮有限公司总经理王星明的人生信条！路还在他的脚下，会越走越宽，越走越远。

电子商务使"四海之内皆兄弟"变成现实

有很多朋友迎合当前网上冲浪人气旺这样的新形势，准备开一家网店，那么网店新手开网店前，怎样去想办法宣传自己的店，为自己带来更多的人气，也为自己下一步的生意做出好的准备呢？

第一，当然是 QQ 聊天工具。很多人都明白这个道理，但是却并不知道应该如何入手来利用这个工具。当然逢人就加为好友是一种手段，但并不是一种最佳手段。你可以首先把 QQ 的签名改成店铺的欢迎词，这样很多好友看到了还会主动问起，主动说要帮你宣传，然后有陌生人要加你当然非常好，好好跟人家聊聊生活，聊聊社会，在互相了解成为朋友了以后，说不定会有去看

看你小店的想法,当然你也可以主动加别人,但是这属于普遍撒网,要重点培养几个才好,有的时候主动加了别人,可是别人看到你的签名就问,你是开店的啊?之后就不怎么聊了,因为大家心知肚明你加他的目的,现代社会,大家的防范心比较重,所以这也是可以理解的。

当然即使是这样,别人打开你小店的概率也比他们用别的方式搜其他小店的网址多多了。此外,还要利用QQ离开自动回复功能,例如,店主暂时离开,有事请留言,店主外出发货,您可以先逛逛小店打发时间等等。这就是抓住任何细节,来宣传自己小店的方式。

第二,QQ聊天室。这显然是大量认识陌生朋友的好途径,在聊天室取个优雅点儿的名字吸引一下他人的眼球,然后还可以随时换个昵称,因为换昵称在聊天室中,会在公共频道用不一样的格式和颜色公告出来,这样别人看到你的机会比较多,然后继续跟人家聊一聊。这有一个好处,就是别人在加你之前已经认可了你这个人,对于一边做生意,一边认识朋友的这一点来说,是一个很不错的选择。也许一个未曾谋面的朋友,就孕育着商机。

第三,QQ群。大致跟上两个差不多,但是QQ群可以直接一点儿、商业化一点儿,除了认识一些朋友外,QQ群的一大特色就是每个群都有主题,你可以加一点买卖交流或者商业一点的群加,进群后可以直接宣传还能跟其他卖家交流一下心得,交换一下友情连接,直接多了。因为几乎所有的人都是生意人,和他们交流不仅有助于自己开店经验的提高,更有助于自己认识更多的生意人,要知道人脉就是一种资源。

第四,QQ空间。这个实在是太好了,其他都不用写,专门写点儿关于小店的日志吧,自己的经验心得体会都能写,把自己的艰辛和美好的愿望都写进去,一方面写写日志,既可以作为宣传,也可以作为你的一个总结。

比如今天你上架了新商品,你就能在空间里描述一番,最好还加点自己亲自使用的感受,然后加两张实物拍摄的图片,下面贴一下这个商品在拍拍的连接就可以了。

当然,也可以在你的宝贝描述里贴这篇日志的链接,让别人浏览你商品的同时，看看你自己使用的感受再顺便看看你的空间，为什么呢？因为你空间里还有其他商品的介绍。

第五，商品描述和店铺公告。在描述一样宝贝时，你可以把同类型的商品互相做个连接，这就相当于店铺推荐位，店铺推荐位会在宝贝描述的最下方，但是这些连接在宝贝描述里，比空间位置上做连接还有优势呢，但是在互相做连接时不要把一个网址贴在下面什么都不说明，起码打几个字说明一下：店主特别推荐、您或许会喜欢这个、这里有同类型商品供您选择……这样等等。

还有就是宝贝描述跟店铺公告里，卖家同样可以把即将上架的宝贝做个宣传，什么即将隆重推出新品×××，尽请期待、新品优惠活动即将开始等等。

第六，利用 QQ 社区。首先在社区能接触到很多人，那些人很多又是买家，那些买家有可能就能成为你的客户。其次在社区发帖与跟帖会展示你的店铺推荐商品，这样做的好处就是，在社区可以认识很多朋友，当然在社区发言也是重要的宣传。

第七，注册成 QQ 交友用户，在个人介绍里写了你是如何如何爱生活爱交友的同时别忘记宣传自己的小店。

第八，各类 QQ 游戏。这个效果不会很大，但比什么都不做要好。怎么做呢？腾讯有很多网游吧，其中包括 QQ 音速、QQ 幻想、QQ 对战平台、QQ 堂。你可以在玩游戏时取个特色点、奇怪点的昵称，把你的小店包括进去，在玩乐的同时，也对自己的小店有了一定的宣传。因为玩网游的人一定会认识很多朋友，也基本会入工会，那么刚好，那些游戏中的朋友们会对你奇怪的昵称感兴趣，那个时候顺便宣传一下店铺就好了，感兴趣的自然会来你店里看看的，当然如果玩得很熟了，也能主动介绍一下你的产品。

第九，QQ 家园。将那个小屋装扮一下吧，同时也想办法放入你最得意的商品！

第十，QQ 相册。多放点儿商品的图片上去，图片描述里可以 ctrl+v 一下宝贝描述，虽然相册被搜索到的几率不大，但同样这个是可以在 QQ 空间里显示的，那在 QQ 空间把相册设定成大模式吧，让人一进空间就能看到宝贝

的图片。

　　总结一句话，做生意切忌太过着急，俗话说心急吃不了热豆腐，心态调整慢慢来，效果会比没目标的急着乱宣传好。宣传店铺也可以融入成玩转腾讯的附属品，很简单吧。有的时候技巧的宣传能够给你创造极大的生意空间呢。

既要研究事，也要琢磨人

　　管理活动的全部过程都是决策的过程，而决策的前提是充分地分析和判断。决策往往涉及对人的分析，也就是琢磨人。

　　什么是管理？有关什么是管理的论述和定义有着多种不同的说法，但最普遍认同的说法就是"所谓管理，简而言之，管理是人类广泛进行的一种活动，是决策的全部过程。"既然管理是决策的全部过程，而决策的前提是充分地分析和判断。决策就往往涉及对人的分析，也就是琢磨人。

　　翻开中国文化历史长卷，琢磨人可以说是管理者的必修功课。对人的琢磨，琢磨得深、琢磨得透，往往给自己带来成功和胜利，而对人的琢磨不透彻、不周全，则常常给自己带来挫折和失败，从我国著名的长篇历史小说《三国演义》中就可看到一些经典的事例。

　　著名的《孙子兵法》中有这么一段话："知己知彼，百战不殆；不知彼而知己，一胜一负；不知彼，不知己，每战必殆。"意思是说，既了解敌人，又了解自己，百战都不会失败；不了解敌人而只了解自己，胜败的可能性各半；既不了解敌人，又不了解自己，那每战是必败无疑了。由此可见琢磨人的重要性。

　　观今宜鉴古，无古不成今。在中国的古代、近代和现代，我们可以找出许多以琢磨人而闻名天下的例子。《破釜沉舟》、《四面楚歌》及《千金市骨》这些成语故事，可以说都是对人的琢磨贯穿于整个故事的过程中；而《中国社会各阶级

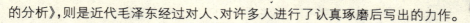

的分析》，则是近代毛泽东经过对一人、对许多人进行了认真琢磨后写出的力作。

战国末期，秦王嬴政在扫灭六国的过程中，曾经受过一个大的挫折，那就是秦国大将李信在攻打楚国的战争中，所率领的20万秦军被项燕率领的楚军击败，损失惨重。而秦王嬴政在这次出兵攻打楚国前，曾问过老将军王翦灭楚需要多少军队，王翦说："非60万不可。"

秦王闻秦军失败后，知道王翦确实不简单，于是亲自命王翦为大将军讨伐楚国，并且满足了王翦的征讨大军必须达到60万的要求，将举国之兵交给了王翦。

出征之日，秦王嬴政亲自送王翦大军至灞上。王翦行前向秦王多求良田、屋宅与园地。秦王说道："你现在是带大军出征的将军了，还担心会贫穷？"王翦道："作为秦国的将领，即使立下很大的功劳也难以得到封侯的奖赏，所以趁大王现在亲近和有求于臣下时，向大王多要些良田美宅，为子孙们置点儿家业。"秦王大笑而允。王翦的军队在进军的征途中，王翦又数次派使者回朝，要求秦王兑现赐予自己良田美宅的诺言，以至于王翦手下的人，包括他的儿子王贲都认为王翦太过分。王翦却对他们说："秦王乃多疑之人，而今将倾国之兵付与我等，我们带领着这样的军队不但可以灭楚，也可以灭秦，他能够放心地睡着觉吗？不放心就会起疑心，疑心起则祸事近，楚国没灭，说不定我先被灭了，或者楚国灭后我自己也完了。我现在反复向大王讨赏，最多使大王感到我贪财，而不会有其他的担心啊！"结果，在免除了掣肘之虑后，王翦一战灭楚，班师回朝，衣锦还乡，得以颐养天年。通过这个事例，足见琢磨人在有时是十分重要和必要的，它有时甚至关系到事业的成败。

作为一个管理者，必须掌握其工作对象的情况。这里面既有个体的，也有群体的。既需要了解他们的思想情况，也要了解他们的需求；既要知道他们的共性，也要清楚各自的个性。要了解工作对象的习惯、兴趣和弱点。只有在对工作对象的情况熟悉和了解的前提下，才可能采取正确的工作策略，也才可能在工作中采用正确的工作方法和技巧。可见要搞好管理工作，琢磨人是非常重要的。

客观而言,琢磨人是一门学问,是一门艺术。那么我们如何才能很好地掌握它呢？答案只有一个：那就是学习而再无其他的捷径。

在交际中"照顾"点儿对方

如果问："你有没有朋友？"一定有很多人答不上来,即使能够回答得出来,大致也都是学生时代的同学或办公室里合得来的同事,所想得出来的不过几个人而已。这些人虽然也可直接结为朋友,但是严格讲起来,朋友的关系范围应更广、基础更深才行。

报刊上也许可以看到一些政治界、金融界的名人家谱,他们的祖宗三代地位显赫,无论祖父、祖母、父亲、母亲都出于名门,似乎国家的命运都掌握在他们的手中。

由此可见,仿佛高朋满座、名满天下是和我们普通人"绝缘"的。但是我们知道,交友是每个人所必需的,并不是政治家或金融家的"专利品"。如果渴望广结人缘,在我们周围就有不少人等待你去发现。

张先生已经在长沙工作了6年。张先生的这6年,用匆匆而过形容不为过,不光是工作的内容,也包括上司和同事。张先生6年里没有换过老板,一直在一家私营安防设备公司做销售,而6年前,是安防系统销售在长沙刚刚起步的时候,公司的销售额不太稳定,便造就了一批批来学学经验就走的员工,张先生的职业个性是喜欢安定,所以他能坚持到现在,也俨然成了元老级人物了。但是,往往还没和新同事混熟,那些面孔便不再每天八点半出现在公司里,太多的人事流动,使他接触了各种各样的脾气、性格、爱好、习惯,现在的他,对待新同事已不再是6年前的那样热情和关注,多半是抱着"坚持下来再说"的态度。6年中,张先生对业务的经验已经能使他的业绩稳定在较高水平，职位也慢慢提到了销售部经理，但上次升职，已经是3年前的事了，最近一位比自己资历低的同事晋升销售总监才突然敲醒他，已经是朋友的老板在和他的交流中直言不讳提到：不是你工作能力不行，而是你处世的风格不适合这个职位……

处世风格，张先生自己也开始慢慢发觉了自己多年来的变化，因为工作和销售相关，所以有的时候为了利益，只会站在自己的立场上考虑问题，不知不觉中变成了一个只重利不重义的人，时间久了，一些朋友慢慢疏远了，而失去了人脉的张先生也慢慢走到了生意的"天涯海角"。

这个故事对我们的启发便是，有的时候考虑一下旁人的利益，不要只为自己着想，因为人的一生除了利益以外，还有许多其他的东西是弥足珍贵的。

八面玲珑但不圆滑世故

一旦明白了世界是复杂的，人性是复杂的，我们就拥有了宽容与智慧，城府可以让我们游刃有余地行走于社会中。

八面玲珑，出自唐代卢纶的诗《赋得彭祖楼送杨宗德归徐州幕》，"四户八窗明，玲珑逼上清。"卢纶描写彭祖楼的环境，称它四面八方都有宽大的窗户，所以室内光线十分充足，洁净明亮得直逼仙境。因为八面都透光，所以称作"八面玲珑"，后来演变成一个成语，用来形容人言行手段十分巧妙，处世圆融。

八面玲珑，不光对人，而且对事，相信朋友们自有自己的处世之道，仔细想想，对人对事都是面对自身以外而言，不断地使自己圆融于世，换个角度，是否曾想过，其实是对自己这一面的不断修正呢。八面玲珑已过，实需留一面给自己。

无论你当初是钢、是铁、还是石头，在多年职场洪流的冲刷下，都能将一

个充满棱角的你磨得足够圆滑。就像严冬来临后有幸逃离洪流来到冰面上的球，滚动着，然而冰面的厚度并不明了，到了危险的薄冰地带时，你是否才发现自己已经失去了可以止住脚步的棱角？没有了自己主动的方向，只有再次跌入洪流中任其冲刷。

职业规划和定位，是帮助自己重新认识自我的有效途径，是发掘自己内在职业潜质的有效方式，而我们往往缺乏这类意识。但是商业发达，在社会变迁如此之快的今天，以不变应万变的说法似乎在某些程度上被人们的实际表现否定了，自己适合做什么，能做什么，做得怎么样，没有了完整的认知。小心翼翼地保留自己那年轻时值得骄傲的一面，值得骄傲的"棱角"。七面已足矣，八面玲珑，留一面给自己。

公司里曾有一个年轻女职员，很多人都说她不好，太有心机，见人说人话，见鬼说鬼话。可公司人力资源部的主管提拔她做了公关经理。但是在提拔前，他和这个女职员有一番交谈，经理说：其实见什么人说什么话本身没有什么问题，问题在于你让别人都意识到了你的不真诚。而你原本的想法是达到一个好的目的，使自己成为一个让人喜欢让人信任的人，但是你的目的没有达到，这就说明你的心机反而拖了你的后腿。

现在这个女职员已经成为一名优秀的公关经理，她能贴切得体地处理各种关系，但是不会让人觉得世故圆滑。在我看来，她正渐渐从低段位的心机修炼成高段位的城府。

如果有人跟你抱怨说她的男朋友对她不好，打她、骂她、花她的钱，吃她的喝她的却对她简单粗暴，你会不会立刻劝他们分手？年幼无知的我就干过这样的蠢事，后来人家两人喜结连理，我前去道喜，送上的是红包，遭到的是白眼。

还有一次，一个朋友跟我抱怨她的老板对她如何如何不好，我信其言感其诚恳，于是巴心巴肺地告诉她如果是我遇到这样的老板，我一定会怎样怎样，结果没过几天，就听到江湖上的传闻，大概意思是她如何如何之没有城府，结果在单位里成了任人宰割的羔羊，而我则如何如何之城府深，仿佛她宁

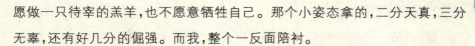

愿做一只待宰的羔羊，也不愿意牺牲自己。那个小姿态拿的，二分天真，三分无辜，还有好几分的倔强。而我，整个一反面陪衬。

我对着镜子照了半天，里外不是人，遂下定决心，哪里跌倒哪里爬起来，于是我学会了微笑倾听——那个朋友又来向我诉苦了，说谁忘恩负义，过河拆桥，说谁谁谁欺生，谁谁谁对不住她，我一律微笑，就是听着，她还在说，为什么坏人总是得势呢？像我这样不会玩心眼儿的人可怎么办？我忍不住揶揄：不会玩心眼和玩得不高明是两回事哦。

她目瞪口呆，悲愤交加地对我说：早知道你城府这样深，我真是没必要和你说这些。

于是，我知道我城府还不够深，如果够深，她怎么可能看得出来呢？

女人的城府是一把双刃剑，人们一直有一种理解，认为女人没城府是优点，越没有城府的女人男人越喜欢。不信你上各大网站的排行榜看看，"N类最招男人讨厌的女人"中，"有城府的女人"一定排在前三位。可没有"剑"的女人在遇到危险时除了乞求对方不要拔剑之外，没有别的其他办法。其实城府是女人防身的武器，你可以不用，但不可以没有。

世界从不像我们设想的那么简单，而复杂的世界也不是我们所认为的那么丑恶。既然无法终日蜷缩在安全的壳子里，为什么不正视并适应这个世界呢？一旦明白了世界是复杂的，人性是复杂的，我们就拥有了宽容与智慧，拥有城府可以让我们游刃有余地行走其中。

有城府的人应该明白自己的位置以及在这个位置上应有的得体言行。初出茅庐的Linda，曾经在大老板来视察时冲上去握手自我介绍而被部门经理冷落两年。每个人都有进取心，都想出头，但有了城府，我们才能去做与自己身份相符合的事情，才知道什么时候前进，什么时候避让，什么时候开口，什么时候沉默。

在如今的社会，说一个人"不懂事"，已经是一句很重的负面评价了。所谓的"懂事"，就是有城府。人情事故，规矩礼数，说穿了就是站在他人的角度去感知自己的言行。如果只能看到自己眼下的一小方利益，只能让他人反感，又

谈何"双赢"呢?

职场、情场都已演化得像战场一样,而城府就是积累王道的才能,度量,谋略和权威的同时,也吸诡道的机智与变通,在自身实力并无绝对优势的情况下,通过选择对手、隐藏实力、出奇制胜等各种手段实现最终的胜利。这与道德无关。

当一条路走不通时,有城府的人不会钻牛角尖。他知道什么时候该坚持,什么时候该退让。不会耿耿于怀,也不会傻乎乎地去争那"一口气"。保持头脑的灵活与好奇心,保持身手的敏捷与眼光的长远,永远给自己留一条后路。

高端的城府是回归纯真。鲁菜中有一道经典的"开水白菜":用高汤历练,文火焙烘,再蓖去沉淀,看似清澈见底,但所有精华都浓缩在汤水中,口感淳厚,回味无穷。最有城府的人,是能够将一切尽收眼底的,取精华,去繁复,遇事沉着冷静,更为重要的是,还能在这种坦然与冷静下,保持轻松和坦然的心态。

不是每个人都能修炼出最高深的城府,就像不是每个学武的人都能练成大师,他必得聪明过人吃过苦头,同时又须有足够的善良敏感和睿智,才可以在掌握一切技巧之后,依然正直纯粹,并执著于此间的爱与生活。

虽说大多数的人都身处于职场之中,但他们的职场 EQ 有多高呢?有多少人是在职场中"混"的八面玲珑,多少人的工作成绩是被老板知道的? 又有多少人会主动把自己的成绩告诉老板,以便让自己的努力不付诸东流呢? 你是怎么做的? 谦虚是好的,可过分的谦虚却会让人觉得是一种骄傲,这种谦虚会使你的工作激情永远沉寂……

一个管理体制完善的企业,员工根本不用担心上司或老板不清楚自己在做些什么事情。因为公司对职员的职能分工十分细化,每个人都有自己所负责的工作与职责。按照不同的企业文化,定期由经理、主管组织小会(或以邮件方式),让职员各自汇报工作进程。企业文化就是企业老总的文化。

如果你不幸进入了一家管理体制不健全的企业,那你只能自认倒霉,不过你可以选择是一直默默无闻地工作还是做一个"孙悟空"? 随时随地 72 变,让自己成为职场多面人。但这有一个前提,你应该具有能力、有足够的工作业

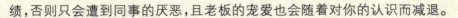

绩，否则只会遭到同事的厌恶，且老板的宠爱也会随着对你的认识而减退。

有人说过，当你刚踏入社会这条溪流的时候，你还是块四面锋利、棱角分明的石头。渐渐地，你被各式各样的"遭遇"冲刷，研磨平整，最后变成了一块极其圆滑的鹅卵石。这些说到底都是做人的问题，我们不能要求市场为我们而改变，所以只能强迫自己适应这个社会。

让老板知道自己的成绩，这就需要我们把公司的性质划分为二，第一是企业管理得很完善，第二便是管理不佳的企业，对于两种不同的企业当然是需要不同的方式、方法。

有朋友告诉过我，有人会喜欢八面玲珑。易中天老师在做一期节目的时候，也曾说过他那个时候的择偶标准，竟然也是"八面玲珑"，我就有些纳闷了，在我的印象里，我一直认为八面玲珑似乎就是一个贬义词。

在古代的时候，八面玲珑是一个秀丽的形容词，但是后来这个成语的"辞性"发生了变化，开始逐渐地成为了一个中性词，在老舍《四世同堂》的第四十八章节中说："不过，做大事的都得八面玲珑。因此，认识的人越多，关系越多，才能在任何地方、任何时候都吃得开！"这样的描写应该是个褒义词吧，在后来的种种文学作品中，这个词就开始成为了"贬义词"。

在做到"八面玲珑"的同时，自然要放弃一些自己的东西。所以与自己的"个人主义"一定是相矛盾的。难道"吃得开"就一定要处处逢源吗？难道"处理关系"就一定要"世故圆滑"吗？ 不知道别人是怎么想的，其实并不是这样的。一个"圆滑世故"已经打破了做人的底线，和自己的"真实磊落"截然相悖。

因此说，对于"八面玲珑"，很多人并不认可。

但是，我们所说的"八面玲珑"在当今的职场上已经有了特殊的含义，不是指完全不认可自我圆滑，而是指在肯定自我的基础上，用一些技巧巧妙地破解生活与工作中的种种矛盾。

第七章

需交心：别做传说中的『孤胆英雄』

合作已成为社会发展的必然要求，那种想凭借一己之力、靠单打独斗成事的个人英雄主义已经不适应时代的发展。合作是一件快乐的事情，有些事情只有靠人们相互合作才能做成。而所有成功人士都有一个共同之处，那就是他们都注重团结协作。其实，很多时候与人合作并不意味着自己吃亏。因为与人团结协作就是壮大自己，与人团结协作也就是帮助自己。

先打通"关键人物"身边的人

初涉职场或商场,没有方向是很正常的,怎样才能让自己迅速改变"愣头愣脑"的形象,和客户、周围同事、领导融洽关系,并又能充分显示自己的能力,为自己今后的发展打造一个良好的开端。

第一印象对自己非常重要,巧妙地将为人处世的小技巧运用到日常工作中去,无疑是让自己人气大增的好方法,职业顾问给出了以下建议:

一、注意第一印象。第一印象在人际交往中所具备的定势效应有很大的稳定性,一个人留给他人的第一印象就像深刻的烙印印在他人的内心深处,一旦产生就很难改变。

二、穿着得体。不同性质的单位,服饰仪表有着不同的审美标准和习惯。新进公司的员工要根据工作性质、职位选择适宜的服装。以整洁、大方、顺应潮流为好,不要穿过于时尚、过于休闲的服装,穿相对保守正规一些的服装会给人留下好感。

三、言谈举止要得体。得体的言谈举止应该表现得亲切、热情、有礼貌、有理智、讲道德、讲信用。在接人待物中,一方面要切忌"傲气",另一方面也要避免过于"谦卑",应注意不要过于随便。

四、尽快了解公司文化。每个公司都有自己的发展史和企业精神,都有一些成文或不成文的规矩,平时要抓紧时间,多翻阅公司的一些资料,多注意观察,会使你少犯错误,少出纰漏。

五、尊重同事,虚心请教。刚到公司,所有的工作对你来说都是陌生的,因此多向同事求教是进步快的方式。要有一种从零做起的心态,放下架子,尊重同事,不论对方年龄大小,只要比你先来公司就是你的老师,你只有虚心请教，不断学习加上埋头苦干才能获得成功。

六、上下班要守时刚刚上班，早点儿来，晚点儿走，不要轻易为私事请假。主动干一些诸如打水、扫地、整理内务的活，这是每个新上岗的人员都应做的事情。

七、工作要紧张有序。工作刚开始时往往工作量不大，但不要无所事事，要设法使自己忙碌起来。比如翻阅有关的文件、档案资料，搜集整理一些有关资料等。至于领导交办的工作，自然应尽心尽力，力争高效、高质量地完成。

八、跳出部门框架去看问题。从公司老板的角度去考虑那些真正与公司整体业务相关的东西。假设你是公司的老板，你会怎么做？

九、为其他同事做些辅助性工作，如打印资料、填写简单表格等，既给人留下勤快的印象，又易于融入同事圈中，得到大家的帮助与提携。

十、努力做好交办的每一件事。初为上班族，对于老板或同事交办的每一件事，不管大小，都要尽力克服一切困难，力求在最短时间内尽善尽美地完成。只有做好每一件事，才能取得领导、同事的好感与信任。

十一、别被失败挫伤。新手初上工作岗位，难免出现差错，下次尽量避免，同时要不断鼓励自己：不论多么伟大的人都会出现差错，这很正常，下次我会做得更好。

十二、不要卷入是非漩涡中。总有一些人喜欢说长道短，评论是非。刚到公司的新人，不可能了解事情的来龙去脉，更没有正确分析判断的能力，因此最好保持沉默，既不参与议论，也不要散布传言，卷入是非漩涡中。

十三、了解公司的组织方针。首先必须了解公司内部的组织，知道每个单位所负责的工作及主管。除此之外，你还要了解公司的经营方针以及公司的工作方法，一旦你对整个公司有了全面认识后，对你日后的工作将大有助益。

十四、尽快学习业务知识。你必须有丰富的知识，才能完成上司交待的工作。这些知识与学校所学的有所不同，学校中所学的是书本上的知识，而工作所需要的是实践经验。

十五、在预定时间内完成工作。一项工作从开始到完成，必定有预定的时

间，而你必须在这个时间内将它完成，绝不可借故拖延，如果你能提前完成，那再好不过。

十六、在按上司所指示的要点进行任务执行时，有些事件不需要立刻完成，这时应该从重要的事情着手，先将应做的事一一记录下来，以免遗忘。若无法暂停正在进行的工作以完成上司临时交给的事儿时，应该立即提出，以免误事。在未充分了解上司所交待的事情前，一定要问清楚后再进行，绝不可自作主张。

俗话说一把钥匙开一把锁，再精密的锁也有钥匙开。抓住了疏通关系的关键人物，就是抓住了赢得客户之锁的钥匙。

在生意场上要想办成事儿、尽快办成事儿，最好直接针对目标下工夫，突破这道关卡，谋求他的赞同和帮助，问题往往很容易得到解决。但是有的事儿，要想在解决问题过程中稳操胜券，除了着眼于你的直接目标对象外，还应该争取足以影响你直接目标的、非正式的"权威人物"，即直接目标周围的边缘人物的同情、支持和帮助。这些人不显山、不露水，但他们都有可能是你走向成功的垫脚石，所以一定要时刻保持高度的关注，抓住每一个可能发挥作用的人物，这样成功的可能性会大得多。

以上几点，作为一个职场新人应该认真领会、具体把握，只有这样，才能够让职场的关键人物注意到你，给你带来新的机会与新的挑战。

单打独斗难成大气候

有哪一位英雄是靠自己单枪匹马奋斗出来的？在英雄的周围，自然是有着许多好兄弟的，只有齐心协力，依靠众人的力量，才能够成全一个英雄。

在一座高山上有一座庙，庙里有一个和尚，因山高无水只好到山下去挑水；后来又来了一个和尚，两个和尚便去抬水；过几日又来一个和尚，三个和尚从此没有水喝了。这一故事说明，要合作才能皆大欢喜，要学会与人抬水喝，而不能只顾自己。谁都想偷懒又不想出力，那就都没水喝。

　　从前，有两个饥饿的人得到了一位长者的恩赐：一根鱼竿和一篓鲜活的鱼。其中，一个人要了一篓鱼，另一个人要了一根鱼竿，于是他们就分道扬镳了。得到鱼的人立即就用干柴搭起篝火煮起了鱼，他狼吞虎咽，还没有品出鲜鱼的美味，转瞬间，连鱼带汤就被他吃了个精光。吃完鱼后，他又没有什么办法维持生活了，不久，他便饿死在空空的鱼篓旁。另一个人则提着鱼竿继续忍饥挨饿，一步一步艰难地向海边走去，可当他看到不远处那片蔚蓝色的海洋时，他连最后的一点儿力气也使完了，只能失望地带着无尽的遗憾撒手离开了人间。

　　又有两个饥饿的人，他们同样得到了长者恩赐的一根鱼竿和一篓鱼。只是他们并没有各奔东西，而是商定共同去寻找大海，他俩每次只煮一条鱼，经过长途跋涉终于来到了海边。从此，两人开始了以捕鱼为生的日子，几年后，他们盖起了房子，有了各自的家庭、子女，有了自己建造的渔船，过上了幸福安康的生活。

　　现代社会应是逐步走向理性的社会，现代人应是以理性审视自己和社会的人。因此，少一些对抗，多一些合作；少一些独占，多一些给予。不仅对别人有利，而且对自己也有好处。

　　双赢是理性现代人的明智选择。现代社会的发展，已使人们意识到"你死我活"的独占欲望的结果是一无所有，得到的只是比以前更坏的境遇。而双赢则可以改变这种境况，它使双方从对抗到合作，从无序到有序，从短暂的存在到永久的矗立，这些都显示出双赢代表着一种奋进的精神，一种公正的理念和一种精明睿智。

　　双赢理念的目的，是为了追求在人与人以及人与自然的关联中赢得更好的结果，它不是逃避现实，也不是拒绝竞争，而是以理智的态度求得共同的利益。因此对人而言，双赢的态度是积极的，它的精神是奋进的，它拒绝消极回避、悲观无为的思想，而以积极追求的心态求得预想的目的。一些人认为：双赢

的背后就是认输，是不求其上，只求其次的庸人表现。其实，双赢是基于对自身的环境的科学分析而做出的明智选择、积极判断和果敢行为。

双赢作为一种理念，它体现了一种公正的价值判断，这种公正性，不仅表现在对别人利益的尊重上，也表现在对自身利益的取舍上。这是因为，现代社会是一种共存共荣的社会，对自己的生存和发展，以牺牲他人的利益为代价的时代已不存在，取而代之的则是必须求得他人的帮助和合作才能发展和壮大自己。在这个过程中，只有利益共享才能形成良好的合作，才能取得别人的帮助，使自己成功。这种利益共享的合作双赢理念正是公正精神的表现，它符合社会发展的规律。

双赢不仅表现为一种现代理念，同时它也是现代智慧的结晶。没有对自身条件的分析，没有对周围环境以及未来发展趋势的分析，则不能形成双赢理念；有了这种理念，如果没有科学的方法、明智的行为、超常的胆略则也不能产生双赢的结果。由此可见，双赢浸润着智慧之露，闪耀着人类智慧之光。

与人合作，共同"抬水"才能使双方都受益。如果都想独自发展，可能就无法壮大起来。

双赢是理性现代人的明智选择。现代社会的发展已使人们意识到"你死我活"的独占欲望的结果是一无所有，得到的只是比以前更坏的境遇。而双赢则可以改变这种境况，它使双方从对抗到合作，从无序到有序，从短暂的存在到永久的矗立，这些都显示出双赢代表着一种奋进的精神，一种公正的理念和一种精明睿智。

双赢理念的目的，是为了追求在人与人以及人与自然的关联中赢得更好的结果，它不是逃避现实，也不是拒绝竞争，而是以理智的态度求得共同的利益。因此，对人而言，双赢的态度是积极的，它的精神是奋进的，它拒绝消极回避、悲观无为的思想，而以积极追求的心态求得预期的目的。

1+1=2在算式上是正确的，但在实际生活中却不是一个相同的概念，有时1+1能大于2，为什么？因为合作的力量是巨大的，两者的优势弥补了各自的缺点，就取得了意外的效果。帮助别人成功，是追求个人成功最保险的一种方式。每个人都有能力帮助别人，一个能够为别人付出时间和心血的人，才是真正富足的人。

如果一个人的成就让你感到其中也有自己的一份，你能够说："是我让他有今天的"，这将是你最值得骄傲的事情。帮助别人不仅利人，同时也能提升自我生命的价值。

在植物当中，最雄伟的当数美国加州的红杉。红杉的高度大约是300公尺，相当于30层楼高。科学家通过深入研究红杉，发现许多奇特的现象。一般来说，越高大的植物，它的根理应扎得越深。但红杉的根只是浅浅地伏在地面上而已。理论上，根扎得不够深的高大植物是非常脆弱的，只要一阵大风，就能将它连根拔起，红杉又如何能长得如此高大，且能在风中屹立呢？研究发现，红杉总是成片地生长，一大片红杉彼此的根紧密相连，一株接着一株，结成一大片。自然界中再大的飓风也无法撼动几千株根部紧密连结、占地超过上千公顷的红杉林。红杉的浅根，也正是它能长得如此高大的利器。它的根浮于地表，方便快速而大量地吸收赖以成长的水分，使红杉得以快速茁壮地成长，同时，它也不需要一般植物那样耗费过多的能力扎下深根，从而把更多的能量用来向上生长。

造物主为人们留下了许许多多成功的启示，要看我们是否能拥有足够的智慧去领悟它。红杉提供给每个人一个很好的学习方向，让每个人广泛地伸出自己的学习触角，和广大的资讯网络结合去吸收更丰富的成功知识及经验，来供应自己赖以迅速成长的养分，而不需耗费能量，独自盲目地去钻研。

成功不能只靠自己的强大，成功需依靠别人，只有和别人合作，你才能获取更大的成功。就像红杉林那样根部相连，以充分而紧密的合作关系创造出屹立不摇的伟业。

如果你尚未壮大，不妨伸出你学习的根，和成大事者紧密连结，加入成功、积极的团体中，阅读成大事者撰写的书籍，吸收他们的经验，了解成大事者的态度，让自己更快速地成长。

只要你熟谙这项借力与合作的诀窍，很快你将会成长为成功之林的雄伟"巨木"。

合作是一门精深的人际关系学

一个人不可能独立地在社会中生活,人与人之间的合作与竞争是我们社会生存和发展的动力。卡耐基认识到这一点的重要性,并提出了很有价值的观点。

卡耐基问大家,你对于自己发现的思想,是不是比别人用银盘子盛着交到你手上的那些思想更有信心呢?如果是这样的话,那么,你把自己的意见硬塞入别人的喉咙里岂不是很差劲的做法吗?若提出建议,然后让别人自己去想出结论,那样不是更聪明吗?

爱默生在他的散文《自己靠自己》一文中说:"在天才的每一项创作和发明之中,我们都看到了我们过去放弃的想法。这些想法再呈现在我们面前的时候,就显得相当的伟大。"

爱德华·豪斯上校在威尔逊总统执政期间,在国内及国际事务上有极大的影响力。威尔逊对豪斯上校的秘密咨询及意见依赖的程度,远超过对自己内阁的依赖。

豪斯上校是利用什么方法来影响总统的呢?

"'认识总统之后,'豪斯说,'我发现,要改变他看法的最佳办法,就是把这种新观念很自然地建立在他的脑海中,使他产生兴趣,使他自己经常想到它。第一次这种方法奏效,纯粹是一个意外。有一次我到白宫拜访他,催促他执行一项政策,而他显然对这项政策不表示赞成。但几天以后,在餐桌上,我惊讶地听见他把我的建议当做他自己的意见说了出来'。"豪斯没有打断他,说:"这不是你的主意,这是我的。"他太老练了。他不愿追求荣誉,他只要成果。所以他让威尔逊继续认为那是他自己的想法。豪斯甚至更进一步,他使威尔逊获得这些建议的公开荣誉。

切勿独霸小"蛋糕"，而要做大"蛋糕"

在商场上，一个成功的商人首先关心的应该是蛋糕大小的问题，因为只有蛋糕大了自己才能分得更多，否则量是一定的，只有分点羹汁了。

很多人都记得小时候，家长切蛋糕时自己最关心的问题不是蛋糕大小的问题，而是自己可以得到蛋糕多少的问题。但那只是小时候，在商场上，一个成功的商人首先关心的应该是蛋糕大小的问题，因为只有蛋糕大了自己才能分得更多，否则量是一定的，只有分点羹汁了。

宝应楚楚玩具是一家拥有 1000 万元的注册资金、40 余亩的占地面积和 2 万多平方米建筑面积的企业。它集研制、开发、生产销售幼儿玩具、户外健身设施、文化教学用品为一体；它是中国游艺机游乐园协会、中国玩具协会成员单位；它也曾多次荣获"执行标准优秀企业"、"产品质量信得过企业"、"扬州市文明单位"，连续 12 年被扬州市工商局评为"重合同守信用"单位。

据了解，宝应楚楚玩具总厂在成立之初，企业的经济、技术等综合实力与本行业的其他对手相比较薄弱，在市场竞争中也没什么优势可言。但就是在这样的情况下，企业上至管理层，下至普通员工上下一心、团结合作，努力向前发展。到目前为止，已经发展成为一家具有 200 名各类专业技术人员、近 500 名普通员工的大中型企业。而企业也从 2002 年开始，获得了 29 本重要的荣誉证书，使企业成为了江苏省乃至全国玩具生产行业的一道绚丽的风景线。

面对着日新月异的市场，企业紧跟时代的步伐，坚持以"团结协作、创新活力、突破现状、推陈出新、领先同行、追求卓越"为创办理念，以为新世纪人类的健康而努力为方向，努力把最时尚、最优质的儿童产品奉献给海内外的孩子们。企业也在经过多年的发展后，已经拥有了雄厚的技术力量与先进

的机械设备，并在技术人员的不断更新中，使得企业的技术含量名列行业的前茅。

金融风暴不仅吹走了人们口袋里的钱，更吹小了商家眼中的市场，使得一些企业纷纷勒紧腰带、紧缩财源，甚至有的企业用裁员、减薪来让企业渡过难关，然而宝应楚楚玩具始终相信自己可以在逆境中求得发展，能够将市场蛋糕做好、做大。

强强联手会更强，商人自我发展的战略

在 25 个世纪以前，中国的哲人老子说了一段话，"江海所以能为百谷王者，以其善下之，故能为百谷王。是以欲上民，必以言下之；欲先民，必以身后之。是以圣人处上而民不重，处前而民不害。"

如果你想让他人接受你的思想方式，请记住这条规则：

"让他人觉得这个想法是他自己的。"

用史考伯的话来说明就是，"要使工作能圆满完成，就必须激起竞争。我指的并非是赚钱的卑鄙手段，而是激起超越他人的欲望。"

超越他人的欲望，是振奋人们精神的一项绝对可靠的方法。如果没有人向他挑战，提奥多·罗斯福可能就不会成为美国总统。当时，这位义勇骑兵队的一分子刚从古巴回来，并被推选出来竞选纽约州州长。结果，反对党发现他不再是该州的合法居民，罗斯福被吓坏了，因此想退出。但这时，托马斯·科力尔·普列特提出挑战。他突然转身面对罗斯福，大声叫起来："圣璜山的这位英雄，难道只是一名懦夫？"

于是罗斯福留下来接受挑战，这项挑战不仅改变了他一生，并且对于美国历史也有真正的影响。

"每个人都有所畏惧，但是勇敢的人把他们的畏惧放在一边而勇往直前，结果有时会通往死亡，但最终总是通向胜利。"

每个成功的人都喜欢竞争和自我表现的机会，证明他自己的价值、超越、获胜的机会。渴望超越别人，渴望有一种重要的感觉。

所以，如果你想使人们——有精神、有勇气的人接受你的想法，请向他们"提出挑战"。

为什么人生自立要合群？这里有两个方面的道理。首先，从客观方面说，人生的实存状态，就是以群体的方式实现的，绝对孤立的个体不可能实现人生。因为，人自身生存所需要的物质资料和精神资料，不可能完全由个人的活动来取得和满足，个人的体力、智力有限，而且必须在群体的活动和交往中得到发展。不仅如此，个人在生活中所遇到的困难、危机，也不可能完全由自己的力量得以解决，必须靠他人或集体的协助与支持才能解决。所以，人必须相互依存、相互联系才能生存。人是作为关系而存在的，这是人生的实存状。

其次，从主观方面说，人之为人是能够意识到群体的关系和联系的，因此应当在理智和情感上，自觉地、主动地去适应和促成必要的、有益的群体关系。所谓"合群"，正是强调在认识客观存在的群体关系的基础上，自觉地、主动地去维护或促进群体的正常关系，使人生得到健康、顺利的发展。

客观方面所揭示的是人生的"实存"，主观方面所要求的就是"应该"。这就是说，人生不仅是群体的，而且应该是自觉去过群体生活，应该能够合群、善于合群。人只有能合群、善于合群，才能积极维护和促进群体的生存和发展，同时也才能使个体更好地自立。这就是个人只有在群体中才能得到发展的道理。

自立与合群，是人生得以全面发展的两个主要方面，特别是在现代社会商品经济普遍发展的条件下，要使个性的全面发展和能力的全面发展成为可能，就必须把自立与合群结合起来，在竞争与协作中全面发展自立与合群的能力。

人生的自立与合群，蕴含着积极的竞争与协作。竞争与协作，都是人生进

取与事业成功的机制。

积极的竞争，也可以称作良性的竞争，是人类生长、完善和社会发展的普遍现象。

个人的竞争性要能够正常发挥，同时必须发展群体意识，积极与他人协作、互助。竞争本身是智慧、才能的比赛，同时也是品德、人格的比赛。在竞争中，竞争者一方面要不怕强者，不怕嫉妒，敢于争强，力求争先；另一方面，又需要善于同他人协作、互助，增长群体情感和合作精神。事实上，竞争本身就需要互助、信息交流、友谊鼓励和支持，情绪安慰及紧张后的娱乐，在交际和协作中得到知识，增长经验，提高取得成功的能力。正是竞争激发着人们强烈的协作愿望和行动。

在人生过程中，正确地对待竞争，必须注意同他人的联合和协作，在联合与协作过程中，既要有"敢为天下先"的勇气，又要注意把个人的作用同群体的力量结合起来。要竞争，就必须克服自卑心理、嫉妒心理。要在竞争中取胜，要克服轻视心理，要看到竞争者之间的差别不是绝对的，而是相对的，在一定条件下是可以转化的，既不要大意，也不要惧怕强手而怯步；要有不畏强手、绝不示弱的精神和拼劲。当然，不示弱，也要根据实际对比力量，不能盲目自信，盲目轻视对手，以致做毫无把握的竞争。人生的积极竞争，是在共同幸福与共同进步前提下的友好竞争。这种竞争本质上是一种竞赛，既要有求胜、成功的强烈愿望，又要搞好协作、协调、以正当的手段和方式进行竞争，以利于共同进步和共同事业的发展。

众人拾柴火焰高——缔造双赢的局面

实际上有时候强强联手会更强，这也是商人自我发展的战略之一。

随着外资开始进入药品分销领域，国内药品市场将受到巨大冲击，于是不少国内制药企业选择并购重组来突围，在 12 月 20 日，哈药集团发布公告披露要收购流通股，并决定引进外资对其进行重组。

公司的实际控股人哈尔滨市国资委与中信资本投资有限公司、美国华平投资集团、哈药集团等签订了重组增资协议。中信资本投资有限公司等 3 家公司以现金 20.35 亿元对其进行增资。随着外资进入药品分销领域，国内医药企业重组并购的风潮愈演愈烈。据不完全统计，仅今年前 3 个季度，涉及医药行业的并购案例数量竟高达 43 起，平均每个星期就有一起并购发生。

12 月 13 日，哈药集团前掌门人刘存周正式加盟西安东盛集团，出任首席执行官兼董事。而就在第二天，上海证券交易所对外公布调整上证 180 指数和上证 50 指数样本股的名单，其中哈药集团被排除在外。究其原因，180 指数样本股看重的是上市公司的"绩优成长"，而哈药集团业绩下滑已成为不争的事实。

在日趋严峻的市场竞争面前，2004 年制药企业，特别是原料药企业盈利能力下降、利润空间缩小。财务报告显示，华北制药、鲁抗医药、双鹤药业、四环药业等上市公司的业绩也均出现了大幅下滑。同时，外来竞争压力也日趋严峻。跨国公司为了增强国际竞争力，通过大规模的联合、兼并和国际资本运作，建立全球性的生产与销售网络，扩大市场份额，使我国医药企业面临着强大的压力。在这种背景下，国内制药企业都在思考着如何突破重围。

作为抗生素"四大家族"之一的华北制药，去年全年的净利润为 21369 万

元,而今年前3季度的净利润却为3662万元,业绩大幅度下降。在并购重组中,他们把目光投向了荷兰帝斯曼集团。2月13日,华北制药发布公告,公司控股股东华药集团与荷兰帝斯曼公司确定了战略伙伴关系,华药集团还将其持有的华北制药5820万股国有股以每股3.55元的价格转让给荷兰帝斯曼集团。

与此同时,国内药企的重组也紧锣密鼓地进行着。上药预计用不超过10亿元的资金收购重组鲁抗60%的股份。很久以来,上药集团一直梦想打造"抗生素帝国",但它除了具有国内品种最齐全的抗生素产品外,却缺乏医药中间体和原料药这样的上游产品。而鲁抗集团目前是国内唯一同时拥有抗生素3大母核6-APA、7-ADCA、7-ACA生产技术的药业基地。不久前又投资11亿元,上马了年产1000吨的青霉素工业钾盐及半合成系列产品项目,形成了我国青霉素原料药到半合成产品最完整的一条生产链。

上药集团认为,接手鲁抗集团的原料药生产基地远比自建划算。鲁抗地处山东济宁,生产成本、人力成本、环保成本都比上海低。不建自己的基地,上药打造抗生素帝国至少节约了3年~5年的时间。鲁抗集团相关负责人透露,上药入主后,预计到2008年,集团销售收入将达到40亿元以上,2010年将冲破60亿元大关。据业内人士预测,中国医药行业蕴藏着无限的并购潜能,只有经过并购、重组、强强联手才能从容应对国际化竞争。

下面这个例子是关于视频技术的强强联手。

2009年8月12日,深圳雅图数字视频技术有限公司,与神州数码控股有限公司的战略合作签约仪式发布会在京举行,神州数码正式成为雅图品牌投影机在中国大陆地区的独家总代理,承担渠道建设与营销推广,以及产品的售后服务工作。双方自合作一个月以来,雅图公司投影机的销售业绩节节攀升,尤其是商务市场的征战表现不凡,投影机销售数量突破2000台。

随着投影机市场的进一步细分,投影机在商务生活中已经成为不可或缺的重要一员,无论是内部会议、日常培训和提案演示,都需要投影机的参与。面对潜力巨大的商务投影机市场,雅图公司及其中国总代理商神州数码对此都有着明确的认识，两者的默契和果断的行动都表明了其在中国商务投影市场的远征战略。尽管教育行业是投影机的支柱产业。

2009 年雅图公司在各地的文化共享和"班班通"工程中也屡次斩获大单，但是蓬勃发展的商务市场及海量的中小企业对投影机的需求，使得抢占商务市场份额也成为雅图战略目标的重要组成部分。

自神州数码成为雅图中国总代理之后，雅图公司于 2009 年第 3 季度推出的 3 款高亮度、极佳色彩表现、超高性价比的投影机 DX310/DS310/DX330，通过神州数码完善的分销体系的运作推向消费市场，取得了不俗的市场业绩。这 3 款机器是雅图专门针对商务用户推出的投影机新产品，为主流商务机型，拥有更加深层次的画面表现力，亮度在 2500LM～3500LM 之间，比普通的投影机亮度提高了 30%，其对比度为 2000:1，投射画面可达 300 英寸，充分满足了商务会议及演示的现实需要。雅图投影机的丰富功能、优秀的品质及完善的售后服务，再加上神州数码强大的分销网络与多年积淀的销售经验，使得 DX310/DS310/DX330 这 3 款机器在一上市的短时间内销量就突破了 2000 台大关，在竞争激烈的商务市场激起了一朵又一朵浪花。

朋友的商业机密请守口如瓶

企业必须严守科技和商业秘密，不能将自己辛苦得来的成果在无意当中泄露出去。

美国硅谷一直被誉为当今世界高科技的风向标。因为尖端科技蕴含着高投入和高度的商业技术秘密，所以防范商业间谍、保守公司核心机密就成了硅谷中每个公司的头等大事。有报道说，几乎垄断了全球芯片市场的英特尔公司，把邀请前来采访的记者也当做间谍来防范，为了防止拍照，处处都有保

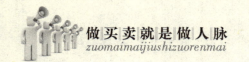
安人员盯梢劝止，除了企业大门口和餐厅等无关紧要的地方外，其他任何地点、就连电子商场内也不准拍照。商场老板说：店内装潢设计我们费尽心思，创意独特，是商场的专利，绝对不能让外人轻易窃取。对内部雇员，进出公司都要进行安检和验明证件。

同美国硅谷的防间谍保密措施相比，中国企业界对保密这根弦似乎绷得不紧。一些公司很少注意对商业机密的保护，甚至主动向外界透露自己的经营诀窍和商业计划，有甚者竟随便让人到公司参观拍照并提供有关技术资料，这就为一些"有心人"提供了天赐良机，不费吹灰之力，不掏分文资金，就可将宝贵的技术和经验弄到手。有了技术资料，回去后立即就可依葫芦画瓢开同样的工厂，生产同样的产品，开展同样的项目，做同样的买卖。如此一来，就造成区域内的项目重复、竞争过度、供过于求，最终都落得个不死不活甚至垮台的恶性循环残局。

日本人在1968年才决定生产发展摩托车，因为缺乏技术和人才，就派出了200多名工程技术人员到世界各地搜集情报。每到一个工厂就向厂长说，日本要生产摩托车，想请贵厂设计并订购产品。不过请你们介绍一下自己设备的优点，让我们看看车间和实验室等设备，最好把样品给我们发到日本，以便说服上司做出同贵厂合作的决定。这些厂商听了十分高兴，就毫无保留地将先进技术和新样品提供给了日本人。就这样，日本人仅用一年的时间，就走访了全球80多家摩托车厂，弄回100多辆样车。经过解剖研究重新进行设计，建立了自己的新厂，于1972年就生产出质量优越的摩托车。等外国那些工厂省悟过来，为时已晚追悔莫及。还有一个日本人，为了窃取丹麦一家啤酒厂的生产技术，卧薪尝胆前往该厂看大门，用了3年的时间，把整套酿酒工艺和资料全部弄到手，然后不辞而别，回到日本后很快开了一家大啤酒厂。

《孙子兵法》把用间谍和反间谍当做胜敌的法宝，可以说日本人将"用间"发挥到了极致，美国硅谷的反间也很成功。我国企业界必须培养这方面的意识，严守科技和商业秘密，不能将自己辛苦得来的成果在无意当中泄露出去。即便是需要向外透露，也要选择地域对象，讲究等价交易的原则，不可无限、也不能不计成本地将秘密让人白看学走。想一想，如果世界上的硅谷不是美国一个，而是成百上千，那么硅谷能有今天这样的光芒万丈吗？

注重人品，学会选择合作伙伴

我们说做生意需要有一个好的合伙人，生意伙伴的选择可能是你成功与否的一个重要法宝。这个合伙人很有可能帮助你完成梦想，也很有可能让你的人生逼近失败的边缘。

有这样一个故事。

两年前，32 岁的黄明明从美国归来，整天游走在互联网业界，寻觅着商业机会和创业伙伴。

一开始，他将目光锁定在一些比较大且已成型的互联网公司，但一个偶然的机会，使黄在北京四合院里找到他第一个创业伙伴 A。

"有一个没有上过大学的高人，你应该去见见。"在一个朋友的介绍下，黄明明在北京南池子附近的一处四合院里与 A"一见钟情"。

黄回忆道，当时的四合院其实就是一个大杂院，进去后找不到一点儿 IT 创业者居所的感觉，但是经过一番品茶论道后，黄感觉 A 是一个非常了解本土市场、对中国互联网草根用户理解非常深刻的人。"没在国外读过书，甚至没有受过高等教育，但他对中国互联网市场的形势以及用户需求的深刻了解令我震惊。"

那天，他们谈得很投缘，用黄自己的话说，就是海龟和土鳖产生了化学反应。于是，又连续进行了两天的彻夜长谈，两人聊到第 3 天时，A 建议黄不用再去已经成型的公司中寻找机会了，并且当场对这类公司的优劣势作了分析。

黄心动了，决定和 A 一起创业。

黄明明承认,一般选择创业伙伴需要花很长时间考察对方,但是他和 A 只接触 3 天就决定了。对于那一刻的黄来说,感觉比理性判断更加有参考价值。

他的理由是,一个人身上的个性,只有真正在一起工作后才会发现,不是经过多谈几次或者考察就能够了解的,更多的品质要在遇到困难和压力时才能体现出来。因此在选择创业伙伴时,有时自己的感觉比理性判断更加重要。

A 的优势是对本土用户需求的了解,同时,他也需要像黄明明这样背景的人——能够和境外投资人沟通,帮助公司正规化运营并且做大。

黄明明告诉记者,他和创业伙伴创办的公司 ZCOM 要做数字内容,包括电子杂志、数字音乐、数字视频以及游戏的发行和共享平台,而电子杂志是 ZCOM 的一个切入点。

人品好是必要条件。"要坦诚,要正直,如果创业合作伙伴品质有问题,公司一定走不远。"黄明明一再强调。

黄相信最初与 A 见面的那个四合院是一个福地,因此,他时常约朋友和重要的客人去那里喝茶。两年时间过去了,公司和团队也不知不觉地壮大起来。

在四合院喝茶时,难免会聊到 ZCOM 公司的发展方向,如果当时在座的正好有公司需要的某方面人才,黄和他的创业伙伴就会说服其加入公司团队。"在公司发展过程中,到了一定阶段,就会缺某一方面的人才,因此需要越来越多的高手加入。"黄说,不排除 ZCOM 发展到下一个阶段,还将引入新的合伙人的可能。公司有开放心态,才能一步一步向上迈进。

让黄最欣慰的是,在 ZCOM 4 个创业合伙人中,至今没有因为个人利益而出现过争执。

值得我们注意的是,在选择创业伙伴时,黄与候选人之间的谈话范围很广,并不局限于具体商业模式的探讨,"最好能东拉西扯,在闲聊中会显现出很多细节,也就是生意之外的价值观,尽量选择与自己价值取向吻合的创业伙伴。"

一位投资银行人士也同意这样的观点,在选择创业伙伴时,首要条件是人品要好,如果这一点不合格,其他方面就是再强,也不能成为创业型企业的创业伙伴。

IDG、凯雷等投资公司的内部一些专业人士就此问题总结出，中国90%以上创业型企业的失败，不是因为商业模式不对，不是因为市场不成熟，而是因为创业合伙人的问题，是因为合伙人之间的矛盾或者合伙人的人品问题。

中国人的传统观念认为，合伙生意最难做。我不这样认为，一个人好比一个圆，两个不同的人就是两个不同的圆，世界上没有相同的两个人，所以所有的圆都不会重合。不重合的两个圆永远比一个圆面积要大。但是这一切都有一个前提，就是两个圆要在一个平面上，这个平面就是互补、操守、淡薄功利、宽容和信任。

选择合作伙伴要从两个方面考虑。一个是自己，看自己需不需要合作伙伴，需要什么样的合作伙伴，自己缺乏什么，自己缺乏的是否就是对方具备的。第二是看对方，首先看对方有什么，是不是与自己互补，其次考察他是不是具备做生意的心理素质和承受能力，此外还要考察他的人品。如果上面的条件都具备，但是人品不好，也要放弃这类人。即便迫不得已非要和这样的人打交道，那也只能抱着利用的心态（当然要双赢），而不是合作甚至合伙。不要在人品差的人面前谈什么合作或者合伙。因为这种人永远不会懂得什么是合作。

其中看对方是不是有做生意的心理素质总被很多人忽略。从一些人自己的经验来看，这一条很重要。做生意是要讲心理素质的，就是说看他能不能赔得起，这包括金钱、声誉、时间、血汗、家庭甚至生命。如果他赔不起，他就不适合与你合作。

在选择人品上，总有朋友劝我："尺有所短寸有所长，用小人也可以用他的长处嘛（我有这样的经历，后面给大家讲）"。我不这样认为。谈优缺点首先要讲类别，同一类别的事物才可以一较短长。小人（人品不好的人）根本不在尺寸之列，哪里谈得上什么短长！

人是很复杂的，我是一个喜欢简单的人，我不喜欢和人品不行的人打交道。所以我用员工也好，还是选择合作伙伴也好，人品不好的人我一概远离。看一个人的人品，我觉得除了上面讲到的看他守不守孝道之外，看他周围的

朋友也很关键。他最好的朋友如果操守好，遵守做人的规矩，都是翩翩君子，那一般他也错不了。如果他的好朋友都是偷鸡摸狗、不守信用、沉湎声色的人，那他一般也好不到哪儿去。对于这样的人，古人早已经给了答案：敬而远之！

生命太短暂了，根本不值得在那些令我们烦恼的事情上浪费时光。所以，你要小心选择你的合作伙伴。如果你没有在意合作伙伴的某些人品问题以及一些含糊过去的异常举动，就千万要小心你可能会陷入后悔莫及的境地。沃伦·巴菲特说过："我所投资的人，必须同时具备3种素质：诚实、智慧和激情。如果他不是个诚实正直的人，拥有再多的能力也没用。"

如何提前得知你的伙伴是易合作的人还是个定时炸弹呢？我总结出7个要点以供参考：

1. 他的联系方式是否公开，反应是否迅速，思想是否有预见性，或者是对你的消息没有任何反应（直接过滤掉你的消息）。一个优质CEO的联系方式总是向投资者公开的，而且他们会及时为投资者提供消息，无论好坏。他们也会敢于为那些失败的决策承担责任，并可以提前识别那些反应冷漠的家伙（icebergs）。不负责的CEO则会过滤掉你的信息而跟着银行家走，对于坏消息他们总是在不得不说的情况下才拐着弯通知你；他们还会漠视团队其他人的反馈意见，还不时进行恐吓："你这样做到底为了我们团队还是有其他什么目的？"尽管此时彼此都心知肚明，到底谁才最虚伪最不坦率。

2. 他们是否乐于帮助别人还是他们总是索取。优质的CEO深知保持亲切友善对未来成功的重要性。观察他们的行为，看他们是否经常帮助其他公司，特别是他们在其中无利可寻时。

3. 公司领导的心态如何：是想发展公司还是想捞钱走人。当你问一个CEO他创业或工作的动机是什么，他的回答是"想多赚点钱"还是"想改变世界"？当投资者下注一个主要是想在2~3年内赚钱的企业家时，这与玩火没什么不同。如果CEO的动机是利润，那么当企业发展与计划脱轨时，他们不会去努力寻求最优的解决方法或者带领团队主动出击。这并不是说管理者没有尽

力或者他们不想发展壮大企业，而是他们处理企业危机事件的能力有问题。

4. 他是否在努力扩大市场份额还是在努力争取私人利益。如果双方有人不停地修改协议条款，或者以酒醉来作为借口，你应该可以预见到麻烦会来临。显然，内部斗争会拖累整个合作项目。

5. 他是否在意团队里其他关键人物？他们能否每次都可以很好地给自己定位？当你融到资了就会深切体会到这一点。有些 CEO 只拿一点点，其余留给团队其他人。也有人根本不在乎这样的事情会给团队里其他人带来什么影响。

6. 最后你应该问问自己，你相信你的合作伙伴吗？你是不是被你的疑心所折磨？这很容易看出你的肚量。你是否质疑自己的行为？你有没有担心过其他人在你背后做什么小动作？如果你发现你或者你的伙伴都开始互相推诿责任，那麻烦也快来了。

一个优秀的合作者是值得共事的，他们可以承担责任并提供价值增值。在风险投资及企业合作经营中，这些风险都会不断放大。优质 CEO 还吸引优秀的人才。相反，那些品质低下的 CEO 则会抵制人才。前者拥有广阔的视野，而后者则只能看到自己的那条小路。

要学会包容，互相拆台不可取

包容是一门艺术，它不是你随随便便就可以得到或舍弃的东西。它是一种精神的凝结，是人品中善良的升华，是人性至美的沉淀。它还是人修身养性的"真经"。它有形又无形，可视又不可视。

包容是一种境界。人要达到这种境界，就必须拥有博爱的心、博大的胸襟，还要有一份坦荡、一种气概，它不是"人不犯我，我不犯人，人若犯我，我必犯人"，更不是"你不仁，我更不义"。它是香兰被人踩倒却留香脚底的气质。

包容是赢得朋友的保证。学会包容他人，不是一句做作的空话，而是发自内心、形于言表的自然流露。包容他人对自己无意的伤害，是让人钦佩的气概；包容他人曾经的过失，是对他人改过自新的最大鼓励；包容他人对自己的敌视、仇恨，是人格至高的袒露。

包容是人生的财富。同样是一辈子，有的人在不尽的愤恨和埋怨中挣扎着过；有的人在快乐幸福中沐浴着过。包容别人是一种幸福，能让别人心存感激更是一种幸福！人生一世，不能使自己在琐事困扰中作茧自缚，更不能在无尽争吵中度过此生。

人生中不如意之事常八九，我们何必抱怨上苍。世界上人物各异，好坏并存，我们又何苦去唠叨世态炎凉、世风日下呢？"水至清则无鱼，人至察则无徒"。万物都有其不足的一面，我们为何不以一颗火热的包容之心，来体察它的另一面呢？也许别人万恶不赦，但请不要抱怨，好坏善恶，自有公论。

包容不是面对权贵卑躬屈膝，点头哈腰，更不是畏惧高官而放弃对正义的追求！

包容也不是迁就。包容别人的过错，是为了让别人更好地改过，而不是对他的放纵。包容他人不等于放任其自流，那是不负责任的。一味地迁就是溺爱，是害人之举，若有人称此为"包容"，简直是对"包容"的玷污和歪曲！

包容确实是一门精深的艺术，只有领略到了其中的滋味，行包容他人之举，真正地拥有那份广阔的心胸，那份坦然，那份自然，才是活出了真正的人生！

郭子仪扫平安史之乱后，成为复兴唐室的元勋。唐代宗非常敬重郭子仪，将女儿升平公主嫁给郭子仪之子郭暧为妻。

有一次小俩口吵嘴，郭暧见妻子摆出公主的架子，愤懑不平地说："你有什么了不起的？不就仗着你父亲是天子吗？告诉你吧，你父皇的江山是我父亲打败了安禄山才保全下来的，我父亲因为瞧不起皇帝的宝座，才没当这个皇帝！"

升平公主听到郭暧出此狂语，气得立即回宫裹报皇上。

唐代宗听完女儿的投诉后,不动声色地说:"你是个孩子,有许多事你还不懂。你丈夫说的都是实情,天下是你公公郭子仪保全下来的。如果你公公想当皇帝,早就当上了,天下就不是咱们李家的了。"他劝女儿不要抓住丈夫的一句话,乱扣"谋反"的大帽子,要和和美美地过日子。在唐代宗的劝慰下,公主消了气,主动回到了郭家。

郭子仪知道这件事后吓坏了,他听说儿子口出狂言,几近谋反,即刻令人把郭暧捆绑起来到官中面见皇上,请皇上治罪。

可是,唐代宗却和颜悦色,一点儿也没有怪罪的意思,反而安慰郭子仪说:"小俩口吵嘴,话说得过了点,咱们当老人的不要认真了,不是有句俗话说'不痴不聋,不做家翁'吗?装作没听见就行了。"

郭子仪听了这番话,心里的石头落了地,感到非常高兴。

第八章

有爱心：情感投资帮你追加隐性商机

帮别人就是帮自己——聪明的人融入团队，孤傲的人被团队抛弃。企业管理专家阿瑟·卡维特·罗伯特斯说过，任何优异成绩都是通过一场相互配合的接力赛取得的，而不是一个简单的竞争过程。任何团队成员必须关注整个团队的利益，而不是自己，要善于传出接力棒，而不是单枪匹马地独自完成整场比赛。

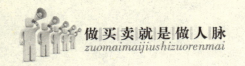

利市天下者方能利己

　　做生意看上去是利己的,其实真正有魄力的生意人,在取得成功事业的同时,会给社会带来很好的回报,只有认识到这一点的人,才是一个真正成功的生意人。

　　在东山岛,年近7旬的陈美贵是远近闻名的"爱心商人"。因为多年坚持扶贫济困,被当选为2007年度"感动漳州"人物。

　　陈美贵是东山县福泰渔具制品有限公司董事长,他把小小的渔钓生意做到了世界各地,被誉为"钓王"。工作之余,身为东山敦和赈助协会会长的他,热心从事慈善事业。

　　樟塘镇农民林银珠的丈夫患病去世,二女儿谢春梅去年考上大学,近1万元的学杂费令她犯愁。陈美贵通过敦和赈助协会送来第一年的学杂费,并承诺资助小谢大学期间的全部学费共计4万元。据不完全统计,近年来,陈美贵通过敦和赈助协会资助贫困生达600多人次,捐助额达75万元。

　　2005年,陈美贵听说一些孤儿生活无着落,决定成立"孤儿赈助基金",帮助11名孤儿:每位孩子每年可领取生活补助1200元,衣服购置费200元,书本费全部报销。此后,每逢春节,陈美贵都派车将分散在各村的孤儿接到宾馆,一起围炉吃年饭。陈美贵告诉笔者,年龄最大的孤儿小花已考上初中,他很高兴,"奖"给小花1200元。

　　前年7月,陈美贵听说铜陵社区66岁的许某早年丧偶,其30岁的儿子长期患病吃药,生活举步维艰。陈美贵派人接来许家父子,免费让许家父子住进了公司的新楼房,屋内配备了电视机、电风扇等,父子俩的膳食也由公司食堂免费提供。许家父子心存感激,主动帮公司做一些力所能及的零活,陈美贵又

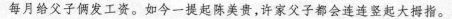

每月给父子俩发工资。如今一提起陈美贵，许家父子都会连连竖起大拇指。

帮助别人不一定要在他必经的路边放上金子，有时候提供的一点儿方便，一些提示，一句真心的话，也会成为别人跃过坎坷的机遇，也会成为别人成功的关键所在。一个人把自己想象成什么，他就会成为什么。相反，一个给予别人方便的人，自己也会得到别人给予的方便，正所谓送人玫瑰手留余香。

一个漆黑的夜晚，一个远行寻佛的苦行僧走到一个荒僻的村落中。漆黑的街道上，络绎的村民们在默默地你来我往。

苦行僧转过一条街道，他看见有一团昏黄的灯光正从巷道的深处静静地照射过来。身旁一位村民说："孙瞎子过来了。"

苦行僧百思不得其解。一个双目失明的盲人，他没有白天和黑暗的一丝概念，他看不见高山流水，看不到柳绿桃红的世界万物，他甚至不知道灯光是什么样子，他挑一盏灯岂不令人迷惘和觉得可笑？那灯笼渐渐近了，昏黄的灯光渐渐从深巷游移到了僧人的草鞋上，百思不得其解的僧人问："敢问施主真的是一位盲者吗？"那挑灯笼的盲人告诉他："是的，从踏进这个世界，我就一直双眼混沌。"

僧人问："既然你什么也看不见，那你为何挑一盏灯笼呢？"盲者说："现在是黑夜吧？我听说如果在黑夜里没有灯光的映照，那么满世界的人都和我一样是盲人，所以我点燃了一盏灯笼。"僧人若有所悟地说："原来您是为别人照明了？"但那盲人却说："不，我是为自己！"

为你自己？僧人又愣了。盲者缓缓地问僧人说："你是否为夜色漆黑而被其他行人碰撞过？"僧人说："就在刚才，还被两个人不留心碰撞过。"盲人听了，就得意地说："但我就没有，虽说我是盲人，什么都看不见，但我挑了这盏灯，既为别人照亮了，也让别人看到了我自己，这样，他们就不会因为看不见而碰撞我了。"

苦行僧听了，顿有所悟。他仰天长叹说：我天涯海角奔波着找佛，没有想到佛就在我们身边。人性就像一盏灯，只要我点亮了自己的灯，即使我看不见别人，但别人却会看到我。

哲学家莫尔在《乌托邦》一书里说过，金银远远赶不上铁的用处大。为别人着想的人，即便自己给出的只是铁，与别人来说则会成为金，即便自己付出的是一言一眼真心的祝福，也会收获意想不到的结果。

善因得善果，帮助别人就是帮助自己

我们千万不要只关注自己眼前的事而不管其他，要知道，工作中与自己"无关"的事不一定对自己没有影响。

乐善好施，助人助己早已是颠扑不破的真理。投我以木瓜，报之以琼琚；滴水之恩，当以涌泉相报；吃水不忘挖井人……这些名言警句都在无形之中提醒我们应当学会施善，学会在人危难之时伸出援助之手，虽然当时可能没什么回报，但请相信善因终有善果。帮助别人就是帮助你自己，好事做多了，睡觉也睡得舒坦。

一个风雨交加的夜晚，一对上了年纪的夫妇来到一家小旅店。他们对店里的伙计说："我们找遍了所有的旅店，都已经客满，我们想在你这儿住上一晚，可以吗？"夫妇俩的行头非常简单，像是一对穷苦老人。

年轻伙计非常热情，一边把两位老人往里请，一边解释说："这两天生意特别好，我们这里也是客满。二位年纪这么大，没有一个落脚处不方便。这样吧，要是二老不介意的话，你们就睡我床上吧。""当然可以，但你怎么办？"夫妇说。年轻人轻描淡写地说："我身体好，在桌子上趴一会儿就可以了，没事的！"

第二天早上，夫妇来付房钱，年轻人坚持不要，说："我的床铺不是用来盈利的，不能收钱。"夫妇很感动，临走时对年轻人说："你可以成为一流旅店的经理，过些日子我们给你盖一座大酒店。"年轻人对他们的话根本没有往心里去，只当开了个玩笑。

两年以后，年轻人收到一封信，信里还附着一张到纽约的双程机票，信里的意思是请他去看望一位老朋友。年轻人实在是想不起在纽约还有一位老朋友，但还是去了。当看到老夫妇俩时才想起两年前的事。

夫妇带他到第 5 大道第三十四街的交汇处，指着一座新盖的高楼说："这就是我们为你盖的大酒店，你愿意做这个酒店的经理吗？"

这个年轻人就是后来著名的奥斯多利亚大酒店的经理乔治波尔特，那位老人就是威廉奥斯多先生。

老鼠透过墙上的一个洞，看见农夫正在房间里把玩着一个捕鼠器，不由得吓呆了。它跑到院子里，大声叫喊："这个房子里有一个捕鼠器！这个房子里有一个捕鼠器！"

母鸡头也不抬地说："捕鼠器是用来对付你的，和我没关系，我不用操心。"老鼠找到猪，对它说："这个房子里有一个捕鼠器！"猪冷漠地回答："对不起，我帮不了你。"老鼠又把这个消息告诉了牛，牛说："捕鼠器威胁不到我。"最后，老鼠万般无奈，沮丧地回到房里独自面对捕鼠器。

当天晚上，捕鼠器发出了响声。农夫的妻子赶忙过来查看，黑暗中一条被夹住了尾巴的毒蛇咬了她一口。农夫急忙把妻子送到医院，看完病回到家后她发烧了。

有人说，新鲜的鸡汤可以退烧，农夫就拿着刀到院子里杀母鸡煮汤。可喝完了母鸡汤，妻子的病还是不见好转，邻居和朋友们纷纷前来帮忙，轮流照顾她。为了款待大家，农夫把猪杀了。农夫的妻子病情恶化终于不治，许多人来参加葬礼，这一次牛成了葬礼上的盘中餐。

我们总能听到"事不关己，高高挂起"这样的职场论调。这本来就是消极的处世哲学，在商场当中，这更不可取。抛开道德不谈，就从自己的角度出发，不愿意帮助别人，看似合情合理，但我们还要知道，世上有很多事看似没有关系，其实都是互相关联的。我们做工作时也千万不要只关注自己眼前的事而不管其他，要知道工作中与自己"无关"的事不一定对自己没有影响。

一位老板看到一位员工在办公时间看杂志，对他说："如果你暂时没事可

做,为什么不去帮助那些需要帮助的同事呢?"他的话值得我们深思。工作中我们不要将某一件任务孤立地看待,因为工作有连续性,你的任务可能是过去某项工作的延续,或者是未来某项工作的基础,还会涉及多个部门或岗位。

工作有很多中间环节,彼此间需要协调。有的员工在做某项工作时,往往只偏重于自己本身所应完成的职责,将工作传递到相关工作部门与工作岗位之后便听之任之了。这种人缺乏互助精神,更多关注的是"我自己",而不是"我们"。我们不应该只专注于自己的利益,要把整体利益放在第一位,全神贯注于团队的整体利益。

正如企业管理专家阿瑟·卡维特·罗伯特斯所言:"任何优异的成绩都是通过一场相互配合的接力赛取得的,而不是一个简单的竞争过程。任何团队成员必须关注整个团队的利益,而不是自己,要善于传出接力棒,而不是单枪匹马独自完成整场比赛。"

现代社会是一个信息社会,也是一个强调人与人沟通的社会,不要在别人遇到苦难的时候庆幸不是自己,而是要学会关心别人,给别人以援助的手,帮助别人摆脱苦难。因为也许哪一天当你遇见困难时,在你大声呼救时,会有一支坚强的手臂,给绝望的你带来一丝回转的力气。

别让他人觉得你是葛朗台

在我们的社会中,类似于葛朗台一样吝啬小气的人大有人在。这样的人一方面眼光狭小,另外一方面也很难得到别人的尊重。

在老葛朗台眼中,金钱高于一切,没有钱,就什么都完了。他对金钱的渴望和占有欲几乎达到了病态的程度:他半夜里把自己一个人关在密室之中,爱抚、把抚、欣赏他的金币,放进桶里,紧紧地箍好。临死之前还让女儿把金币铺

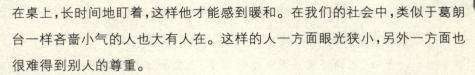

在桌上，长时间地盯着，这样他才能感到暖和。在我们的社会中，类似于葛朗台一样吝啬小气的人也大有人在。这样的人一方面眼光狭小，另外一方面也很难得到别人的尊重。

恒安国际集团的首席执行官许连捷，同时也是晋江市慈善总会会长，谈起自己做慈善的原因，许连捷说："像我这个年龄的人，很多都是苦过来的，小的时候想吃饱饭是一件很难的事，所以说有吃过苦的、有走过这种路的人才知道遇到困难时需要有人来帮助。"

也正是因为自己年轻的时候吃过苦，许连捷才总是想着去帮助别人减轻一些负担。在他眼里看来，人的财富其实不是个人的，是社会给予的，最后人的眼睛一闭，他的财富都要留在人间。

相对于全国百名"爱心捐助奖"、"八闽慈善奖"、"泉州慈善家"等荣誉，他说，他更喜欢实实在在地做些事情。

"父亲这次80大寿之所以要捐款，也就是想做些实在的事情。"许连捷说，父亲经常教导我们，做人要规矩，要多赚点儿钱，才能多帮助些有需要的人。

后林村的村民说，除了许连捷，他的家人也是个个都很有爱心。每年春节期间，许连捷的父亲许书典还会亲自带着年货，挨家挨户给全村80岁以上老人家拜年祝寿。而许连捷的几个子女丝毫都不娇气，二儿子更是把自己在暑假期间挣的第一笔工钱，悉数捐赠给慈善团体。后林村村民都说，许连捷一家三代都富有慈善心，让他们很是感动。

从自己开始做慈善事业到现在，许连捷也不记得自己帮过多少人，但是去年公司一重病员工的生命安危却时时刻刻牵动着他的心。

宋钊是恒安集团大连经营部经理，就在他工作频创佳绩的时候，一场突如其来的灾难降临了：他得了重症再生障碍性贫血。

"医院说这个病是可以治好的，但是要花很多钱。这对夫妻刚结婚不久，家里没有多少储蓄，为了治好宋钊的病，全家上下都急得不行了。"这个事情后来被许连捷知道了，他觉得不能让这么一个优秀的员工白白浪费自己的生命。后来整个恒安集团内部，包括工青妇，全部发动起来帮助他捐款。

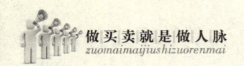

当被问及慈善事业和企业发展是否会冲突时,他说,两者完全不会发生冲突。"我们现在就是在想,企业成功了,我们能为社会做些什么。经济是慈善事业的一种基础,当经济发展到一定的程度,人的积累已经到达一个高峰的时候,你赚再多的钱,为的是奉献于社会,回馈社会。看到我们帮助的人渡过难关,我们的心里比谁都高兴,希望慈善理念永存。"

浙江亚厦装饰股份有限公司经过 15 年的发展壮大,现已成长为中国建筑装饰行业的知名企业,并被评为"全国民营企业 500 强"、"全国守合同重信用企业",参与起草了"中国环境标志建筑装饰装修标准"。同时,"亚厦"字号被认定为"浙江省知名商号","亚厦 YASHA"商标被评为"中国驰名商标"。自 2002 年以来,公司先后承接了 100 多个五星级酒店的精装修工程,并荣获了 41 项国家级优质工程奖、207 项省(部)级优质工程奖。坚持"创新、共赢、经典"的理念,打造品牌,做强企业。

市场决定企业的生存和发展。因此,企业要生存、要发展就要研究市场变化,特别是国家投资结构和投资区域的变化。亚厦从成立之初,就把眼光紧紧地瞄准了市场。2004 年公司总部整体搬迁至省城杭州后,更是积极顺应国家经济发展的区域布局,适时提出"继续巩固华东市场,重点发展中西部及华北市场,辐射全国,跻身境外"的市场创新发展目标,围绕"突出主业、发力全国"的经营战略,从切实改变市场营销这块短板入手,引入以市场为导向的营销策略,整合营销资源,出台激励政策,大力拓展区域市场,逐渐形成了以杭州为中心、区域市场为跳板、国内市场为目标的营销网络体系。如今,亚厦的市场版图正在向全国稳步扩张延伸。亚厦的品牌旗帜,已相继插到了华东、华南、华北、东北及中西部地区,到 2010 年亚厦市场将遍布全国各省市,全面完成国内营销网络体系的战略性布局。

现在我国经济已经融入世界经济,经济全球化和市场国际化,"亚厦"正设法"走出去"开拓海外市场,通过各种渠道打入国际市场,努力拓展发展空间,为把"亚厦"打造成为国际上具有较高知名度的装饰企业夯实基础。

建筑装饰项目的单一性而非连续性的特点,决定了建筑装饰企业产值的不稳定性，从而直接影响到建筑装饰企业的效益和可持续发展的能力。然而近几年，亚厦凭借知名的企业品牌、超强的规模实力、领先的设计水平、精湛的施工技术、科学的工程管理和一流的客户服务，已相继和一批国内外知名房地产开发商、国际顶级酒店管理集团建立了战略与长期合作伙伴关系，保证了亚厦效益的稳定性和可持续发展的能力。正是通过与他们的合作共赢，亚厦每年的稳定业务量增加60%以上。

经典常常和完美联系在一起，谁做得完美，谁就创造了经典。

2004年，亚厦创造了经典——承包了北京人民大会堂浙江厅装修工程。该工程竣工后，受到国务院机关事务管理局、北京人民大会堂管理局以及浙江省人民政府等有关领导的高度赞誉，并荣获了装饰工程最高质量奖——全国建筑工程装饰奖。该经典工程的直接影响就是，北京首都国际机场改扩建负责人在考察了北京人民大会堂浙江厅后，直接邀请亚厦参加国家元首专机楼装修工程的设计和施工。

最终，北京首都国际机场国家元首专机楼于2007年6月竣工后，其精湛的施工工艺和完美的视觉感受获得国家民航总局、公安部、奥组委领导，以及国内建筑装饰行业专家们的一致赞许。这项国家重点工程，破解了太多室内装修的难题，实现了许多室内装修难以企及的视觉构想，其独特性、艺术性以及融于其中的文化气息，使它已不再只是室内装修的杰作，而更像是一件完美的艺术品。它的成功创造了国内建筑装饰业室内高档装修施工的新高度，其影响也必将突破单项工程的影响范围而波及整个中国建筑装饰业，其装修效果在国际上也是屈指可数的。

现在全国建筑装饰市场依旧是一个僧多粥少的市场，竞争异常激烈。但亚厦长期沉淀积累起来的品牌优势日渐凸现。据初步统计，亚厦的顾客满意度达到100%，顾客忠诚度（顾客回头率）达到85%以上。秉承"装点人生、缔造和美"的愿景，回馈社会，和谐发展。

一个富有责任心和爱心的企业，一个诚信的企业，一个有着良好声誉的企业，才是一个有竞争力的企业。作为企业的社会责任或者说作为一个优秀

的企业公民,除了立足于办好企业多创造财富,企业更要担负起社会责任。

亚厦的发展离不开国家的政策、改革开放的机遇和社会的支持,如今企业发展壮大了,应该为社会做点儿贡献,这是一种责任。因此,始终秉承"装点人生、缔造和美"愿景的亚厦集团在打造品牌、做强企业的同时,一直将"社会责任"作为自己企业的发展之本,积极参与社会公益事业建设,以推动社会和谐发展为己任。

公司主动与上虞市和绍兴市的妇联、残联、关工委等单位建立了长期的联系,通过他们牵线搭桥,竭尽所能地帮扶那些急需帮助的贫困学子和困难家庭。公司先后与数十名贫困大学生、失学贫困生结对子,在给予物质帮助的同时,还非常关心他们的思想变化,鼓励他们读好书、做好人、立好业……

公司先后捐赠设立了"上虞市助残扶残基金"、"上虞市慈善救助基金"、"向残疾人、孤寡老人等社会弱势群体送去我们的拳拳爱心和温暖"。公司还出资设立了"上虞市老园丁康乐基金"、"上虞市亚厦园丁奖励基金",充分显示了亚厦尊师重教、尊老敬老的良好风尚。

农村是孕育亚厦的摇篮,为企业发展提供了市场、人才和资源。如今企业发展了,我们应该回报农村,为家乡新农村建设做点儿贡献。为此,公司积极主动参与上虞市开展的"百企连百村、共建新农村"活动,与有关行政村签订结对共建新农村合作协议,合作内容包括:资金捐助、出资改造农村基础设施、项目开发等方面。努力使村企结对共建工作取得双赢,推动社会主义新农村建设,以企业的社会责任促进社会的和谐发展。

另外,公司每年都积极参加"向慈善基金献爱心"、"捐赠扶贫济困送温暖"等活动,送上"亚厦人"的一片爱心。2008 年 5.12 汶川大地震发生后,亚厦人又立即行动起来,总计向灾区捐款 100 万元,用实际行动证明了企业的社会责任感,践行了企业回馈社会、报答社会的责任和义务。至今亚厦集团在资助社会公益事业上的款项已累计超过 2000 万元。公司先后获得"上虞市慈善捐赠爱心捐助奖"、"绍兴市帮困助学模范"等荣誉称号。

回报社会大众、改善人民生活已成为亚厦人义不容辞的社会责任。亚厦

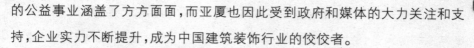

的公益事业涵盖了方方面面，而亚厦也因此受到政府和媒体的大力关注和支持，企业实力不断提升，成为中国建筑装饰行业的佼佼者。

著名经济学家林毅夫在谈到企业发展过程中的公益行为时指出："公益行为，其实不仅是一个富有文化理念企业的道德理想，是企业成为社会良心维护者的自觉行动，而且也是企业获得社会承认的有效途径。"

积极参与社会公益事业，提升了亚厦的品牌度与美誉度。亚厦人已强烈感受到社会责任对企业树立品牌的推动力。社会责任是亚厦品牌的"试金石"，社会责任助推了亚厦品牌的认同，亚厦的社会责任就是品牌。

一个期望基业长青的品牌必须承担自己的社会责任。现在，越来越多的中国建筑装饰企业已经开始把"社会责任"作为企业发展的一个课题进行研究，而社会上对于建筑装饰企业的印象也在悄然改变，因此让我们共同努力，为创建和谐社会作出我们应有的贡献。

在朋友最需要的时候伸出援手

人生在世，不可能总是一帆风顺，伸出你的双手帮助别人，同时别人也会帮助你。

有这样一则故事：一个人想看一下天堂和地狱到底有什么区别。于是他先来到地狱。地狱装饰得富丽堂皇，只是这儿的人一个个看起来面黄肌瘦，有气无力。吃饭的时候到了，他们全都围坐在一个大汤锅前，每人手里执着长长的勺柄，但由于勺柄太长了，无论他们怎样拼命往嘴里送，结果也是枉然。

于是他来到天堂，天堂好像与地狱没有什么区别，只是这儿的人一个个红光满面，幸福而满足。他发现天堂的人同样手执着长长手柄的汤勺，围着大锅吃饭，但天堂的人却把舀到的饭送到对面人的口中。我们常常吝于帮助别人，

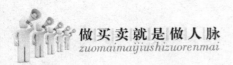

却不知道帮助别人其实正是在帮助我们自己。"不行春风，难得春雨"，生命的绿需要德行的沐浴、坚韧的浇灌、挚爱的孕育。德育，心诚，爱纯，心便会永远绿色长青！把自己的爱心、真心、纯心交付给别人，生命的天堂才会焕发光彩。善于帮助别人的人是幸福的人，像故事中的天堂圣人。一支蜡烛不因点燃另一支蜡烛而降低自己的亮度，甚至在点燃的瞬间，自己更加辉煌！

出门在外需要朋友的帮助，在别人遇到困难时，积极地伸出你的双手，能帮的则帮，无法帮到可在精神上给以支持，这也是给朋友最大的支持与鼓励。其实帮助别人是很开心的事，看到别人的笑容自己也微笑；反过来，自己遇到困难时，别人同样也会这样帮助你。人生在世，不可能总是一帆风顺，伸出你的双手帮助别人，同时别人也会帮助你。

在打交道的客户中，有一家外地公司与我在生意上来往得最为密切。曾经有一段时间，我手上掌管着一个产品，在国际市场上十分旺销。也可以说，能从我这里拿到货源再转手出去，仍有极大的利润空间。

那家外地公司的职员几乎是清一色的女士。为了在老板面前彰显业绩，于是，她们各显其能，相互间为从我这里争夺货源展开了激烈的竞争。那一次，我与分管全球不同区域的 A 小姐和 B 小姐同时签订了销售合同。恰好在那一批产品中出现了质量问题，直到货物到港后，这个问题才彻底暴露出来。面对同样的难题，A 小姐性情火爆，在向我们公司提出索赔时咄咄逼人，语气强硬得不容人商量。有时回复传真稍迟，A 小姐竟然对我们开口叫骂起来。我把这件事向老板汇报后，老板气得火冒三丈："骂，让她骂个够！等她骂不出来的时候，我们再考虑她的赔款问题。"相比之下，B 小姐则来得"温婉"多了。提出索赔时，言词诚恳，一口一个"帮帮忙"，说这事如果处理得不好，她会被老板炒鱿鱼的。最后的结果，我们当然是优先考虑向 B 小姐赔偿。B 小姐实际上所得到的比她期望的还要多，她还因此事得到了上司的嘉奖，与我们的关系更融洽、更密切了。

事后，我们向 B 小姐问起，她给我们说了她的几点感受：在别人陷入困境时，不要"逼人太甚"，给他一个喘息的机会。等他缓过劲儿来了，他会对你心存感激。出于内疚，他可能会对你给予更多的回报。总之一句话，帮人等于是在成全自己。

谁都愿意与像 B 小姐这样"善解人意"的人打交道。社会上的竞争法则并不是要你把对手彻底打倒，置于死地而后快。在编织自己生存的网络里，任何一个链接出现断层，最终受损害的是你自己的利益。而与你同台竞技的同事、你的合作伙伴都是你的优质资源。在利益发生冲突时，如果能"高风亮节"，能平心静气，能权衡利弊，能化干戈为玉帛，就能说明你是一个超凡脱俗、豁达睿智的高手。帮别人就是为自己储备一份"人情"，也为自己留了一条退路。锋芒太盛，消磨对手，就等于是在削弱自己生存的基石。

雪中送炭是被人铭记一辈子的善举

如果在某些情况下付出，之后他人定会对你感恩戴德，在你需要的时候挺身而出，替你排忧解难，替你马前卒后，替你分担困难。

战国时期，楚国冬天下大雪，楚怀王点上炉火，穿上皮大袄还觉得冷。突然，他沉思了一会儿，下令给全国的贫苦百姓和游客送去取暖的煤炭。人们很高兴，非常感动，十分感激楚怀王。这就是"雪中送炭"的由来。

宋太宗是宋太祖的弟弟，年轻的时候曾和宋太祖一起打天下，深知江山来之不易。因此，他特别爱护老百姓。

有一年冬天，天气特别冷，到处都是白皑皑的积雪。宋太宗在皇宫里面，穿着龙袍，烤着炭火，还觉得寒气逼人。他命人拿来美酒，借酒来驱赶寒冷。当一杯酒还没有喝完他就开始想：我住在皇宫中，穿着狐狸皮做的龙袍，烤着炭火还觉得冷，那些缺衣少食的贫苦农民又没有炭火烤，不知会冻成什么样儿？我必须想点儿办法，帮助他们解决这个实际问题。

想到这里，他马上召来开封府尹对他说："现在天寒地冻，我们这些有吃有穿有火烤的人都觉得冷，那些缺衣少食没火烤的老百姓肯定更加受不了。你现在马上带上衣食和木炭，替我去慰问他们，帮助他们迅速解决这个燃眉之急。"

开封府尹一接到圣旨，马上带领他的所有随从准备好衣服、粮食和木炭，挨家挨户地送到老百姓手中。凡是没米没衣服的就给他们送去米和衣服；而那些没有柴烧的就给他们送去木炭，让他们烤火。

那些有困难的灾民非常感动，都称皇上是"雪中送炭"。

同样在商场上也需要有这种雪中送炭的精神，需要在某些情况下付出，之后他人定会对你感恩戴德，在你需要的时候挺身而出，替你排忧解难，替你马前卒后，替你分担困难。

感情投资要"名正言顺"

所谓"感情投资"，说简单点，就是在生意之外多了一层相知和沟通，能够在人情世故上多一份关心，多一份相助。即使遇到不顺当的情况，也能够相互体谅，做到"生意不在人情在"。

这种情况往往有多种表现，一种是自然形成的。你在生意场上遇到了相互比较投缘的人，有了成功的合作，感情也自然融洽起来，这就是我们常说的"有缘"的人。有缘自然有情，关系好的时候，互相付出自然不在话下。问题在于如何保护和持续这种关系，继续爱护它、增进它，使其长久不衰。

其实，就是有"缘"，彼此能够一拍即合，要保持长期的相互信任、互相关照的关系也不那么容易，仍然需要不断进行"感情投资"。尤其在生意场上，各自都为各自的利益，彼此都了解生意人多诈多奸，人与人交往不能不防，所以很容易互相起疑心。结果"缘"就会由合作转为对立,人情就变成了敌意。情场上,最爱的人常常会变成最恨的人,这在生意场上也屡见不鲜。相互最仇视的对手,往往原先是最亲密的伙伴。反目为仇的原因,恐怕谁也说不清,留下的都是互相指责和怨恨。

为什么走到这一步? 往往是忽略了"感情投资"的结果,甚至已经忘掉了这一点。

很多人都有这种毛病,一旦关系好了,就不再觉得自己有责任去维护它了,往往会忽略双方关系中的一些细节问题。例如该传达的信息不传达,该解释的情况不解释,总认为"反正我们关系好,解释不解释无所谓",结果日积月累,形成难以化解的问题。甚至在人们关系好了之后,总是对另一方要求越来越高,总以为别人对自己好是应该的;如果稍有不周或照顾不到,就有怨言。由此很容易形成恶性循环,最终损害双方的关系。

可见"感情投资"应该是经常性的。在生意场合与交际中不可没有,也不可似有似无,而要从小处与细处着眼,时时落在实处。

闲时多烧香,急时有人帮

人脉就是你的机遇,是你最终的选择,是你的人生舞台。一个成功的生意人,不仅需要过人的智慧、高人一等的生意手腕、精明的用人方法,更需要有超人的魄力,拥有超强的人脉网络,善于在生意中交朋友,在朋友中做生意。

一个年轻人在大学毕业后到处找工作,找得焦头烂额也没找到,他爸爸给了他一个人的名字、电话号码和地址,让他找这个人帮忙解决工作,他不相信退休在家的老爸会有什么样的办法。他抱着试试看的心理来到一幢大楼前,门卫不让进,他告诉门卫他老爸的名字和要找的人——查理·沃得,他来

到办公室,查理·沃得问他找谁,他说出了老爸的名字和来的目的。查理·沃得说:可以,看到对面的公司了吗?到那里去工作,如果成功了公司就是你的了。这个年轻人就是人力资源专家哈维·迈凯。

查理·沃得是个有名的企业家,因效益好别人嫉妒他,告他偷税漏税,于是被捕进了监狱。哈维的父亲是记者,到监狱对查理做了采访并写了一篇报道,政府很快给查理平反并放了出来,查理找到记者说想帮助他,记者说没什么需要帮助的,问有没有儿子,记者说有。查理说让你儿子大学毕业后来找我。

为什么有的人在跌到低谷后,从3个亿的负债到东山再起,到现在拥有五六个亿的资产?是因为这样的成功人士始终有一个老师作指导,人脉没撂下,每年参加年会,老师给介绍几个朋友,始终保持人脉。脑白金、品牌、专利,拥有29万个销售终端。

人脉就是资源,时间、人际关系就是你最大的资源。好孩子集团老总宋正环,最早是中学数学老师,了不起,有想法。他说想发财,最大的资源是家长。发现一家长卖童车,便向这家长取经后也去卖童车,赚了一些收入但不满足。又发现一家长是信用社的,于是找他贷款制造童车,从一小作坊开始发展到创立今天的好孩子集团。

人脉就是你的机遇,是你最终的选择,是你的人生舞台。人脉就是你的未来。在美国有这样一个现象,耶鲁大学是美国总统的摇篮。布什、克林顿、小布什都出自耶鲁大学。在耶鲁大学有个秘密小团体叫骷髅会。骷髅会的宗旨是:帮助人在商界与政界获得成功。在骷髅会里会让你赤身裸体地讲自己的故事让老会员听。纵使你不是最优秀的,但却可以借助这个平台接触很多精英,从而在精英朋友们的相助下走向成功。

如果一个企业的人脉关系比较好,那么对于这个企业的团结稳定就可以起到很好的作用,同样也能够达到发展经济的目的,加强企业凝聚力的目的。中国外经贸部部长吴仪曾经这样说,"良好的人际关系就是生产力。"东西方文化存在很大差异,但即使在看起来不太注重人际关系的西方发达国家,在企业管理中有时也会借助于加强人际关系这种方法。美国福特汽车公司新泽西一家分厂，因管理混乱而几近倒闭，新经理到任，发现高大的厂房内，一道道生产线如同屏障隔断了员工的直接交往，使工人的工作信息交流无法实现，新经理果断地决定厂里免费提供午餐，为员工提供一个沟通的机会，很快使企业的人际关系有所改观，虽然在当时，工作条件没有什么改变，但正因为大家有了互相沟通的一个大的环境，就在两个月后，这个企业出乎意料的竟然盈利了。这其中就有处理好人际关系的力量。

如果一个企业时时处在一个不良的人际关系之中，那这样会导致企业中的每一个人的心情都很沉闷，还会在企业中产生一种不和谐的气氛。而这种不和谐的气氛会抑制人们的积极性，还会降低他们的创造性，是不会产生良好的工作绩效的。人际关系和企业效益是相互联系的，良好的人际关系使员工在创造工作业绩的同时，又处于相互和谐相处的状态之中。创造一个良好的工作环境是组织文化的一个重要的组成部分，所以说，只有具备这样氛围的企业才是最具发展动力的企业，才是最有发展前途的企业。

在一个企业中，企业负责人处于人际关系的顶端，他和每个部门、每个人都有着横向或纵向的关系，所以他不能也不应该有任何的优越感，而应该用自身的行为举止去塑造具有亲和力的形象。

下面这几类人对你的人际关系的发挥起着很大的作用。

人力资源部总管。他们能帮你洞悉公司的内部职位空缺，有了第一手资料当然能更容易调到合适的部门；他们更有可能影响职员的薪酬调整和职位调配等重要决定。

部门的主管、助理和秘书。在大公司工作，入职时所属的部门未必是心目中最理想的。这时候，你就要与有关部门人物建立良好关系，他们可能有助于你调职。此外，秘书有时比部门主管更重要，尤其当他/她为你安排面试的时候。

公司内的"明星"、名人。他们是公司内人气很旺的、老板很重用的人，他们日后极有可能成为公司的要员，及早和他们搞好关系，对自己也有好处。

公关、传讯经理。善于宣传的公关部人员，能将你的名字带到公司各个部门，让你人气倍增。

员工培训主管。他们对你的称赞和嘉许比其他职员更有说服力。而且他们通常都了解各部门所欠缺的是什么，当他们知道你有哪些公司需要的特征时，你的价值将会大大提高。

高级管理层。他们是公司的最高决策人，当然对你有帮助！但切记不要阿谀奉承，以免有擦鞋之嫌。

要与以上的重要人物建立良好关系，你可以从小事帮忙开始，例如在秘书忙得透不过气时帮她接一个电话，在内部培训时替员工训练主管移动桌椅。当关系建立后，他们便会乐意与你交往。懂得善用人际关系，是步向成功的不二法门。一个成功的生意人，不仅需要过人的智慧、高人一等的生意手腕、精明的用人方法，更需要有超人的魄力，拥有超强的人脉网络，善于在生意中交朋友，在朋友中做生意。

"南航明珠卡祝您鹏程万里！""商务通祝您新春愉快！"春节前后，在广州某外企公司工作的吴先生，一下子收到五六封来自商家的祝福信函。而在广州等大中城市，身边收到类似亲切问候的市民远不止吴先生一人。有迹象表明，越来越多来自厂家与商家的"朋友式"问候，正代表一种新型的营销模式，为消费者提供细致周到的服务。吴先生所收到的大多数贺信，都来自自己所消费的商品或服务的厂商。像电信公司的新年问候出现在手机短信息中，保险公司发来的电影票，曾参观过的楼盘寄来的免费游园券……这些"朋友式"问候有的是精美的贺卡，有的是件小礼物，还有的只是寥寥数语，但温馨之余，也使人们在不知不觉中对产品或商家产生信任感。

其实，这正是近年来企业界掀起的"关系营销"在与市民"交朋友"。中国营销学会理事廖立新分析说，与以往少数人那种"攀亲戚、走后门"的不正营销之风不同的是，这种新型的"关系"，是消费者通过第一次的购买或消费，再通过数次以至长期的售后服务，与厂家、商家建立了互相信任、忠诚又有亲切感的"朋友"关系。

"朋友式"问候或服务，也正在悄悄地渗入市民的消费生活：安装完空调后，销售公司还打来电话询问"安装工人服务态度怎么样"；买了台掌上电脑，便会定期收到这种产品不断更新升级的信息；在剧院看了一场戏，便会收到由剧院寄来的新演出讯息，不用专门去看海报了；出门坐飞机，每飞满 1 万公里，便可获得 1000 公里的免费机票，于是出差也开始对某些航空公司"情有独钟"……

如果说这种关系对市民来说是一种实惠、是再次消费的"心理安全感"，那么对厂商来说则是不断提高的"回头率"。经营者精心营造的这种"朋友经济"，也使其自身大获其利。南方航空公司的"明珠俱乐部"，一年带来票务收入数亿元，平均每个会员所带来的收入是普通旅客的 3~4 倍；广州友谊剧院通过其定期服务发展了 2 万名"友谊知音"，结果平时演出的半数以上都是老"知音"；作为全国最早建立"俱乐部消费"的电器企业之一的海尔公司，仅去年一年就有 800 多万会员加入。对此，海尔华南售后服务部王龙经理说："在商品同质化（质量相同）严重的今天，价格不能拼，回报最大的就是培养忠诚客户。"

笔者不久前去一家商场买剃须刀，发现那里没货。营业员却热情地留住了他，像老朋友一样闲聊起来。不料几日后，营业员不仅将剃须刀送上门，还给他带来了他需要的其他商品。原来，说者无心，听者有意，营业员在闲聊中将他的家庭住址、需购商品都记录在案了。从此，他便成了这家商场的老客户。

据报道，前不久在杭州市望湖宾馆出现了一件新鲜事，如果你曾经在该家宾馆住宿 3 次，第 4 次你若再住该宾馆，你只需签个名就可以入住了。一进入房间就会发现，你喜欢阅读的那种报纸，甚至爱喝的那种茶，都早已摆放好了……这并不是凭空想象的，而是望湖宾馆的"客史档案"使这一切梦想成真。"客史档案"将客人的身份证号码、工作地点、起居时间、房间的摆放以及需要配套的服务设施，甚至喜爱的菜肴等都一一记录下来。当客人下次入住时，既可以简化手续，也能够营造一个熟悉的空间，使客人真正有一种"宾至如归"的感觉。

由此可见，作为商家要赢得顾客，不仅应有好的态度，更应真诚地与顾客交朋友，用心去赢得顾客的忠诚。尤其是对那些常客，把他们的消费习惯、购

货情况建个档案,定期将他们需要的商品提前预订或送货上门,这样就能多多培养忠诚客户,扩大市场并占有份额。

苟富贵,勿相忘,要感恩朋友的援助

印度有一句谚语说:朋友是抵抗忧愁与恐惧的卫士。与朋友相处时的那些伤害往往是无心的,帮助却是真心的,我们应该学会忘记那些无心的伤害,铭记朋友对我们真心的帮助。

朋友,对每个人来说,都是不可缺少的一个词。并不是每个人都希望功成名就,但是每个人都希望能有朋友。朋友有很多种,有萍水相逢的朋友,有吃喝玩乐的酒肉朋友,有因共同利益捆绑而成的利益朋友……但我们真正需要的是可以填补精神上的空虚、驱赶精神上孤独的朋友。当我们遭遇不幸和痛苦时,他们可以和我们一起分担;当我们孤独无助时,他们可以日夜兼程,不远万里来到我们身边,向我们伸出一双坚实的大手。他们在我们面前无拘无束、毫无戒备,大家可以经常聚在一起侃大山、聊家常、谈事业,说什么都会非常愉快。

但是,随着学习和工作压力的递增,人们已经被各种各样的习惯和世故压得喘不过气来。现在很多的年轻人心态浮躁,他们期待朋友,期待友情,但是却以种种理由不肯经营友情。他们抱怨:"我连谈恋爱的时间都没有,哪儿有时间顾得上维系友谊呢?"他们不主动和朋友联系,却抱怨人情越来越冷淡;他们把自己封闭起来,却抱怨没人愿意走进他们的内心。

我们可以看下面一组数据:

《中国青年报》发表了中国青年报社会调查中心和腾讯网新闻中心联合实施的一项调查结果:《87.5%的人感觉"熟人越来越多,朋友越来越少"》,反

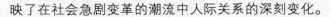

映了在社会急剧变革的潮流中人际关系的深刻变化。

45.3%的受访者承认，在自己的众多熟人中，真正称得上朋友的不到 5 个；另外，有 34.3%的人表示，自己的朋友仅有为数不多的 6~10 个，换句话说，8 成受访者认为，算得上朋友的人不到 10 个。与此同时，30%左右的受访者称自己的熟人数目在 51 人~100 人之间，另有 26%左右的人认为自己的熟人数目超过 100 个。

"朋友越来越少"反映出了现代生活中的人情冷漠，这对我们个人和整个社会都是十分有害的，也不利于和谐社会的构建。我们不可能离开其他人单独活在这个世界上，我们也不可能只依靠自己的亲人和爱人，因为亲人总有离开我们的时候，爱人也会有与我们闹别扭的时候，这个时候，我们需要朋友的安慰、支持和帮助。他们会帮助我们渡过难关，鼓励我们继续生活。

公元前 4 世纪，在意大利有一个名叫皮斯阿斯的年轻人触犯了国王，被下令判死刑。

皮斯阿斯是个孝子，在临死之前，他希望能与远在百里之外的母亲见最后一面，以表达他对母亲的歉意，因为他不能为母亲养老送终了。他的这一要求被告知国王，国王感其诚孝，决定让皮斯阿斯回家与母亲相见，但条件是皮斯阿斯必须找到一个人来替他坐牢。这是一个看似简单却似乎不可能实现的条件。有谁肯冒着被杀头的危险替别人坐牢？这岂不是自寻死路吗？但茫茫人海就有人不怕死，而且真的愿意替别人坐牢，他就是皮斯阿斯的朋友达蒙。

达蒙进入牢房以后，皮斯阿斯回家与母亲诀别。人们静静地看着事态的发展。时间很快过去了，皮斯阿斯一去不回头。眼看刑期在即，也不见皮斯阿斯回来的迹象。人们一时间议论纷纷，都说达蒙上了皮斯阿斯的当。

行刑日是个雨天，当达蒙被押赴刑场时，围观的人都在笑他的愚蠢，幸灾乐祸的大有人在。但刑车上的达蒙不但面无惧色，反而有一种慷慨赴死的豪情。

追魂炮被点燃了，绞索也已经挂在达蒙的脖子上。有一些胆小的人吓得紧闭了双眼，他们在内心深处为达蒙深深地惋惜，并痛恨那个出卖朋友的小人皮斯阿斯。

　　但是，就在这千钧一发之际，在淋漓的风雨中，皮斯阿斯飞奔而来，他高喊着："我回来了！我回来了！"

　　这真是人世间最最感人的一幕！大多数人都以为自己在梦中，但事实不容置疑。这个消息宛如长了翅膀，很快便传到了国王的耳中。国王听闻此言，也以为这是痴人说梦。

　　国王亲自赶到刑场，他要亲眼看一看自己优秀的子民。最终，国王万分喜悦地为皮斯阿斯松了绑，并赦免了他的死罪。

　　在日常生活中，一个人能被别人信任，那份心情的确会跟平时不一样。男人、女人、相识的、不相识的，当对方真诚地说出一句"我信任你"时，被信任者会有一种崇高的感觉在心中升腾，会因自己受到他人的信任很光荣，内心很欣慰、很自豪，是一种对人格的慰藉。于是，被信任者会像珍惜一份至高无上的荣誉一样珍惜他人对自己的信任。

　　即使达蒙被送上绞刑架，他也相信朋友皮斯阿斯会回来；而皮斯阿斯惦记着朋友对自己的信任，所以才会在最后关头日夜兼程地赶回来。他们最终感动国王而获得赦免。我们可以把信任看做是一棵长在心里的常青树，站在这棵大树下，人的心灵被生命的绿意滋润着，感到心与心之间并没有遥远的距离，感觉彼此之间走得很近，这样就可以使朋友间的友谊更为亲密和坚固！

　　朋友的理解和支持是我们在旅途中的一把伞，为我们遮挡太阳，遮挡风雨，给我们继续前进的信心。我们知道，马克思和恩格斯有着深厚的友谊，而且这份友谊自始至终都洋溢着纯洁和高尚。他们有着共同的世界观和价值观，这使他们走到了一起。

　　1848 年革命失败后，马克思一家迁居到英国伦敦。这时他们几乎一无所有。恩格斯对马克思一家的困难处境是十分关心的。为了从经济上帮助马克思，使他能有足够的时间和精力撰写理论著作，1850 年，恩格斯毅然决定重返曼彻斯特，在"欧门—恩格斯"公司当店员，从事他十分厌恶的经商工作。从这时候起，恩格斯就常常寄钱给马克思。恩格斯常常帮助马克思为《纽约每日论坛报》撰写、修改英文稿件，有时帮助马克思把他用德文写的稿件译成英文。

恩格斯还常常替马克思还债,给马克思的孩子们买礼物和食品。马克思对此深表感动。

朋友大多是因为有共同语言才走到一起的,如果不是恩格斯和马克思志同道合,如果恩格斯对马克思所从事的事业给予充分的理解和支持,他们就不会在长达近40年的合作中同甘苦、共患难,互相关心,互相爱护,互相帮助,共同起草共产主义同盟纲领——《共产党宣言》。在马克思生活贫困的时候,正是由于恩格斯的慷慨相助,马克思才有可能长期坐在伦敦不列颠博物馆里,为撰写《资本论》搜集大量资料和进行深入的研究工作。而且在马克思逝世后,恩格斯又花费了10多年时间帮助整理马克思《资本论》的手稿,使《资本论》二、三卷得以问世。可以说恩格斯给了马克思物质上和精神上极大的帮助与支持,给了他在事业上继续前进的信心和勇气。

忠言逆耳,很多对我们自身发展有益的话往往比较刺耳,听上去可能不太舒服,但这些话可以像一把刷子替我们扫去思想上的污垢,使自己的大脑保持清醒,而不至于被厚厚的灰尘所遮掩。也因此,"诤友"经常会被我们误解,甚至可能葬送友谊。

陈毅元帅诗云:"难得是诤友,当面敢批评。"

金无足赤,人无完人。每个人都存在或多或少的缺点,而且恰恰因为自己"身在此山中",所以"不识庐山真面目",很多时候不能意识到自己的缺点。此时,往往就会有直言不逊的"诤友"客观地指出我们的不足,使"当局者"少走很多弯路。

其实,只要静下心来仔细想想,就能通过诤言看到背后的难得。生活中,这样的朋友更为可贵,我们应该更加感激和珍视他们。尤其是当我们跟诤友产生了很大的分歧,发生了激烈争论的时候,无论争论的结果如何,当自己冷静下来之后,一定要感谢诤友据理力争,对于自己因为争论而对诤友造成的伤害,也要真诚地表达自己的歉意。

吴国大司马吕岱,有一位当亲随的青年朋友叫徐原。徐原办事公正,为人慷慨,有胆识,很有抱负。吕岱看到徐原是个人才,认为他将来一定可以成大

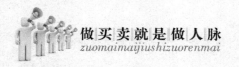
器，就推荐他做了官。几年后。徐原政绩突出，当了大官。徐原性情豪爽，无论大事小事，不管上下亲疏，有话就喜欢直说，就是对恩师吕岱也不例外。

有一次，吕岱犯了过错，徐原当着众大臣的面批评吕岱说："我恩师以前不少事情办得对，可今天这件事办得不对，他有优点长处，也有不少毛病。"徐原的这种做法，引起大臣们的议论。有的说："徐原这样对待吕岱太不近人情了！简直是一个忘恩负义之徒！"有人把这种议论悄悄地报告吕岱。吕岱听了，不但没有生气，反而笑了，说："啊！这没什么，被别人议论，乍一听好像是坏事，其实是好事。徐原能说出我的毛病，真是一位正人君子。这正是我看重徐原的缘故啊！"

作为权倾朝野的大官，吕岱能如此真诚地对待敢于直言自己不足之处的朋友，实属难得。因为他深知，人在成长的过程中难免会有这样或那样的缺点和错误，对此又往往是"旁观者清"。所以我们需要像徐原那样的朋友及时指出失误和不足，给自己出出点子，时刻鞭策自己成长和前进，这对我们自己个人品格的完善和进步是极为有益的。

有这样一个故事：

第二次世界大战期间，一支部队在森林中与敌军相遇发生激战，最后两名战士与部队失去了联系。他们是来自同一个小镇的战友。两人在森林中艰难跋涉，互相鼓励、安慰。10多天过去了，他们仍未与部队联系上，不过幸运的是他们打死了一只鹿，依靠鹿肉又可以艰难度过几日了。可也许是因为战争的缘故，动物四散奔逃或被杀光，这以后他们再也没碰到任何动物，仅剩下一些鹿肉背在年轻战士的身上。

有一天，他们在森林中遇到了敌人，经过再一次的激战，两人巧妙地避开了敌人。就在他们自以为已安全时，只听到一声枪响，走在前面的年轻战士中了一枪，幸亏在肩膀上。后面的战友惶恐地跑了过来，他害怕得语无伦次，抱起战友的身体泪流不止，赶忙把自己的衬衣撕下来包扎战友的伤口。

晚上，未受伤的战士一直叨念着母亲，两眼直勾勾的。他们都以为自己的生命即将结束，都想把生还的机会留给对方，因此身边的鹿肉谁也没动，天知道他们是怎么过的那一夜。

第二天,部队救出了他们。

事隔30年后,那位受伤的战士安德森说:"我知道是谁开的那一枪,他就是我的战友。他去年去世了。在他抱住我时,我碰到了他发热的枪管,但当晚我就宽恕了他。我知道他想独吞我身上带的鹿肉活下来,但我也知道他活下来是为了他的母亲。在此后的30年,我装着根本不知道此事,也从不提及。战争太残酷了,他母亲还是没有等到他回来。回来后,我和他一起祭奠了老人家。他跪下来,请求我原谅他,我没让他说下去。我们又做了20几年的朋友,我没有理由不宽恕他。"

我们要知道,宽容是一种美,就像天空容忍了雷电风暴一时的肆虐,才有风和日丽;大海容纳了惊涛骇浪一时的猖獗,才有浩淼无垠;森林忍耐了弱肉强食的规律,才有郁郁葱葱。泰山不辞微土,方能成其高;江河不择细流,方能成其大。宽容是壁立千仞的泰山,是容纳百川的江河湖海。所以感谢朋友对自己的宽容吧,那是朋友对自己的一种无言关怀,是对两个人友情的一种珍惜。

阿拉伯传说中,有两个朋友在沙漠中旅行,在旅途中他们吵架了,一个还给了另外一个人一记耳光。被打的人觉得受辱,一言不发,在沙子上写下:"今天我的好朋友打了我一巴掌。"他们继续往前走。直到到了肥沃的田野,他们就决定停下。可是,被打巴掌的那位不小心掉进水里差点儿淹死,幸好被朋友救起来了。被救起后,他拿了一把小剑在石头上刻了:"今天我的好朋友救了我一命。"一旁的朋友好奇地问他说:"为什么我打了你以后你要写在沙子上,而现在要刻在石头上呢?"

另一个笑了笑回答说:"当被一个朋友伤害时要写在易忘的地方,风雨会抹去它;相反,如果获得帮助,我们要把它刻在心灵的深处,在那里,任何风雨都不会将它抹去。

在一个闹饥荒的城市,一个殷实且心地善良的面包师把城里最穷的几十个孩子聚集到一块,然后拿出一个盛有面包的篮子对他们说:"这个篮子里的面包你们一人一个。在上帝带来好光景以前,你们每天都可以来拿一个面

包。"

瞬间，这些饥饿的孩子一窝蜂似地涌了上来，他们围着篮子推来挤去大声叫嚷着，谁都想拿到最大的面包。当他们每人都拿到了面包后，竟然没有一个人向这位好心的面包师说声谢谢就走了。

但是有一个叫依娃的小女孩却例外，她既没有同大家一起吵闹，也没有与其他人争抢。她只是谦让地站在一步以外，等别的孩子都拿到以后，才把剩在篮子里最小的一个面包拿起来。她并没有急于离去，她向面包师表示了感谢，并亲吻了面包师的手之后才向家走去。

第二天，面包师又把盛面包的篮子放到了孩子们的面前，其他孩子依旧如昨日一样疯抢着，羞怯、可怜的依娃只得到一个比头一天还小一半的面包。当她回家以后，妈妈切开面包，许多崭新、发亮的银币掉了出来。

妈妈惊奇地叫道："立即把钱送回去，一定是揉面的时候不小心揉进去的。赶快去，依娃，赶快去！"当依娃把妈妈的话告诉面包师的时候，面包师面露慈爱地说："不，我的孩子，这没有错。是我把银币放进小面包里的，我要奖励你。愿你永远保持现在这样一颗平和、感恩的心。回家去吧，告诉你妈妈这些钱是你的了。"她激动地跑回了家，告诉了妈妈这个令人兴奋的消息，这是她的感恩之心得到的回报。

第九章

变核心：养兵千日只为用兵一时

我们常常是处于准备的状态当中。为什么生意人在一起吃饭或是聊天会有一个专门的名词"应酬"呢？这是因为，我们的目的不是在于吃一顿饭，我们是在做一个人脉上的努力，是希望在与商界的朋友沟通以后，在日后获得一个较好的事业发展的平台。我们花很长时间准备，在人力、资源上，养兵千日，只是为了某一天的一用。

最高境界：化智为利，化利入义

君子喻于义，小人喻于利。

一定要很好地发挥聪明才智，化智为利，化利入义。一个好的商人，应该是具有很敏锐的捕捉利润的财富观和很强烈的正义感的。将智力化为利益，将利益融入公众道义，只有这样才能在商场上行走自如，财富也才会滚滚而来。

胡雪岩智慧的首要特色就是化智入义，把自己在人情关系上的基本才智充分发挥出来。体人情，通人性，这是人情的智慧，是上乘的商业智慧，他对人性的体察到了十分细致的地步，将这种智慧边拆边用，边用边结，最后上升为义，又借义为以后的商业往来打开路子，新的机会由于受这种义智的鼓励会越滚越多，越扩越大，也就是说每一次都为未知的下一次增加了取胜的机会，它和单纯的商业市场估计大为不同。

该出手时就出手，善于运用累积的人脉资源

很多人都说自己没有成功的机会和条件，可是我们身边的人和我们有很多条件完全一样，而他们为什么会成功呢？

细心观察就会发现，成功者不过是善于利用身边的关系网罢了，只要能善于利用，我们每个人都能成就自己的梦想，该出手时就出手，善于运用累积的人脉资源，你或许在生活中只擅长某一方面，可是你身边的朋友呢，你成功

需要的一些条件也许在他们身上都已经具备，那我们为何不取为我用呢？人无完人，我们要想把所有的东西学会是不可能的，不过，只要我们能善于利用我们的人脉，我们一样可以具备所有的知识，善于利用其实也就是说，用你的组织能力或是你的爱去维护好你的人脉，你人脉的特长将会是你自己的特长，所以说，扩大自己的圈子也就是扩大你自己所拥有的成功条件，其实成功的条件不是我们等来的，而是我们自己创造的，那么从现在起就来开拓你的人脉，善待你的人脉，利用你的人脉！

下面是一些关于成功建立人脉关系的原则，希望这些原则能够帮助你成功地找到心目中的理想工作，使你的事业生涯百尺杆头更进一步。

一、整理你的人脉资源，以便更加有效地管理

人脉关系一般可以分为3种。一是个人网络：包括你的家人与朋友，或是与你最亲近的人。二是社会网络：你时常联络或是比较熟悉的人；前任职单位的同事或是主管；邻居或是朋友认识的人；你的理财专员或是汽车业务员等。三是专业网络：例如专业协会、俱乐部、校友会等组织。

记下你的人脉资源，包括以上提到的3种类型。回头翻阅你的电话簿或是名片夹，把所有你能想到的人全部都列出来。通过这份人脉资源名单，可以看出自己人脉关系的组合特性，了解哪些地方有所不足以便加以改进。最后再想想，哪些人在未来有可能成为你的人脉资源，也把可能的名单列下来。为了更有效地管理自己的人脉关系，你可以善于利用信息科技。目前有许多地计算机软件，例如微软的 Outlook 等，都有通讯簿管理的功能。除了输入个人的基本资料外，最好加上兴趣嗜好、专长、人格特质等有助于你认识这个人的资料。然后依据职业类别或是其他的条件加以分类，以方便日后查询。

二、克服害羞的个性，建立自信

建立人脉关系最有效的方法就是主动认识别人，和对方谈话。不要害怕被拒绝或是觉得不好意思。对于个性较为内向害羞的人，位于纽约的感知策略生涯顾问公司总裁茱蒂·萝丝玛琳给予了如下建议：

1. 要改变不正确的想法。你可能认为是有求于对方，感觉没有面子；或是

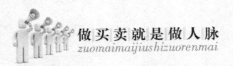

害怕惹人厌、遭到对方的拒绝。不要忘了,建立人脉的目的是认识别人、取得信息,不是要求对方介绍工作给你,所以这样的顾虑是不必要的。更不用担心会引起对方的反感,因为没有人会当面回绝结识新朋友的机会。

2. 找出不自在的原因。举个例子来说,如果你害怕在不认识的人面前介绍自己,你就可以找你最要好的朋友帮忙练习、训练自己的技巧,直到你能自信地与不认识的人说话。建立自信心最有效的方法就是从你最熟悉的人开始,训练自己建立人脉的技巧。但是也不要过度依赖亲近的朋友,你必须不断地扩展自己的人际网络。

3. 事先准备好谈话的内容。你可能因为不知道如何与陌生人聊天而感到不自在,这就需要先做好准备,想想最近有哪些热门话题。或是如果有可能的话,事先了解对方的背景或相关资料,这样就不必担心无话可说了。

4. 设定具体目标,并且切实执行。你可以设定具体的目标,例如每星期应该打几通电话、有几次会面、参加什么样的活动,要求自己一定要切实达到目标。此外,还要随时记录,定期追踪,以期有所改进。

三、观察自己的沟通模式,取长补短

只有了解自己才能善用自己的优点,弥补自己的缺点。你是否喜欢结识新的朋友?你是否喜欢参加社交活动?在别人面前,你是否可以很有自信地谈论自己的优缺点? 你是不是比较喜欢通过电话或是信件的方式与人沟通? 你常用网络的方式结交新朋友吗?有相关调查显示,关于对方的说话内容,我们通常只记住 7%,但如果是肢体语言的部分,其比例则高达 55%。换句话说,面对面的沟通是最有效的。如果你过去习惯通过电话或是信件与人沟通,则应该立刻改变方式。又比如说,外向的人可能会认识许多新的朋友,搜集到更多的名片;如果是内向的人,认识的新朋友可能不多,但对于每一个人都有较深入的认识。如果你很清楚自己的性格,便能有效发挥自己的优点,改进自己的缺点。

人脉资源有很多效用,在积累的同时要学会去有效地运用,切不可让人脉资源白白耗费,我们可以通过人脉资源了解竞争对手,了解这个世界,得到别人的经验知识。

通过人脉了解竞争对手。知己知彼，百战不殆。知彼也就是要掌握竞争对手的特点和动向，比如他们是否重视教育训练？是否鼓励员工进修以加强他们的技能？他们在同业中的名声如何？是否参加过商展？有没有加入过商业性组织？而你的人脉网是了解这些信息的最佳渠道，而且大部分都真实可靠。因为你的朋友只会帮你，而不会去帮你的竞争对手。当然在了解竞争对手之后，最重要的是取长补短，进而发挥自己的优势，这样才可能使自己立于不败之地。

通过人脉了解这个世界。试着检查一下你的人脉，你的人脉中有多少是外国朋友？如果没有的话，你就该去发展发展了。也许你有走出国门的机会，当你独自一个人走在国外的土地上，却没有一个人可以帮助你体验这个国家真正的文化，没有人邀你到他们家，让你看看他们的实际生活，这将是多么糟糕的事呀。那么，如何才能拥有一个国际性的人脉呢？首先，你应该留心注意和身边的人说话，试着和他们交朋友，你会发现，其实他们都很热情。在旅行中，如果你不知如何去认识周围的人，你不妨问一句："你常旅行吗？"你会发现大多数人都喜欢谈他们的旅行经验，于是便能很快为你开启一个全新的世界。此外，你还可以从外文图书馆或你的股票交易员那儿获得人脉。在这些地方你可以认识到非常真诚的朋友。附近的大学也是个好地方，你可以找到与全世界最有联系的学校或系所。如果你正在就学，国际学生组织也是最佳的起点。还有网络上，只有你有心，就会发现朋友处处都在。

通过人脉得到别人的经验及知识。如果你有这样一个朋友，他从事绿色营养食品的推广和销售工作，已在这个行业服务了 8 年，而且一直孜孜不倦，并以此为荣。8 年的工作经验使他成为优秀的营养师和生活教练。如果你与他相处，便有机会听到他有关营养学和养生之道的高论，在潜移默化当中，你也会学到许多关于营养平衡和维护身体健康方面的知识。试想，如果没有这位朋友，你一辈子可能也不会知道这方面的知识或经验。你的朋友中可能有各行各业的人，是他们让我们得到各行各业人的知识，这开阔了我们的思路，也为我们开拓以后的生活、转换工作提供了有价值的信息。

你知道什么是基础，你知道认识谁才是关键

创业初期的原始积累是极度重要的，在那个艰难时刻，创业者不仅积累了资本，更重要的是积累了人脉。这个积累就是为了在真正开始做大生意时所做出的物质与精神准备。

有一位叫程放的创业者，在创业初期的时候做油漆工，到了后来他又组建了一支装修工程队伍，在人们痛斥装修"游击队"种种不是的时候，他所承接的工程却从没有停止过，常常是装修完一家又接着装修下一家。有时，工人出了小小的差错，外行人未必看得出，可程放发现后没有马虎，叫工人重新返修，自己赔上材料费。他相信自己装修的质量，所以对客户有言在先，装修后负责保修，有时问题并不出在质量上，可只要有客户与他打招呼，他都在力所能及的范围内帮忙，而且他的收费在同行内比较公道，没有像其他人那样漫天要价。他在与客户闲聊时坦率地说，自己是小本生意，不可能花钱做广告，全靠大家介绍，这就需要有良好的口碑。经过几年的努力，他与顾客已经形成了一个固有的人脉网络。他拥有一家规模颇大的装修公司，在业界和客户中有相当的知名度，生意自然越来越好，也越做越大。

由上面这个例子我们可以看出，创业初期的原始积累是极度重要的，在那个艰难时刻，创业者不仅积累了资本，更重要的是积累了人脉。这个积累就是为了在真正开始做大生意时所做出的物质与精神准备。

创业要想取得成功就需要在良性循环中发展壮大，在信息社会里，广告固然起着推进的作用，可广告也不是万能的，何况这需要一大笔费用，对小本创业的人来说是有很大难度的，最好的办法就是树立自己的信誉，这无疑是个让人信服的金字招牌，利用这块招牌，他们的公司打通更广的人脉网，以往的顾客都成了他们的宣传者，这样一来使公司的生意日益兴隆壮大，当然，良好的口碑并不是靠自己的嘴巴吹出来的，而是靠顾客的肯定而得到的，利用顾客这个人脉网是企业发展的一个比较可取的方式。

当我们开始创业时，不要顾虑自己的周转资金少，不要担心自己所涉及的行业竞争太大，用自己的诚信去经营，你会有一个好的资本积累，用诚实去面对客户，你会有不错的人脉，即使你在创业初期不认识什么人，但是随着你生意的扩展，你会有很多的朋友，他们也是很多客户的来源。

所以我们说，成功的基础是良好的积累，把客户当成朋友来相处，是成功的关键！

在生意中交朋友，在朋友中做生意

利用人脉关系成就人生的事业，世上有不少人获得了成功的人生，这是因为他们具有获得成功的条件。

除去环境、机遇和个人能力等因素，处理好人际关系，特别是要善于运用朋友资源，则是不容忽视的环节。谁能把结交朋友与利用朋友这个问题处理得好，谁就能借助来自各方朋友的力量来成就一番自己的事业。

有句话叫："生意好做，伙计难找。"伙计不易找，而一个运筹帷幄的朋友就更难求了。寻找一位能独当一面、协助自己成功的朋友尤为困难。

美国著名的百货公司萨耶·卢贝克公司的创始人之一——理查德·萨耶是靠做小生意起家的。他做梦也没有想到最后生意能做得这么大。他一生最大的长处，也是他成功的最主要因素，就是他善于寻找和利用朋友。萨耶起初在明尼苏达州的一条铁路上做运送货物的代理商。这种代理商共同的烦恼就是有时收货人嫌货不好，拒收送到的货物；若再将货物带回，就会倒赔一笔运

费。萨耶灵机一动，想出了一个新招——邮寄。这样不仅退货率大为降低，也为买主增加了便利。这种"函购、邮寄"的方式，在辽阔的新大陆上获得了意外的成功。

他的生意必须扩大规模，否则，别人利用他创造的这种经营方法，很可能赶到他前面去。他饱尝了"伙计难找"的滋味。通过将近5年的挑选，终于在一个月夜，这个注定要在萨耶的命运中起关键性作用的人，自己骑着马来了。他叫卢贝克，到圣·保罗去买东西，不料中途迷了路，这时已经饥肠辘辘，人困马乏。在皎洁的月光下，正在徘徊散步的萨耶看着卢贝克，对他的仪容外表顿生仰慕之心。也许，这就是所谓的缘分吧。他邀请卢贝克到他的小店中休息。两人一见如故，困顿全无，直谈到东方破晓。

两人默默相视，然后他们隔着桌子热烈地拥抱在一起。以两人姓氏为名的世界性的大企业"萨耶·卢贝克公司"在拥抱中诞生了。如鱼得水，如虎添翼，两人密切合作，公司第一年的营业额就比萨耶独自一人创业时增加将近10倍，达40万美元。第二年的发展更快，这种发展速度不仅为二人始料未及，而且使他俩明显地感到力不从心了。卢贝克说："我们何不请一个有才能的人加入我们的生意？"

萨耶一直把当年发现卢贝克看成是一大快事，对他的这个建议由衷地赞许："好吧，我们为我们的生意找个老板。"为上百万元的生意找个经营人，实在比找伙计困难多了，他们不久就灰了心。这种大将之才，实在是鬼雄人杰，本来就是很稀少的；即便真有这种人才，恐怕也早被别人拉走了。萨耶和卢贝克几次三番谋划，决定开阔视野，到一般的小商人中去寻找。这也是因为大公司的经理一般不屑于经营他们的"杂货铺"，而在平凡的人物中选拔适当人才委以重任，他一定会尽全力报效，不会像重金礼聘的知名人物，即便请来了，也只是抱着"帮帮忙"的心理。

终于有一天，一个经常上公司进货的布贩子进入了他们的视线。那天，萨耶与卢贝克正好路过一家布店，只见人群拥挤，大家都在争先恐后地抢购。等他们走近一看，才知道比任何人想象中的都绝妙。店门前贴着的大纸上写道：

衣料已售完，明日有新货进来。那些拥挤抢购的女人，唯恐明天买不到，都预先交钱。伙计解释说，这种法国衣料原料不多，难以大量供应。萨耶知道这种布料进得不多，但并非因为缺少原料，而是因为销路不好没有再继续进口。看到对女人心理如此巧妙地运用，以缺货来吊时髦女人的胃口，他实在觉得这个布贩子手法高人一筹，令人折服。

"虽然不知他长得什么样，也不知他是老还是少，但我几乎可以肯定，这个人就是我们要找的人！"萨耶和卢贝克都这样认为。然而，当他俩与店主见面时却大出意外，不禁面面相觑。原来他就是经常到他们店里贩布的路华德。他们彼此已认识好几年却从没有深谈过，并且路华德也从未有过什么特别的举动，因此萨耶和卢贝克对他也就没有什么特殊的印象，直到这次，他们把对方细细打量一番，才发觉他的目光中有一种说不出的神采，具有强大的吸引力。寒暄之后，萨耶开门见山地说："我们想请你加入我们的生意，坦白地说，想请你来当总经理。"

当上总经理的路华德为报知遇之恩，天天废寝忘食地工作，果然取得了惊人的成就。萨耶·卢贝克公司声誉日隆，10 年之中，营业额竟增加了 600 多倍。一时间，该公司拥有 30 万员工，每年的售货额将近 70 亿美元。对于零售行业来说，这简直是个不可思议的天文数字。萨耶就是这样借着朋友之力取得后来的成功的，如果当年他不发现和利用人才，没有与卢贝克和路华德合作，今天的他也许还在靠做小本生意养家糊口。

社会上有才能的人都能够把事情圆满解决。其实，这种人本身并不一定有什么出类拔萃的才能，也许还是个极其平凡的人，只不过是善于团结一批人为己所用罢了。所以从广义上讲，无论是朋友还是对手，都可以借用他们的才能成就自己的事业。

春华秋实，"朋友经济"的回报

在中国，历来很讲究哥们儿义气，而且有结拜兄弟的传统。只要情投意合，便要义结金兰，结拜换帖。有了八拜之交即可为朋友两肋插刀。

当初，刘备为了让关羽和张飞辅佐他打江山，与其结为换帖兄弟。其实，他们3人都是普通人，当时谁也不会想到就是这样3个处于社会下层的普通人，最后经营起一番事业来，在群雄逐鹿的三分天下中取得一席之地。这种成功经验对后人确实有极大的启发意义。

就拿经商来说，如果一个人资历不足，多方面条件都还欠缺，那何不与多人结为"同仁"，这样集众人的智慧和财力经营的事业就会变得更大些。

借鉴《三国演义》中"桃园结义"的经验来创办现代"同仁"企业是很有意义的事情，而且，已经有人取得了成功。曾经名噪一时的香港房地产业"新鸿基企业有限公司"便是显例之一。

新鸿基企业有限公司来源于1985年香港商界"三剑侠"组合的"永业企业公司"。所谓香港商界"三剑侠"，指的是3位在经营上都取得了重大成就的企业家，即地产巨子郭德胜、证券大王冯景禧、华资探花李兆基，他们在上世纪50年代看好香港的房地产业，但又缺乏单独作战的实力，于是经过协商而"誓师结义"，提出一个同仁企业的基本纲领，这就是他们所说的"同心协力、进军地产、你发我发、大家都发"。

"三剑侠"中的长者，是当时已47岁的郭德胜，他从开小门面的杂货店起家，由广东中山至澳门，又由澳门迁至香港上环批发华洋杂货，1952年就挂出了"鸿昌进出口有限公司"的牌子，以日本YKK拉链独家代理身份，在东南亚各地建立起销售市场渠道，加上代理日本、台湾尼龙制品，年营业额在1000

万港元左右。

　　如果就此罢手，也足以安居乐业，但若想更有成就，则必须另辟蹊径，郭德胜于是想到了进入房地产领域，以示自己志在千里。不过经营房地产，必须一下子调出数目可观的资金来，郭德胜想自己实力不足，而且也需要有朝气的年轻人来冲锋陷阵，于是找到了好友冯景禧和李兆基商量合作大事。

　　冯景禧 1922 年生于广州，17 岁时只身一人到香港谋生，从在九龙土瓜湾卑利船坞做学徒干起，逐渐当上了管事、账房先生。

　　1946 年他从广州集资运鱼苗去香港销售，以期在商界抬头，不料船上人员皆为生手，一路颠簸，鱼苗全部死光，多年拼凑的血本付之东流，返航时装载水果，希望从贩运中弥补一点儿损失，不想又逢风浪，水果全部烂掉，真是雪上加霜。在负债累累的情况下，冯景禧全凭个人意志对抗逆境。

　　1947 年从代客买卖金银入手，逐渐获得转机。由于有丰富的实践经验，冯景禧得以发现香港房地产这一大有可为的用武之地。他发现香港的土地全部由英国殖民政府控制，称为"官地"。不过英国殖民政府对待土地的办法与中国历代政府的办法不一样。中国历代政府是把土地在名义上分给臣民去耕种，然后向臣民征收赋税、分派徭役。

　　英国殖民政府是把"官地"用"官契"的形式批租给公民使用，公民只要交了租金，对于如何使用土地，政府基本上不问，这样任何人只要能租到土地，就可以获得由转租土地所获得的利润。香港地少人多，各业兴旺发达，土地转租的利润必然越来越高。为此，从 1950 年起，冯景禧与人合伙购买土地官契进入房地产领域，到 1958 年已经积累了不少经验。郭德胜来找冯景禧，确实是找到了一个行家里手。

　　"三剑侠"中年纪最轻的是李兆基，他 1933 年生于广东顺德，由于父亲在广东省广州开了一家银庄，使他从小学毕业起就有机会参加买卖实践，这是他得天独厚的基本条件。1948 年他随父亲来到香港做黄金、外汇的买卖，赚了一些钱。不过，他总觉得不保险，他曾经说："我七八岁时已常到父亲的铺头吃饭，自小对生意已耳濡目染，后来在银庄工作，令我深深体会到无论法币、伪

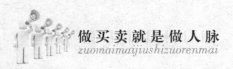
币、金圆券等，都可随着政治的变迁在一夜之间变成废纸，使我领悟到持有实物才是保值的最佳办法。"

李兆基对香港的实业进行了多方面的考察，也认为进入房地产领域是最佳选择。他反应敏捷、足智多谋，有他加入"永业企业公司"，几乎是刘、关、张"桃园结义"的同仁企业请诸葛亮来做"总经理"。

"永业企业公司"以"三剑侠"为核心再伙同另外5位股东出谋划策，冯景禧精通财务，李兆基胆大心细，3人上阵，可以说是珠联璧合。3位后来都进入香港10大富豪行列的企业家，能够在一家公司共同奋斗，算得上是中国现代经济史上的一段佳话。

由于起家时资金有限，最初的经营方式是以低价买进旧楼，拆掉重建，再伺机收购一些无人问津却又有发展潜力的土地，进行转手买卖，并且制定了"分层出售，10年分期付款"的营销政策，赢得了用户的信任。

5年下来，虽然没有大发，却为后来的大发奠定了基础。在已经看到了前景的情况下，"三剑侠"决定亮出自己的旗号，他们"甩掉"其他股东重新组合了"新鸿基企业有限公司"。"新"字源于冯景禧的"新禧公司"中的"新"，"鸿"字源于郭德胜的"鸿昌合记"中的"鸿"，而"基"字干脆取自李兆基的名字。

对"永业"向"新鸿基"改组一事，香港舆论界后来评论说："我们可以想象，他们从'永业'开始3人联手，生意做得很顺，否则的话不会在5年后继续合作。"其实，"三剑侠"得以继续合作，主要原因还不在于生意做得顺，而是3人在这5年内感受到同心协力的成果和愉快。他们可以"甩掉"其他"永业"股东，说明他们是精明的企业家，审时度势后可以迅速做出决断；而且他们一开始就立下自己成就大业的志向，与朋友合作，如同《三国演义》中18诸侯联军讨董卓，是在各自力量不足的情况下，选择一个大家都能接受的定向目标作为合作的基础，当这个目标实现或者实践证明不能实现时，合作便必须终止，不应受其他因素的干扰。这也是他们可以仿效"桃园结义"的办法组建公司、经营产业，却也不为传统的政治体制观念所束缚的务时态度的体现。"三剑侠"得以继续合作，是他们认为在前进的道路上还会有风浪，只有靠3人继续同心协力才能闯过险滩。

　　事情是人做出来的，但人在一起时关系就会变得很复杂，如果能坚持一些原则，关系就不难处理。吃点儿亏无所谓，做事不要太绝，有利益的时候先要记住给别人，然后再想到自己。只要这些做到了，关系还是好处理的。

　　人情世故是我们日常生活中积累的约定俗成的行为规则，属于社会知识的范畴。这些知识大半来源于与不同人群的社会交际，也来源于社会冲突与社会发展。在有专业知识与技能的情况下，人情世故能够帮助我们个人缓和与其他人之间的紧张度，也比较容易让其他人感到与我们交往的愉悦感与建设性。

　　1. 即使不是对大人物，我们也要用请教的态度与口吻，而不是以傲慢的姿态与他们说话，因为人不可貌相，很多对我们有帮助的良师益友往往来自不起眼的生活与工作中。

　　2. 在吃饭的场合充当主动点菜者，不适合请主人与主宾点菜，因为那不是尊贵者通常做的事情，但是请注意询问他们的喜好，而不是只管点自己爱吃的东西。但是这需要平时研究菜单，积累点儿点菜的经验。上桌的时候要尊重主人的安排，不要贸然先行入席。

　　3. 经常找出朋友、伙伴与同事（甚至小孩子）值得肯定的方面，即使老板也需要被你肯定，但是对后者的赞扬应尽量在私下场合进行，而对于一般朋友与同事则应公开赞扬。

　　4. 在受到别人对自己的相貌、事情、人品给予赞扬时，不要表现出理所当然的样子，也不要假意否认，合适的方式是表示感谢，尤其感谢朋友的肯定与支持。

　　5. 学会使用便条，包括借条、领条、请假条、申请信，如果你很主动地使用这些便条会让其他人感到你很规范，而且，如果你懂得请其他人这样做，你未来就能更好地与他们打交道。会写便条会让别人对你刮目相看。

　　6. 即使你不是服务人员，在朋友或同事有客人来的时候主动倒水，会让朋友与同事很有面子，也会让客人觉得你的朋友与同事很有威望。这会让你

的朋友与同事特别感谢你所做出的举动。

7. 虽然你觉得你是新手或者地位比较低的人，但是你要勇于虚心询问，并要做到主动询问别人是否有需要，而不要等领导或者资深的同事开口提出来时你再去询问，因为这样表现往往会使他们显得很被动。

8. 记得在别人不在座位的时候很热情地帮助他接听与记录电话、接受信件、传递信息，对团队的同事与同学，提醒他们一些你知道的重要日程。

9. 在征询了别人的意见之后才进入别人的房间，不要阅览别人的书架或者室内物品，在经别人同意的情况下才能使用别人的电脑，坐在别人的私人座位上通常不宜翻动别人的笔记本。

10. 出席别人的活动需要有邀请，如果不能出席应提前通知，迟到的话要在适当的时间通知主人，到了以后要解释，带未经邀请的朋友去要事前通知主人。

11. 不适合向别人索要礼物，收到别人的礼品不管是不是喜欢都要表示感谢，因为送礼者会很在乎你的反应，不适合将一个人所送的礼物转送给另一个人，尤其还保留原来送礼者的符号与痕迹就显得很没有礼貌了。

12. 在有多个出席者的场合，主动介绍自己的朋友给其他人，或者主动在你认识的朋友之间穿针引线。这样做会使那些被缓解了陌生感的朋友特别感谢你。

13. 在有不同地位朋友出席的场合，要始终保持微笑，体贴地招呼那些内向的、不为人注意的、有点儿自卑感的朋友，在社交中对弱势者的帮助会得到他们特别的感激。对于社会地位较低者，要克制自己所想表现出的不适感与负面表情，尽量主动先打招呼。

14. 让他人与你共同分享好东西，主动地告诉他人你知道的好消息，在有好事情的时候能想到别人，会让别人觉得你把他们当好朋友。

15. 当有人做错了事，不要用情绪性的方式加以批评，尤其要注意就事论事，避免评价别人的人格、个性与家庭教养。批评时能提出解决方案就更有建设性的意义了。批评时应不忘肯定别人的长处。如批评时能较幽默，往往负面效果

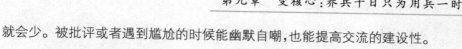

就会少。被批评或者遇到尴尬的时候能幽默自嘲，也能提高交流的建设性。

16. 好汉不吃眼前亏。在很多时候，如果问题争执不下，也不要继续火上浇油，冷静下来，多收集一些数据材料或想得更明白点后再说。

17. 在你不能有充分把握的时候，用"争取"与"尽量"这样的口吻回答别人的邀约，承诺了就要最大限度去履行。诺言是指100%能做到的事情。如果你有了3次甚至更多对同一个人没有履行诺言的记录，那个人通常就不再认真地对待你的约定了，这就是所谓的信用问题。

18. 虽然在商言商，但我们要尽量不谈回报，先为别人做点儿什么，这样就在心理上赢得了比别人优越的债权感。

19. 为子女者应尽早学会生活自理、料理家务，有工作者应主动帮助办公室里不起眼的杂务。

20. 为子女者或小辈者与父母、长辈、尊敬者同行时不抢道，让行、让座、让茶、让食，宴席开吃请邀大家同食。

21. 参加宴会、与朋友同食，不挑剔埋怨食物，不因不喜而不举筷，即使不喝酒也应以茶代酒。

22. 向师长或他人发问、商讨或为人请教，应起立，先致意问候。

23. 不要在背后议论他人的不是，严厉的意见应与当事人亲提，对人肯定的话倒可以背后说，对领导的好话宜私人对其私言；

24. 说话需自律，对失意的人不说自己得意的话，不张狂高举自己的地位、子女、家里的财产，见老年人不说丧气话，多说鼓励人的话，不要轻易地严厉批评人，即使不愿与他人交往也不必说狠话、做狠事。

25. 对小贩、苦力别太讨价还价，与劳力平民说话也要有谦恭之态。

26. 受人接待、得人指教、获人帮忙，应致感谢信息，或邮件致意或专门找机会致谢，长者赐礼，不应推辞。

27. 不当众剔牙、打哈欠、伸懒腰、吐唾沫、抓耳挠腮，不未经征询抽烟，不醉酒见他客。

28. 在吃饭或已睡觉时，或衣衫不整时不访客或不接待访客，待客则应周正。

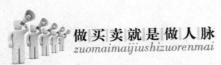
29. 接待来客、见尊客应先伸手相握，先帮助引座落座，另有主人则应候主人安排座位。

30. 平时在无事之时就应致电或邮件或写信问候朋友，而不应在有事麻烦人的时候才找人。

31. 远客来访，应尽量设宴招待；有客人来应备礼，受礼应还礼；到远地访问应先由本地朋友了解本地偏好与禁忌。

32. 初见应请教人尊姓大名，如受人请问尊姓或贵姓，应答免贵姓×，或称免贵叫我××好了。

33. 入乡随俗，人鞠躬我躬，人作揖我揖，人问候我问，人握手我握，让人有融入亲近之感。

34. 称呼应有亲近感，称呼到访的公司可称"我们××公司"，而不是"你们××公司"；称"我们在座的同事"，而非"你们的员工"；称"我们公司现在做的××事业"，而非"你公司做的××业务"。

35. 质疑别人应多有依据，不信口开河；虽有理，但措词应注意和缓，态度要诚恳，有求教之语；评论别人前应反思自己能否做到。

36. 知道好的消息与好的道理应尽量与人分享，利益让人分沾；得人鼓励、支持、帮助应特别的感谢。

对于人情世故，曹雪芹在红楼梦中有一句诗很是经典，经常被人用做座右铭："世事洞明皆学问，人情练达即文章。"

利用"关键人物"的5个注意事项。

人脉关系是一种感情的凝聚和利益的融通。有了关系也就有了路子，有了利益，有了各种随时可以兑现的希望。所以，不但寻常百姓重关系，达官显贵重关系，就连生意场上的生意人也同样看重关系。

一些与重要人物或关键人物关系亲密，或所谓"关系铁"的人都是神通广大的人，他们能把与自己或朋友利益有关的合理与合法的事儿办得非常漂亮，而且还有可能越过法律和道德的界定办成一些越格出线的事儿，所以精明的生意人都知道，要想办成事儿，必须靠关系。

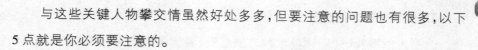

　　与这些关键人物攀交情虽然好处多多，但要注意的问题也有很多，以下5点就是你必须要注意的。

一、要了解和掌握关键人物的身世和社会关系网

　　任何一位关键人物都有自己的人情关系网。这个"网"的形成与他的身世和人生经历有直接的关系。要想与他攀附关系，必须先暗地里多留心和注意他的身世和社会关系网，包括他的同乡关系、亲属关系、朋友关系、同学关系、上下级关系等等，掌握了这些信息之后，鉴于直接与其建立关系多有不便，则可"曲线救国"、另辟蹊径，设法同一两位与这位关键人物关系甚笃的人建立关系，这样在必要时，便可以借助这些关系的力量，使他碍于某些关系的面子不好拒绝，不能拒绝，不便拒绝。

二、要委婉自然，牵动旧情

　　与关键人物攀附关系不应生拉硬套，本来没有亲戚关系却偏偏七拐八绕，硬说有亲戚关系；或者本来与他的某位朋友没有什么关联，却偏偏鼓吹自己与人家情深义重，如此这般，很容易引起关键人物的厌恶和鄙视。所以，与关键人物拉关系要循循善诱，顺理成章，委婉自然，让他感受到虽是不经意地提起，却一语中的，牵动他的旧情，甚至让他陷入对旧情与旧事的沉湎中。如果能把与关键人物的关系攀附到这分儿上，那么就不用担心他对你托办的事情会袖手旁观了。

三、要讲究场合

　　在众目睽睽之下是不便与关键人物攀附关系的。因为绝大多数上级是不情愿公开自己的身世和社会关系的。非但如此，关键人物本人还会顾忌你，而旁观者更认为你是在有意巴结他。所以，在公开场合攀附关系不但对关键人物有碍，也对自己有失。与关键人物拉关系最好是在背后与他拉家常、闲聊，或者在酒桌上小酌、在茶余饭后散步的时候，或者在他情绪好而且还具有拉关系由头的时候，在类似这样的时间和场合里，与关键人物套关系最容易切中他的心意，最容易令其买账。

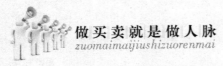
四、多考虑对方的感受

让别人办事儿时,应该考虑对方的感受,看他是否乐意,心中有何想法,是否接受请求。因为人是感情动物,我们主观上讲逻辑道理,但不应该忽视感情这一点,如果想跟别人建立成功的关系,就要考虑到别人的感受。正如保罗·帕卡所说:"在与人交往中,讲感情比讲理性更能成功。"

例如有个故事,说的是一位女士进一家鞋店买鞋。鞋店的一位男店员态度极好,不厌其烦地替她找合适的尺码,但都找不到。最后他说:"看来我找不到适合你的,你一只脚比另一只脚大。"那位女士很生气,站起来要走。鞋店经理听到两人的对话,于是叫女士留步。男店员看着经理劝那女士坐下来,没过多久一双鞋卖出去了。女士走后,那店员问经理:"您究竟是用什么办法做成这笔生意的? 刚才我说的话跟您的意思一样,可她很生气。"

经理解释说:"不一样啊,我对她说她一只脚比另一只脚小一些。"经理已把真相告诉那位女士,但他考虑到她的感受,从跟她说话时就讲究技巧,又对她尊重。他从那位女士的角度看问题,所以成功了。看出别人的感受,然后以尊重的态度跟别人说话,这种技巧十分有用。正如小说家约瑟夫·康拉德说的:"经我合适的字眼,合适的口气,我可以把地球推动。"只有考虑到别人的情感,照顾到别人的情绪,在请人办事时才有可能被接受,不至于一口被回绝。

你需要知道别人的感受,并且在处理自己的事情时把这点也考虑进去。如果不这样做就是贸然行动,就会让别人看轻你。通常在你认为有考虑别人的感受时,你真的要做的,就是想如果你站在他们的立场上你会怎么做。如果不揣测别人的感受,又没有从对方那儿得到足够的讯息,你可能只会暴露对别人了解得不足。一旦你把这些莫须有的看法套在别人身上,别人就会对你失去信心,他们会因为你不了解他们而觉得受到伤害,有时候在极端的情况下,他们会觉得受到戏弄而变得反抗性十足。

记住,对别人而言,你是站在围墙的另一边。所以你只能从他的利益角度来看事情,考虑他的看法、感觉是什么,还有为什么。他知道他的问题在哪里,相信比较起来你的问题还比较次要,这又有一部分是源自每个人固有的孩子气且以自我为中心的观点。

如果你想了解别人，你就必须这样做：让他们说话，并试着让自己站在他们的立场上考虑他们的感受。有求于人时更应如此。

作为居高临下的关键人物，身边常有溜须拍马、曲意逢迎的人，这些人也在积极寻找巴结关键人物的机会，因而与关键人物攀附关系也存在着一种畸形的竞争关系。那么，怎样才能在这样的竞争中取胜呢？有经验的人都知道，必要时可以使用一些手段，因为，任何一位关键人物都自觉或不自觉地处在错综复杂的社会矛盾中，有些是对他有利的，有些是对他有害的；有些是他自己一目了然的，有的是他无从觉察的，那么，你为了攀附于他，就应该认真关注这些矛盾的风吹草动，一旦有什么特殊情况或特殊机遇，便可通过委婉干预的手段随即成为关键人物的心腹之人，就不愁没有什么事办不成了。

所以，只要在攀附关系上下了工夫，就一定能在关键人物那里收获一些感情，凭借这种攀附出来的感情把自己的事情办成，也不失为一种追求成功的方法。

积极结交社会上的一流人物，与一流人物交往，也容易使自己成为一流人物。在自己所处的环境里，能与地位显赫的一流人物交往，并学习其观念、优点、做法，才能引导自己向上。

要善用整合资源为己所用的借力术

不管你是一个什么样的人，都不可能像鲁滨逊那样孤独一人闯天下，尤其是要打开自己的人生局面，更离不开与各种各样的人打交道。要想让别人帮助你，你就必须先付出精力去关心别人、感动别人，这样才能赢得别人回报的资本。因此，高明的人，必须信守"相互帮衬"之道。

作为领导要带好各个部门，让每个部门都协调运转，让每位职员都能各

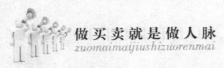
尽其职，领导自身的能力显得尤为重要。

这种能力，指的是领导自己成事的能力。只有当领导自己能够成事并善于成事，才会调动所有员工为企业所用。

所谓的自己成事，并不是狭义上的非得领导自己动手做成的事。领导也不是万能的，也是有缺点和不足的，不可能万事都通。这就正如一个军事家，不一定非得在战场第一线是个神枪手一样。而是指领导通过自己对各方面能力的组合，有效地调动外部条件来完成某件工作。

例如，一个化工行业的总经理，其所学的专业是企业管理，如果要他也懂化工技术就有点儿强人所难了。他虽然不懂化工技术，但是他可以通过自己其他方面的能力来解决这一问题。他可以找几个化工技术的专家，让他们来完成这项工作，这也是领导自己成事的能力。当然，如果你无法调动化工专家为你所用，这就说明你不具备成事的能力。

外行可以领导内行，但关键是外行领导要善于整合资源，调动各方面的有利因素为己所用。

有了自己成事的能力，你的声誉就会很高。声誉是一个成功企业家必备的素质之一。有了声誉，你在行使职权时下属就会听你的，也乐意站在你的身边与你一起奋斗。如果你不具备自己成事的能力，你的地位再高，职权再大，下属也不会围着你转。即使慑于你的权力不敢正面对抗，心中也是充满抵触情绪的。这样就会降低工作激情，最终影响工作效率。

其次，光有自己成事的能力是不够的，还必须要有帮助别人成事的能力。如果要将这两种能力分个轻重的话，帮助别人成事的能力的分量要大一点。

仅有自己成事的能力而缺乏帮助下属成事的能力，这顶多也只能算是个实干家，还谈不上是一个企业家。

真正高明的总经理，应该在安排工作时就询问下属能不能干好，知不知道怎么干。如果下属不知道或者领会不够，就要帮助下属。工作安排下去后，如属重要或紧迫的工作，还要不断地去检查下属的工作。在检查过程中，一旦发现对方做得不对就需要马上纠正他。如果对方实在不行，这时要亲自画个

"葫芦"给下属，让其按"葫芦"发挥。这样可以避免走弯路。

如果总经理不具备帮助别人成事的能力，当下属不懂得怎么干时，而你又不能帮他，那么工作就会受到阻扰。

同样的道理，帮助下属成事，并不一定是要你亲自去做，因为你也不一定会做。如果一个化工技术员在工作中遇到了难题，要你这个学企业管理专业的领导去做，你虽然办不到，但你可以改变他的思维模式，教给他解决问题的方法。

领导不一定要面面俱到、什么都懂，但领导的思维模式、解决问题的能力和方法应该是高于其他人的。要善于教给下属方法，并改变下属固有的、局限性的思维方式。

生意场上只有永远的朋友，没有永远的敌人

还是那句话，朋友是一辈子的事，如果因为什么而淡了感情，那么就不需要珍惜这个朋友。

既然是生意场，那么就要遵循商业法则，在生意场上，只有利益是最大驱动力，不过不排除为了兄弟两肋插刀的哥们儿。做什么就是在做什么，别把个人感情牵扯进来，否则也是白搭。跟做题一样，思路不一样的时候就会出现分歧，一个比一个激动，甚至吵起来。但是朋友就不同，战场下还是朋友，还是那句话，朋友其实是一辈子的事，如果因为什么而淡了感情，那么就不需要珍惜这个朋友。

在众多商务客人的热切期盼中，在无数家酒店同行的大力支持下，坐落在魅力泉城济南的中国单体商务酒店，从这一天起有了我们自己共同的"家"——中国大雅商务酒店发展联盟。中国商务酒店自2003年起风起云涌发展

迅猛,数量激增鱼龙混杂,除少数品牌连锁外,多数是单打独斗,没品牌、没规范、没标准,面对目前的酒店竞争只有一条路——价格战。随着商务酒店的不断发展,这种单打独斗的个体酒店将很难生存,针对这一现实,为了应对未来的市场竞争,大雅酒店联盟应运而生,我们以"团结聚实力、合作创效益"作为联盟的宗旨,为客人省钱、为酒店增效是我们联盟发展的最高准则。

大雅酒店联盟始终坚持大雅联盟自己建、大雅联盟自己管的发展原则,我们的目标,是建立一个覆盖全国各主要商务旅游城市的一个商务酒店联盟网络,为出差旅游商务及旅游散客提供方便、舒适、安全、快捷的商旅服务。为避免联盟酒店内部的竞争我们坚持每个城市只选一家的原则,个别超大城市会根据商圈情况考虑增选2~3家,以确保联盟酒店成员的利益。为方便联盟贵宾,我们推出联盟酒店贵宾卡和400-700-9922的免费订房电话,我们将以优质、高效、规范、热情的服务欢迎国内外贵宾的光临。

为进一步规范联盟酒店内部的管理,我们将逐步推出统一品牌标志,统一宣传、统一服务标准、统一物品采购、统一管理培训,使各联盟酒店按照统一的规范标准提供对客服务,树立和打造大雅酒店连锁的品牌。大雅联盟是我们共同建立的一个服务品牌,需要我们各联盟酒店共同来细心呵护,才能使她健康茁壮地成长;联盟酒店是为所有商务旅游客人服务的平台,我们更需要每位贵宾给予我们更大的关心和支持,我们坚信有广大贵宾客户的支持,再加上我们全体联盟同仁坚持不懈的努力,大雅联盟这朵含苞待放的小花一定会开遍祖国的大江南北。

尽管人们都认为:生意场上没有永远的朋友,只有永远的利益;而实际上,另一句话也是正确的:生意场上只有永远的朋友,没有永远的敌人。因为有利益就会互相合作,就会结成朋友。一旦存在永远的利益,就有了永远朋友存在的前提,这样的结果就是,只要有永远的利益就会有永远的朋友存在,即便现在是敌人,以后也会变成朋友。原因就在于有永远的、共同的利益。

第十章

察人心：和这类朋友别谈太多的生意

真正的朋友之间有一种默契，当你有一种感觉想表达出来而未出其言时，身边的朋友可能已恰到好处地讲出了你的所想，这种朋友是朋友中的极品，这就是人们常说的"知己"。但不是每个人身边的朋友都是这样的，有的时候，有一些朋友会在你最困难的时候落井下石，给你打击，不让你获得喘息的机会。下面这一章教你怎样与一些朋友保持一定的距离，避免陷入事业或生活的危机。

珍惜朋友资源，不要过度开发

　　任何资源都有枯竭的一天，同样，朋友资源也不可过度地开发。它需要我们在开发的时候注意维护，千万不要过度，就像珍惜淡水资源那样珍惜朋友资源。

　　千里难寻是朋友，朋友多了路好走。朋友，是组成五彩人生中不可缺少的因素，没有朋友的生活便会黯然失色。不管你来自何方，身份背景如何，只要有一颗诚挚的心，就会有自己的朋友，交朋友可以跨越时间和空间的距离，互联网上的朋友或许虚拟，但也不乏有志趣相投者，即使不见面，用文字和声音也可以交流和沟通。

　　每个人身上都有其不足和长处，也许你自己看不到自己的毛病，但朋友一定会指出你的不足，和朋友交往，可以互相取长补短，完善自我。真正的朋友在你困难时一定会毫不犹豫地伸出援助的手，在你失意时给你鼓励和支持，在你伤心时给你坚强和安慰，在你烦恼时为你排忧解难，甚至在你生气时充当你出气的对象，当然，这样的朋友一定是你身边的死党，他能够真实地理解你，愿意和你一起悲喜。

　　来看看下面这个故事。

　　有两个朋友在沙漠中旅行，在旅途中两个人的感情非常好，他们说，无论遇上怎样的事情都要一起面对，有福一起享，有难一起当。在接下来的旅途中发生了一件惊险的事，一只狗熊发现了这两个人，惊慌中，一个朋友凭借自己的身手矫健地爬上了一棵大树，另一个朋友不会爬树，非常惊慌，在树下求助，可是已经爬上树的朋友却不顾他的安危，只顾着用树叶把自己掩护起来，眼看着狗熊一步步靠近，树下的这个朋友灵机一动，马上倒在地上，憋住呼吸，假装死掉，因为他知道，狗熊是不吃动物尸体的。在狗熊走了以后，他们经过这次事件之后就应该更加了解朋友的真正含义了吧！

在现代生活中，越来越多的人因追求金钱而放弃了真正的朋友，在现代人的思想中，有的人认为朋友帮得上忙时是朋友，帮不了忙时就什么也不是，朋友也可以用过就扔，这种人对朋友只有利用，但到最后，这种人只能失去所有的朋友，没有朋友的人将会一无所有，即使活着也是可悲的。

让我们好好珍惜身边的朋友，无论朋友是贫穷还是富有，是美丽还是丑陋，都请你以诚心相待，因为在你落难时，真正能帮得上你的，还是你身边的朋友。

任何资源都有枯竭的一天，同样，朋友资源也不可过度地开发。它需要我们在开发的时候注意维护，千万不要过度，就像珍惜淡水资源那样珍惜朋友资源。有很多人以为一味地利用自己的好朋友，觉得怎么利用他们都无所谓，实际情况却不然。每个人都有自己一定的心理承受度，太过度往往会出问题。那些以为开发自己朋友资源的人，最终的下场就是众叛亲离，孤家寡人。所以在商场上要注重维护自己的朋友资源。

抹不开面子是中国人的生意软肋

在中国人的生意经里有一道特殊的菜，那就是"面子"。

面子问题在中国人心中已根深蒂固，"死要面子"就是典型的例子。比如古时有穷秀才为了面子问题而饿死在家中；再比如徽商（古徽州）的后代，徽商在明清时期是何等的不可一世，当时有"无徽不成镇"之说，但那个年代商人的地位并不高，很多人瞧不起商人，徽商为了"面子"，鼓励后代读书做官，结果古徽州出了不少名人，但徽商失去了昔日的辉煌，当然徽商的没落有很

多原因，"面子"也是主要原因之一。

现在很多在外打工的朋友，为了"面子问题"，有的宁可坐在办公室拿几百块钱也不愿下车间做一两千元钱的工作；有的宁可去工厂做自以为很"体面"的工作也不愿去摆地摊；有的大学生为了给自己找一份体面的工作，花光身上所有的钱，最后寄人篱下。有的人很看不起业务员，认为做业务员很丢面子，但看到别人做业务员发达了又很羡慕。有的人想创业，但抱怨没资金没技术，其实也是因为"面子问题"，他们不愿意从事比如摆地摊、卖早点、小吃及清洁等投资小门槛低的行业，认为那样很丢面子，其实小投资创业往往也能做大，现在有不少公司的老总都是从摆地摊、卖早点、小吃及清洁做起的。

有的朋友想投身商海，可是希望一出手便是做大生意，总觉得做小生意丢面子，可是没有前期的积累，怎么可能一下子就过度到大生意的分上去呢？

面子真的那么重要、那么值钱吗？其实面子你认为它重要就重要，你认为它不重要也就不重要，关键看你怎么看待它，不要因为"面子问题"而失去机会！

中国人比较注重"面子"。其他东西可以不要，但面子不可以不要。当人们指责那些贪婪的人时往往会说："这种人什么都要，就是不要面子！"有时候人们心甘情愿地放弃物质利益，为的是不丢面子；有时候人们千方百计地获取物质利益，为的是争点儿面子。面子，几乎成了中国老百姓为人处世所考虑的主要因素之一。社会上以有无面子作为日常生活标准的人也时有所见。那么，究竟什么是面子呢？面子现象的深层意义又是什么呢？

面子，顾名思义，就是人的脸面，古代称为颜、面或面目等等。人的脸面有个很大的特点，就是既属于自己，又不属于自己；既属于他人，又不属于他人。因为脸面长在自己头上，当然是自己的，可是自己却无法看见。自己的脸面只能展示给别人看，可以说是被别人用的。古语道，女为悦己者容，说的就是这个道理。所谓面子，实际上就是自己在别人眼中的印象。给别人留下好的印象，别人对你首肯，对你赞扬，对你恭维，称之为有"面子"；给别人留下不好的印象，别人对你否定，对你批评，对你谩骂，称之为没"面子"。不过需要注意的

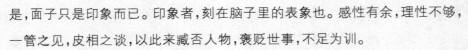

是，面子只是印象而已。印象者，刻在脑子里的表象也。感性有余，理性不够，一管之见，皮相之谈，以此来臧否人物，褒贬世事，不足为训。

一张皮于两片瓢。面子作为一种人际交往中的社会现象，以文化传播的社会意义来考察，大致有正反两面的作用。就正面作用来说，面子是一种道德情感，维系着人的道德价值；就反面作用来说，面子是一种虚荣心理，催生着弄虚作假的行为。

在人际交往之中，面子首先是一种道德情感，具体地说就是人的一种羞耻心。所谓大失面子，就是人的内心深处感到羞愧和耻辱。正当意义上的羞愧和耻辱，是道德情操的体现。一位伟人说过，羞耻是一种内向的愤怒。这种内向的愤怒可以净化人的思想，升华人的灵魂。注重面子的人，必然有一定的道德心。忽视面子的人，必然缺乏道德心。如果一个人至少还要一点儿面子的话，那就说明他还没有堕落到不可救药的地步。

东汉时期的一天夜里，哲学家陈寔的家里来了一个小偷。陈寔听到有人入室盗窃，于是就叫了一声。那个小偷听到以后害怕了，便赶紧爬上房梁躲了起来。陈寔请这位梁上君子下来，对他说你很有道德心，那个小偷表示不解，于是陈寔请他把衣服一件件脱去，说道德心就在你的身上。这个小偷脱得只剩下一条内裤后，无论如何再也不肯脱了。陈寔哈哈大笑，说你还是要面子的，还是有羞耻之心的。假设这个小偷毫无面子观念，根本不知羞耻为何物，在陌生人面前把自己脱得一丝不挂，岂不是他的道德心全部沦丧殆尽了吗？可见，人还是要一点儿面子的，因为面子就是道德心。《史记》中记载，当项羽四面楚歌、霸王别姬时，有一摇船老汉劝他渡江东去，聚集力量，卷土重来，项羽说："籍与江东子弟八千人渡江而西，今无一人还。纵江东父兄怜而王我，我何面目见之？"于是拔刀自尽。项羽作为一个历史上的英雄人物，如此看重面子，如此具有羞耻之心，如此敢于承担责任，确实难能可贵。从这个意义上来说，项羽道德高尚，虽败犹荣。古人如此爱惜面子，现代人要更加爱惜面子。在现代社会中，这种面子观念非但不能减弱，而且要大大增强。如若大家都有这样的面子观念，大家都珍爱自己的面子，一定会出现许多新气象。官员们会更

加清正廉洁,勤政为民,因为他们会因为未做好工作而感到羞愧;足球运动员也会因为老是输球而感到深深愧疚,就会想方设法夺取胜利,为自己、为国家争回面子。诸如随地吐痰、乱扔垃圾、乱穿马路、污言秽语、破坏绿化等等不文明行为,就会大大减少。因为人们在做这些不文明的行为时,一定会羞愧得无地自容、感到大失面子。这应该是社会文明的一大进步。

规避反目成仇:亲兄弟,明算账

创业打江山,请远离几类朋友,他们的出现不仅不会为你的职场生涯加分,反而会给你带来不少困惑,是你打造成功的拦路虎。

1. 缺少职业意识的人

职业意识是人们对所从事职业的认同,它可以最大限度地激发人的活力和创造性,是敬业乐业的前提,如职业运动员、职业演员等,他们具有较强的职业意识。而一些工薪人员却对所从事的工作缺少职业意识,只满足于机械地完成自己分内的工作,对自己要求不高,缺少进取心,在工作中缺少积极主动性。这与激烈竞争的环境是不相宜的。

2. 优越感过强的人

这些人自恃才高,我行我素,脱离公司集体,与公司集体的关系难以融洽。

3. 只会说"是"的人

上司不喜欢只会说"是"的人。因为这种人缺少独立性、主动性和创造性,若当了经理,也只能是因循守旧,难以开拓性地工作,对公司的发展不利。此外,这种作风对员工的培养也没好处。

4. 偷懒的人

这种人被称作"工资小偷"。他们付出的劳动与工资不相符,空闲时间过

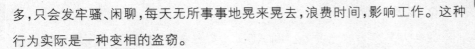

多，只会发牢骚、闲聊，每天无所事事地晃来晃去，浪费时间，影响工作。这种行为实际是一种变相的盗窃。

5. 片面与傲慢的人

有的人只注意别人的缺点，看不到别人的优点。或明知别人的缺点，却不能向好的方面引导。有的人喜欢贬低他人，抬高自己，总认为自己是最强者，以自我为中心，在人格方面有很大的缺陷。这两种人弱点明显，即使有能力，也可能会给公司造成很大的负面影响。

6. 僵化死板的人

这种人做事缺少灵活性，对任何事都只凭经验教条处理，不能灵活应对。习惯于将惯例当成金科玉律，不能适应迅速变化的形势和环境。

7. 感情用事的人

处理任何事情都要理智，感情用事者往往以感情代替原则，想如何做就如何做，不能用理智自控。这对公司的工作是极为不利的。

8. "多嘴多舌"与"固执己见"的人

多嘴多舌的人，不管遇到什么事都喜欢插话说几句；"固执己见"，从不倾听别人的意见。不过，要把这两种人与有自己独立见解、坚持正确意见的人区别开来。

9. 虚伪的人

这种人表里不一，表面上恭维人，待人非常礼貌客气，内心却完全相反，看不起别人，背地里我行我素，这种人会对周围的人和事产生消极影响。

10. 屈原型

这种人是忧郁寡欢的人，"天下皆浊，唯我独清"，"天下皆醉，唯我独醒"；以自我为中心，对外部事物不感兴趣；清高孤傲，不喜交际；独来独往，没有团队意识；怨天尤人，觉得别人都对不起他。过分忧郁的人常自认为自己是世界上最不幸的人，表现为压抑、郁郁寡欢、终日不露笑容。在公司里，过分忧郁的业务代表，对事物的估计多是悲观的；遇到挫折很容易自卑自责，做内部归因；主动的市场动作很少，总是到万不得已时才会与客户沟通。

11. 林黛玉型

这种人是过分敏感的人。刮风下雨，花开花落，都会引起他们情绪的变化；与人交往中，往往会拿出全部热情，但受挫折时又容易消沉、失望。这种人对环境过分敏感，客户的一句话、一个小动作，对他的伤害都会很大，常把一些很小的得失看得很严重，并为此耿耿于怀、烦恼不已。

12. 花花公子型

这种人可能因为家境较为优越，生活没有太多的压力，做任何事情都是凭一时兴趣，有兴趣的时候，活儿干得非常不错，但碰到一点儿困难就打"退堂鼓"，工作做得一塌糊涂。此类员工平时最大的毛病就是缺乏责任感，办事不认真；丢三落四，不是忘记带名片就是带错方案。你批评他，他也承认是自己的错，并保证下次改正，可没过多久，老毛病就又犯了。

13. 贵族老爷型

有此种性格的人自认为高出他人一等，从潜意识上瞧不起别人，也瞧不起客户。平时在工作中体现出的特点就是不耐烦、焦躁易怒、经常抱怨，严重的还会情绪失控，向别人挑衅。这种类型的人在面对客户时总有这样一种想法："行就行，不买拉倒！"缺乏对客户的耐心和理解，很难赢得客户的信赖。

什么是"家族集团"难突破的瓶颈

当今的中小企业中有一部分是家族企业，这样的企业会有怎样的弊端呢？

首先，小家族以外的员工没有归属感。进企业的能人不能及时公平地被提拔重用，以致挫伤他们的积极性，不能形成庸者下、能者上的用人机制。若老板及其管理者凭优越感而滥用权力，亲疏分明，就会造成大多数员工有怨言，因而这类企业当成长到一定规模后其弱点非常明显，导致企业不攻自破。

家族式管理过分重视人情，忽视制度建设和管理。这种管理模式使企业内部人际关系融洽，为企业带来和谐的利益，但企业不是家庭而是一个社会经济组织，其成员的个人目标和利益与企业目标和利益存在一定的差异和冲突，特别是没有血缘关系的员工之间，以及员工与老板及亲属或亲信之间的利益关系的调整，必须有一个客观公正的标准，用统一的制度和纪律来约束全体成员的行为，才能形成客观公正的管理机制和良好的组织秩序。

同时，家族企业在领导的选择上往往以血缘亲疏为标准，采取子承父业和亲戚总比外人可靠的家族继承制，忽视个人的才干和品行，从而导致企业持续发展受阻，领导更替造成企业破产的事例屡见不鲜。

在家族企业中，领导者的作用非常突出。他们的道德与行为端正，作风严谨，奉公敬业，在业务素质上也要求有一技之长，他们中许多是复合型人才，不仅是某个技术领域的专家，而且也是精明的商人，还是公关能手。

由于他们的才能而限制了许多下属作用的发挥，压制人才的成长，形成个人绝对权威。因此这类企业经常会出现"成也萧何，败也萧何"的现象，即能人经济现象。当个人决策正确时，不仅决策迅速、贯彻有力，还会提高个人的权威；但当其决策失误时，也得不到他人的及时提醒，会给企业造成巨大的损失。同时，当此人不在或退位时，组织会出现人才断档、权力真空的现象（继任者很难在短期内形成个人绝对权威），造成企业一时期内混乱或无组织状态。

家族式管理任人唯亲现象严重，他们在处理人际关系时按亲疏远近而非因才适用，因此在组织内产生"自己人"和"外人"的差别，造成"打仗亲兄弟，上阵父子兵"的家族主义氛围。外人为生存也就趋炎附势、拉帮结派，形成"你群"和"我群"的派系。有时为保护"外人"的利益，他们会团结起来与老板或"自己人"抗争，造成企业内讧。因此家族式管理要么凝聚力很强，人际关系融洽，要么内部四分五裂，派系纷争。

家族式企业的管理目标往往是以社会责任和员工福利为第一位的，而将经济效益放在第二位。由于这类企业在创业时有亲朋帮助，是靠兄弟打天下

才获得成功的,从伦理道德上讲不能忘了患难弟兄,因而为他们谋福利义不容辞。同时为兼顾公平,对全体员工也会一视同仁,企业包揽了员工的住房、医疗、保险、子女就业乃至全家的生老病死,很容易将企业办成福利组织。

弊端之一:组织机制障碍。随着家族企业的成长,其内部会形成各类利益集团,由于夹杂着复杂的情感关系,使得领导者在处理利益关系时会处于更复杂、甚至是两难的境地。当企业领导人的亲属和家人违反制度时,管理者很难像处理普通员工那样一视同仁,这就给企业内部管理留下了隐患。

家族式企业还有一个很普遍的特点就是,可以共苦但不可同甘,创业初期,所有矛盾都被创业的激情所掩盖,但创业后的三关——分金银、论荣辱、排座次往往给组织的健康成长造成了阻碍。当对待荣誉、金钱和权利的看法出现分歧时,亲兄弟之间、父子之间都可能出现反目现象。

家族式企业似乎对外来的资源和活力产生一种排斥作用。尤其是由于在家族式企业中,一般外来人员很难享受股权,其心态永远只是打工者,始终难以融入组织中。另外,由于难以吸收外部人才,企业更高层次的发展会受到限制。正如新希望集团总裁刘永行所说:"家族企业最大的弊病就在于社会精英进不来。几兄弟都在企业的最高位置,外面有才能的人进不来,而且一家人的思维方式多少有些类似,没有一个突破点。大家各有各的想法,要决策某件事就很难,容易耽误商机。"

决策的独断性是许多民营企业初期成功的重要保证,不科学的决策程序会导致失误。

许多企业家在成长过程中靠的就是果敢、善断,是由于抓住了一两次稍纵即逝的机会而获得成功的。但是随着企业的发展与外部环境的变迁,企业主的个人经验开始失效,生意越做越大,投资的风险也越来越大,不像创业初期那样,一两次失误的损失还可以弥补回来。这个时候,保证决策的民主性、科学性就显得越重要。

家族企业作为民营经济的主体,通过家族这种稳定而相对有诚信保证的组织,由小型家庭作坊逐步扩展到规模生产、集团经营的大型企业,经历了

20 余年的时间考验,根据企业经营经验及社会经济理论来看,新世纪初期将进入成型家族企业生存与成长的调整期。据美国一所家族企业学院的研究显示,约有 70% 的家族企业未能传到下一代,88% 未能传到第 3 代,只有 3% 的家族企业在第 4 代及以后还在经营。麦肯锡咨询公司研究结论是:家族企业中只有 15% 能延续 3 代以上。家族企业从开创到成长、扩展,由小到大、由弱变强,影响家族企业二次创业、制约家族企业规模化发展的主要阻力集中于狭窄的资本获取渠道、高度集中式的企业产权、杂乱的人力资源管理、含混不清的经营策略及发展模式这四块坚冰之上。因此,家族企业急需破除再发展的障碍、融化制约企业前进的坚冰,使自身步入健康发展的正确轨道。

第十一章

两不误：生意场上也有一辈子的朋友

生意场是你死我活的斗争场所，虽然没有流血牺牲，没有硝烟阵阵，但是却充满着看不见的刀光剑影，有人说生意场上不存在真正的朋友，因为，人们对利益的追逐掩盖了友情的表露和表达，真的是这样吗？那么我们来看看真正成功的生意人是怎样在生意场上获得双赢的，既做成了生意，又收获了珍贵的友情！

不要在生意场上觅人生伴侣

我们说寻找一个人生伴侣的基本标准是真实、真诚,因为这个伴侣会伴随我们走过一辈子,和我们风雨同舟,历经人生的酸甜苦辣,但是在生意场上寻觅人生伴侣是不妥当的。

生意场是一个竞技场、角斗场,是智慧与智慧拼搏、能量与能量碰撞、实力与实力较量的人生大舞台,追求成功和利润最大化,完成商品到金钱"惊险的一跳",便是这个人生舞台上的重头戏和主旋律。但是只有利益沟通才能维护双方共赢,但是生意场上的许多禁忌,许多所谓的显规则和隐规则,都和寻找人生伴侣的潜规则是相冲突的。

我们说寻找一个人生伴侣的基本标准是真实、真诚,因为这个伴侣会伴随我们走过一辈子,和我们风雨同舟,历经人生的酸甜苦辣,但是在生意场上寻觅人生伴侣是不妥当的。

我们知道,在生意场上,利润是最为让人关注的,也是每一个人追逐的目标,为了让利润最大化,朋友之间有可能会反目,亲人之间会成仇,在这样的大背景下,怎么可能找到一份真爱呢?

所以说,让你的爱情离开生意场是明确的选择,也是正确的选择。

利益沟通才能维护双方共赢

这是一个沟通的世界,不可想象,人类失去沟通,世界将会怎样。在这个开放的年代,沟通就显得比过去更广泛、更重要。

一把坚实的大锁挂在铁门上,一根铁杆费了九牛二虎之力还是无法将它撬开。钥匙来了,它瘦小的身子钻进锁孔,只轻轻一转,那大锁就"啪"的一声打开了。铁杆奇怪地问:"为什么我费了那么大力气也打不开,而你却轻而易举地就把它打开了呢?"钥匙说:"因为我最了解大锁的心。"

这是一个沟通的世界,不可想象,人类失去沟通,世界将会怎样。在这个开放的年代,沟通就显得比过去更广泛、更重要。虽然正常的人都会说话,但能轻松开口、自信说话、受人欢迎的沟通高手却不多。这是因为我们没有有意地训练自己沟通的能力。沟通是一种能力,而不是一种本能。既然它是一种能力,就需要我们接受正确的训练来发展这项能力。

沟通不是靠光学、光听、光看就能训练出来的,而是需要从了解人性开始、了解人的思维模式、行为模式开始,只有进入心灵频道的沟通才能共赢,才能成为人际关系大赢家。一个人与别人沟通之前,首先要学会与自己沟通。

有一位服装设计师,在学校里成绩非常好,总是因为思想灵活,想法多样而受到老师的表扬,毕业时被一家单位以高薪聘过来当服装设计师,他在公司每天的任务是给18到20岁的男生设计服装。奇怪的是,尽管他拿出了看家的本领,他设计的服装却是卖得很差,他非常惊讶。找不到原因,这时他的老师给了他一个主意,让他去接近这个年龄段的男生,并且和他们单独相处几天,看能不能产生灵感,他接受了老师的意见,几天的生活让他明白了很多,他这时才第一次真正了解这个时代与这个年龄段的男生每天的活动内

容,原来他的不成功是他过于讲究的面料和过于繁琐的设计,让爱动爱跳的男生们觉得受束缚。后来这位服装设计师推出的几款服装卖得很好,成为市场上的热销品。

从这个故事可以看出,我们应该注意的是一种沟通,只有这位男生和老师沟通了,老师才能给他出一个好主意,如果没有和孩子的沟通,这位设计师可能还在无限怀疑中苦苦度日,所以,我们说沟通是一剂解决事情的良药。

钉是钉铆是铆,感情与公事要分开

钉是钉铆是铆,义气与公事要分开。某个钉子一定要安在相应的铆上才不会有差错。

讲义气不仅在江湖交往中显得至关重要,就连主流社会的很多事情也按照义气来处理。关云长义释曹操,刘秀藏亡匿死,为朋友两肋插刀被世人千古传诵。讲义气的人容易结交朋友,能够得到他人的尊敬,从而对别人产生影响力。现在有些企业以义气文化作为企业文化,例如华易腾管理咨询公司董事长陈军晓说:"我们的企业理念叫以义为本,《水浒》里面,宋江以'义'字能够把一百零八个兄弟团结在自己周围,我们公司靠什么理念能够把志同道合的人吸引凝聚在一起,并且长期合作下去? 我觉得就是义字。"

小婷这天非常生气,因为她作为公司保密室的负责人,居然让一件小事弄得焦头烂额。事情的起因是这样的,她有一台家用电脑,这台电脑是她偶尔在家里加班时用的,很早她就告诉过父母,不能随便动她的这一台电脑,今天回家时,她发现自己的电脑明显有动过的痕迹,于是就询问父母,原来,是她的母亲在家炒股发现自己用的电脑出了问题,于是用她的电脑炒股票。小婷很生气,因为她觉得虽然是母亲用电脑,她也相信妈妈不查看她的文档,明明就是只用来炒股,可是,这是一个原则问题,她从内心觉得亲情和规则是没有可比性的,可是这样的话,她又没有办法跟妈妈解释清楚,因此她陷入了两难。

在组织中,领导者讲义气有利也有弊,利是能和人建立良好的私交,以义气原则代替理性原则能够得到别人义气的回报,能让人做一些他本来不愿意做的事情—即所谓的"义不容辞"。然而,哥们义气往往是和规章制度相违背的,在企业管理中,讲义气很容易造成不公正和违反纪律的现象。如何权衡利弊是一门艺术,这门艺术建立在对中国文化的微妙之处的把握上。有些领导在这方面可谓是游刃有余,私事上讲江湖义气,公事上秉着公事公办的原则,正是:"公事上面过得堂,私事上面过得去。"

严守商业底线是保护你自己

严守商业底线是保护你自己,做任何事情都要严守底线。

有一道招聘司机的考试题是这样的,司机开着车载着公司老总,当车开到离悬崖 100 米的地方,请问:司机能够在距离悬崖多远处将车停下?面试者可能会根据自己的驾驶能力与经验做出判断,20 米、10 米、甚至有人会说 1 米。显然,这些人的驾驶水平都不错,但是在这个时候,其问题的关键或者底线是安全,也就是说保证老总的安全比技术更重要。那么正确的答案应该是马上调头离开此处。如果不细想,一般会毫不犹豫地回答速度与技能,如果在驾驶的过程中只追求速度而不注意安全,结果会怎么样?

开车是为了节省时间,速度固然很重要,但更为重要的是安全。失去了安全,速度没有任何意义!所以在追求速度的同时,要思考工作本身的底线是什么。例如在工作当中,迅速完成上级交办的任务固然重要,但是最起码要达到产品或服务品质的底线。最低品质标准是一切工作的底线,失去底线谈速度

是没有意义的!对公司而言,推出新产品的底线是新产品要拥有市场,具有市场的潜力。盲目追求速度而忽略市场不是我们追求的目标。一个不能实现基本底线而盲目追求速度的人是不负责任的,社会也绝不接受一个只为追求速度而忽略品质的员工和企业。

某奶粉制造企业的衰落是最好的证明。该企业主要业务为奶牛饲养和乳品加工生产,主要经营的产品为奶粉,是当时国内最大奶粉制造商,其奶粉产销量连续 15 年位于全中国第一。2008 年 9 月,该企业生产的婴幼儿奶粉中被查出含有化工原料三聚氰胺,导致各地多名服食受污染奶粉的婴儿患上肾结石。但该企业之前对产品存在质量问题的实情并未及时通告,事件曝光之后震惊整个社会。该品牌问题奶粉造成了全国数量众多婴幼儿的直接伤害,包括因食用该问题奶粉而丧命的几名婴幼儿,其后果是极其严重的。而导致这次可怕的、人为灾难的根源就在于企业社会责任底线的沦失。

追求速度而忘记底线,陷入一种可怕的发展思维,即舍本逐末地追求企业发展。当最基础的一层都未履行到位时,发展越快对社会祸害越大。像该企业这样的行为,毫无疑问要被社会要毫不留情地予以淘汰。事实上,虽然市场给予了公正的裁决,给人们造成的伤害难以抚平。

该企业盲目追求发展的速度而失去道德的底线,终于使企业走向灭亡。总之,无论是企业还是个人,做任何一件事都不能失去底线,底线就是生死线。

即使是和好友做生意也要“约法三章”

刘邦由于同自己的老百姓约法三章,所以才取得了关键性的胜利,同样在商场上,约法三章就显得尤为重要。不成规距,何以成方圆。其实,每个个体在享受自由的同时也要有一定的约束。

公元前 206 年,刘邦率领大军攻入关中,到达离秦都咸阳只有几十里路的霸上。子婴在仅当了46天的秦王后，向刘邦投降。刘邦入进咸阳后，本想住在豪华的王宫里，但他的心腹樊哙和张良告诫他别这样做，免得失去人心。刘邦接受他们的意见，下令封闭王宫，并留下少数士兵保护王宫和藏有大量财宝的库房，随即还军霸上。为了取得民心，刘邦把关中各县父老、豪杰召集起来，郑重地向他们宣布道："秦朝的严刑苛法把众位害苦了，应该全部废除。现在我和众位约定，不论是谁都要遵守三条法律。这三条是：杀人者要处死，伤人者要抵罪，盗窃者要判罪！"父老、豪杰们都表示拥护约法三章。接着，刘邦又派出大批人员，到各县各乡去宣传约法三章。百姓们听了都热烈拥护，纷纷取了牛羊酒食来慰劳刘邦的军队。由于坚决执行约法三章，刘邦得到了百姓的信任、拥护和支持，最后取得天下，建立了西汉王朝。

刘邦由于同自己的老百姓约法三章，所以才取得了关键性的胜利，同样在商场上，约法三章就显得尤为重要。不成规距，何以成方圆。其实，每个个体在享受自由的同时也要有一定的约束。

赔了夫人又折兵，感情用事的后果

合伙生意最后走向散伙，原因之一在于事先碍于情面，没有把丑话说在前，最后出现问题却没有规章可循，只好不欢而散。如果选择合伙创业的方式，就一定要做到亲兄弟也要明算账。

东汉末年，周瑜想取回荆州，周瑜献计"假招亲扣人质"。诸葛亮识破，安排赵云陪伴前往，先拜会周瑜的岳父乔玄，乔玄说动吴国太在甘露寺见面，吴国太真的将孙尚香嫁给刘备。孙权与周瑜被人嘲笑"周郎妙计安天下，赔了夫人又折兵"。

对生意人来说，权衡感情与规范尤为重要，因为在良性生意场上，感情和

规范缺一不可。创业初期，很多人即使发现了前景看好的项目，却自己实力不足而嗟叹时运不济。在这个时候，"合伙创业"成为解决问题的途径之一。在市场竞争异常激烈的今天，合伙经营已经成为非常常见的创业形式。与单打独斗的创业方式相比，合伙创业的优势显而易见。"一个好汉三个帮"，创业者合作可以共担风险，决策时还能群策群力。各领域的专业人才聚集在一起，创业的成功率也会大大提高。

可以说，创业伙伴们之所以聚集在一起，都为了完成大展前途的事业梦想。但是大多合伙企业最后却都不欢而散，成为无可奈何的事。有专业的机构进行调查：在美国，合伙创业经过 5 年能够完整保留创业团队的不到 20%；在国内，合伙创业中经过 3 年创业团队能够完整保留的还不到 5%。究其原因，合伙最后走向散伙，原因之一就在于事先碍于情面，没有把丑话说在前，最后出现问题却没有规章可依据，只好不欢而散。因此，如果选择合伙创业的方式开启事业的大门，就一定要做到亲兄弟也要明算账。

小雨和阿珍读高中时是同桌，读大学又在同一所学校，情同手足。大学毕业后，两人决定一起创业。在毕业后的半年里，两人一直在学习提高创业技能，同时寻找适合她们的赚钱机会。小雨发现陶艺在年轻人中越来越受欢迎。于是，小雨和阿珍花了好几个月的时间潜心研究陶艺的制作过程，并积极为开店做准备。她们拿着自己制作出来的陶艺品和宣传册，在附近的一家大学做了个市场调查，发现很受欢迎。于是她们决定两个月之后，在大学附近开办自己的陶艺小店。

开业后的两个月，小店产品卖得不错。小雨开始合计推出 DIY 服务，为喜爱陶艺的年轻朋友免费提供娱乐场地，只收取材料费用和烧制成品的费用。小店因此越来越受到欢迎。但是小雨心里却犯了愁，开店基本都是她一人筹划，虽然阿珍也帮了不少忙，虽然口头上说是合伙，但她并没有出多少钱，也没有参与实际经营。现在小店生意好了，她打算辞职加入经营。但是小雨觉得小店几乎都是自己的心血，想自己独立经营下去。可是考虑到她和阿珍多年的友情，又说不出口。未来的合作之路怎么走，小雨不知如何决定。

在上面的案例中，小雨和阿珍面临了事业和友情的挑战，合伙经营过程中，"被情所困"几乎是不可避免的问题。特别是朋友合伙做生意，感情用事的结果往往是赔了夫人又折兵。

在良性生意场上，感情和规范缺一不可

用正确的情感管理与引导，能促使人积极奋发；用错误的情感管理与引导则会降低人的工作热情，导致人们做出错误与被动的行为。

情感管理，也即管理者以真挚的情感，增进管理者与员工之间的情感和思想沟通，满足员工的心理需求，形成和谐融洽的工作氛围，加强对团队成员的感情投资，可营造良好的团队氛围，增进团队成员之间的情感，促进团队工作的有效开展。

摩托罗拉公司一方面不断致力于改善员工的工作环境，另一方面也竭力促进员工个人的发展。摩托罗拉公司的高层管理人员都十分重视与员工的对话，强调企业与员工共同承担义务和责任。诺基亚则把以人为本作为管理理念。3M公司培养员工的主人翁精神和自律性，形成同事间的相互比较、挑战自我的环境等做法，这些世界级公司的做法都是情感管理中很好的例子。

情感管理最能体现管理者的亲和力，其核心是激发员工的积极性，消除员工的消极情绪，通过情感的双向交流和沟通实现有效的管理。情感管理的本质就是尊重人的尊严与价值。尊重人，不仅要求企业尊重员工的人格尊严、劳动成果和价值，还需要企业为员工创造良好的人际关系、工作环境、公平与公正的制度和待遇、良好的沟通环境给员工以光荣感和成就感等等。

情感管理要尊重员工的劳动和尊严，才能有效激发员工的劳动和创造热情。《三国演义》中的曹操为得到徐庶，采用了不光彩的手段去挖人才，结果激

怒了徐庶,人才虽然得到了,但最初时徐庶一言不发,对曹操没有热情和好感,不为曹操献一计一策。用正确的情感管理与引导,能促使人积极奋发;用错误的情感管理与引导则会降低人的工作热情,导致人们做出错误与被动的行为。

当今的世界500强是十分注意情感管理和情感投资的,他们把情感管理视作企业的"强身术"和立业之本。日本企业界开展的"一滴蜜"情感投资活动,就是有效协调现代企业人际关系的情感管理。他们通过开辟"人事恳谈屋",建立"员工诉愿制度",营造"以下克上"的氛围,制造内部竞争压力,组织"增进健康运动"等形式,全方位、广角度、多层次、宽领域地开展"情感全面管理"。其核心内容就是将企业内部管理由"以作业为中心"转向"以人性为中心",最大限度地减少人际摩擦和人际冲突,发挥职工的积极性和创造性,借以充分发挥职工的潜能,为企业创造更多的效益。

在运用情感管理时,需对情感管理的范围与程度有所控制,切忌"胡子眉毛一把抓"。滥用情感管理并不能从根本上解决问题,而应对管理对象的情绪、需求、积极性做出准确分析,该肯定的肯定,该否定的否定,该调整的就调整,不可失去控制及无原则地应付。

好关系：把握好朋友与生意伙伴之间的『度』

敢于欠人情债是一种勇气，表明你敢承担义务，说明你有能力偿还"债务"，这和敢于借债做生意差不多。但是值得注意的是，有时候虽说要为朋友两肋插刀，要看淡利而看重义，可是我们也要分清楚情况，千万不要因拿不准一个"度"而掉进为虎作伥的泥潭！而对于生意人来说，对于人情"度"的把握更是需要慎之又慎，不要因为忽略或是过于重视而毁了自己千辛万苦打造的生意。

当"人情文化"碰上"契约文化"

说到人情,生活中随处存在,送礼、帮忙、借钱、救急、赏脸等等都是人情的范畴,其中的玄机只可意会不可言传,人情文化的表面特征是感情,而其要害是利益交换。

这种交换促使关系网的凝聚,也因为这种交换使关系"潜规则"得以维护。关系网完全依靠有序的人情往来,没有人情,关系网就无法维持。大规模的关系网是中国社会特有的组织结构,这可以从日常用语中看出来,买人情、卖人情、送人情、做人情……等等,"人情"在这里都是宾语,是被操纵的对象。要想在中国社会吃得开,不懂人情行路难,然而"世态炎凉",人情虽有"情"字,但没有多少感情,只与利益有关,是假冒之"情"。如果你不会做"人情",那你就会被认为"不会做人",属于"潜规则"层面的"违规",然后就是舆论非议,朋友也会疏远你。"世事洞明皆学问,人情练达即文章",非常精辟!参透了"人情"二字,你就会成"人精",就会八面玲珑左右逢源呼风唤雨叱咤风云。

在中国的商业社会,许多企业通行的准则也是一样的,也就是 90% 的公关,10% 的做事。即使进入前 10 位的房地产开发商,也不讳言傻瓜也能营销。既然 90% 的努力是靠公司领头人的公关,都是靠了领头人的面子,下面的饭碗都是上面的布施。那么中国企业,甚至中国优秀企业的管理风格,都被深深地打上了帝王权谋术的烙印。一个个都是比胡雪岩还能察言观色,把握权势人物的心理状态。有人感叹说,不透明、黑箱操作是帝王权谋术的重要特征,伴随的必然是个人崇拜、特权崇拜、语录式治理等等。帝王的权术思想同机会均等、法制精神是不相容的。在改革开放的今天,中国企业家们期待着社会进一步的法制化、民主化,殊不知最大的障碍是自己头脑里的帝王权谋思想。机会均等是口号，从来就不是现实。东方如此，西方也如此。美国企业的诈骗，动辄几百亿美元的假账，已经让中国的同行生出许多小巫见大巫的悲叹。美伊战争的威胁，也不是美国完全出于全球正义的考虑，而是其中有着极大的商业利益。美国企业家们为了一己利益，不惜借国家机器发动对外战争。美国的高级管理层，借着股票市场交易均等的机会，搜刮民脂民膏的程度，让那些领普通工薪艰苦奋斗几十年的中国企业家瞠目结舌。欺诈是通行的，不管是在市场机会均等的旗帜下，还是在帝王权谋的招牌下。

中国企业界数一数二的领袖人物柳传志，有着更多的符号意义。他虽然已经选定接班人并且顺利完成交接，而他大象无形的气度依然使他稳居中国企业界的顶峰位置。登顶的柳传志，不仅看到了阳光后面的阴影，还看到了在阴影中闪烁着的光泽。

在 2008 年中国企业领袖年会上，有人说，联想跟外国企业竞争，好比是龟兔赛跑，兔子没睡觉，乌龟怎么能赢呢？柳传志不失幽默地说：龟兔赛跑的场地由陆地挪到沼泽地又怎样呢？乌龟跟兔子比赛第一阶段，把兔子拉到沼泽地跑，在中国的环境下跑，看谁赢？同时，乌龟要努力准备到黄土地的时候，我们拉出去也能跑。现在加入 WTO 以后，中国这片沼泽地逐渐变成干的黄土地，在黄土地跑的时候，我们赶快加强自己的管理能力，增强企业的核心竞争力。

兔子到了沼泽地，是不会有生还的可能的。所以龟兔赛跑，一旦第一阶段从陆地换到了沼泽地，乌龟就有了胜利的把握。这是笑谈，但柳传志的风趣却有着难言的苦衷。

柳传志的感触很深：他是从 1984 年开始办企业的，18 年来跟他同台领过奖的许多著名企业家，今天回过头来一看，绝大部分都销声匿迹，翻身落马。原因有两个，一是把自己企业在国家改革之中或者是某种变动之中赚的钱当成一种铁律，然后沿着这种模式大幅度发展下去，在业务上造成重创。还有相当多的，实际上是海图没有看好，就是对当前的政治经济形势没有弄清楚，过早说了不该说的话，做了不该做的事，犯了错或是犯了规。

那些惊心动魄而又鱼目混杂的日子过去了，柳传志也能够坦然地面对他

的尴尬：当时环境恶劣还有一条，就是明显的立法跟执法的不一致。当时，法律规定走私多少钱要坐牢。但是沿海地区的省份都有进出口公司，军队也在办进出口公司，海关管了吗？没有。像我们这些企业市面上买的元器件都是走私进来的，我们做还是不做，这很为难。当时每年都有海关大检查或者是税务大检查，我就对这个特别反感。因为检查时，下层人员就可以随心所欲地解释法律。常出现这样的情况：检了钱没交，可以枪毙，但是真的杀人可以不查。当时立法和执法就是这么一个情况。

环境恶劣，恶币驱逐良币，可是恶币并不就自甘堕落。相反，它们还要肩负起流通度量衡的作用。这样滚打出来的企业，更有了独特的生存能力。阴影是光明的另一个侧面。视角的转换，使柳传志把很多企业家忽视的东西提了出来。他看到了中国企业家的付出和汇报的不对称，通过这种不对称，更折射出中国企业家的非凡品质：使命、责任与坚韧。做企业是一种生命形态的选择。确实，每一件事都有 1000 种做法，每一个目标都有 1000 条道路，每一个事物都有 1000 个层面。

什么是人情，估计没有人能下定义。但是，中国人几乎天天泡在人情中，特别是生活在小城市或农村的人，几乎天天接触"人情"。由于人情起源于习俗，所以具有民间性和含糊性，纯属一种"潜规则"。人情是二人关系通过利益传递结成的关系网的"机制"或"规则"。

按民间习俗，有人给你恩惠，你须记住人家的好处，这就是人情债，欠人情债的心态就像欠债，若不想被人叫你"白眼狼"，不想被人疏远，就须早日了结债务。

人情的运作，在某些方面类似金钱，比如我欠你一笔人情，这就是人情债，如果长期不还，就要承受人情压力，和经济上的债务压力一样。依据"债权优先"原则，债务人被债权人呼来唤去还不得表达怨气，因为人家对你有恩，这是你的义务，一旦偿还债务就会感觉轻松。

敢于欠人情债是一种勇气，表明你敢承担义务，说明你有能力偿还"债务"，这和敢于借债做生意差不多。但是需要各位注意的是，有的时候虽然我们说，要为朋友两肋插刀，要看淡利而看重义，可是我们也要分清楚情况，千万小心自己拿不准一个"度"而掉进为虎作伥的泥潭！而对于生意人来说，对于人情的"度"的把握更是需要慎之又慎，不要因为忽略或是过于重视，毁了自己千辛万苦打造的生意。

企业家有时要违背自己的本性做一些事情。攀龙附凤也罢，猜度权势人物的心理也罢，阿谀逢迎也罢，拼搏实干也罢，果敢行动也罢，艰苦奋斗也罢，敏锐洞察也罢，创造发明也罢，在人生异常丰富的交际舞台，他们充分实现了自身的价值。对他们来说，做企业是一种生命形态的选择。最能触及这个族群心灵的，是充实、创造、丰富、施与等这样的词汇。

许多中国成功企业家，他们不缺钱，不需要知名，不去做寓公，不去选择更为消闲的过活。他们却受着一种勇于负重的使命感驱使，选择了踏踏实实地做企业。

在做企业的过程中，成功的企业家实际上完成了个人精神的三种变形：他们有一种希求重负的精神，无责任无以立身；他们还能偏执于一端从而有所创造，无创新无以感召；同时还有一种成就伟业能反朴归真的平实精神，平实是对他们人生追求的最大肯定。完成这样一个精神旅程的个人是充盈的个人，是拥有永恒快乐的个人。中国企业人正在构筑自己的精神山脉。

当朋友变合伙人时请注意角色的转换

作为一个好的演员，是应该善于扮演各种不同的角色的。其实，人的一生也是在不同的角色变换过程中度过的。无数次角色的转换，使人生更加丰富多彩。

当然，有些转换很自然，人们很好适应，有些转换需要慢慢地去适应，而

有些转换尽管无论怎样也适应不了，但还是得必须去适应。

儿子变成父亲，孙子变成爷爷是一个漫长的角色转换过程，这样的转换就很好适应。而有的角色转换只是一夜之间或者是一瞬间的事情，这样的转换就很不好适应。比如一个人今天还啥都不是，明天一下子就成了名人，今天连吃饭都成问题，明天一下成了富翁，或者今天还是被别人管的人，明天就成了管别人的人，又或者今天还是管别人的人，明天就啥都不是了，甚至成了阶下囚，此类的例子不胜枚举。同样，在生意场上，也经常会碰到像朋友转为合伙人的场面，在这种情况下势必就要很好地把握转变角色这一事实，否则会带来很多不必要的麻烦和意想不到的后果。

张华在大学时有几个很要好的朋友，大学毕业后他们因为没有找到满意的工作，于是决定一起合伙做生意。但有个很严重的问题，他们没有处理好相互之间的角色问题而导致合伙没几天就散了。究其原因，核心在于没有合适的实现角色的转变致使许多原本正确的决定和想法因相互之间扯皮而搁浅，后来等达成协议后已迟了。

适应角色的转换几乎是每个朋友变合伙人的关系都需要面临的问题。不论一下子成了名人，还是一下子成了人上人，还是一下子成了富翁，都很容易让人忘乎所以，甚至做出一些令人难以理解的举动。往好的方向转换，可以使人一时难于适应，往坏的方向转换，更是让人难于接受。

俗话说买卖不成仁义在，这是做生意的基本原则。就算最后分道扬镳，也不要朋友变仇人。为了避免这样的结果发生，合伙之前，有几项工作一定要做到位。

合伙创业，败者多成者少。很多人对合伙创业的看法，一般都比较悲观。甚至盛传"合伙即散伙"的谣言。但毕竟不是所有的合伙创业者们最后都以分手告别，依然有成功的案例。而且更让人惊奇的是，创业企业一旦克服了"散伙怪圈"，就变得异常的坚不可摧。如果合伙创业者们能够秉持"求同存异"的战略方针，事事不过于计较，相互宽容信赖，企业一定能够走得更远。

国内某知名的咨询顾问公司最近解散了，公司的 4 位合伙人彼此是好哥们，也都是在业界有着一定影响力的人物。当初合作的时候，就按照每人25%的股份平均分配，每人负责一块业务。由于这4位创始合伙人每人都在各自领域具有较强的业务能力，该公司在创业初期一帆风顺，很快就发展成为业内知名的管理咨询公司。

然而，随着业务的发展，公司的四块业务出现了发展的不平衡，其中两块业务占据了公司经营额的80%。很快4个合伙人之间出现了矛盾，但是当初约定的25%的股份却难以改变，在矛盾难以调和的情况下，该公司意外地解散了，4位合伙人各奔东西。

俗话说买卖不成仁义在，这是做生意的基本原则。就算最后分道扬镳，也不要朋友变仇人。为了避免这样的结果发生，合伙之前，有几项工作一定要做到位。

第一，企业制度要明确。能够合伙创业的人，一般都是亲戚、朋友、兄弟等等。亲情、友情混杂在企业制度中，如果制度不明确，以后出现问题都是麻烦事。公司一天天发展壮大，利益纠葛很容易发生。如果创业团队里，人人都只打自己的如意算盘，为个人利益争执不休，企业就很难正常运转下去。前期对每位合伙人的责、权、利进行详细陈述和约定显得十分必要。千万不要碍于情面，马虎了事。不未雨绸缪，最后因为各自异心，弃创业江山于不顾，就十分可惜了。

第二，入股方式要协商。无论合伙人是以现金方式入股，还是以提供技术的方式入股，都需要在平等协商的基础上进行书面约定。股份分配的原则、规定等都要在所有合伙人列席的前提下相互协商，选择一个共同认可的方式，具体内容包括：确定每位合伙人股份的占有数目、未来利益的分配方法，以及承担相应风险的比例。

第三，账务要独立。合伙人在创业初期，可能既是员工又是老板。每个人各尽其职。但是创业企业一定要雇佣专门的财务人员来独立地负责账目。合伙人有些只出资但不参与经营，有些人参与经营但是出钱少，如果不找到一个独立的财务人员做好公司每一笔收入与支出的记载，以后出现争端就很难理清了。

永恒的利益 PK 永远的朋友

时下,"只有永远的利益,没有永远的朋友"被很多人认可并被一些人当作座右铭,这种人把利益当成了取舍扬弃朋友的准则。说起来,这种人有一套变戏法的魔术,很有蒙蔽性和欺骗性,成功率很高。

有一些人为自己缝制一件很考究的长袍马褂,用上等的彩色丝线在马褂的前面刺上义气,在后背刺上讲究,然后把整钱破成零钱,再弄个小账本,就开始了奔波于人群中的仁瓜俩枣的讲究!

这群人的共同特征是心细如发丝,记忆力好如磁带。用得着你的时候,会把你自己都想不起的一些优点如数家珍般地从头歌颂一遍,一顿吹嘘加赞美就把你夸得晕头转向,误以为找到了终生知己,让你恨不得为他肝脑涂地,还觉得有报不完的知遇之恩。用不着你的时候,小账本一端,算盘一举,就连你还没认识他的时候的毛病都会历历在目,一一列举。常用无中生有,鸡下蛋、蛋孵鸡的累进增量法,该用减法的用加法,该用除法的用乘法,该用乘法的用N次方,无中生有,栽赃陷害,其卑劣手段无其不有。昨天你还自以为是他的铁哥们儿或者不客气地说是恩人或功臣,今天,你就变成了不足以泄愤的恶棍,先泼你一身脏水,再把你扫地出门,还美其名曰你不够意思,你对不起我。

经过如此这般的一番运作,昨天的朋友就在今天的利益面前寿终正寝了。其实面对这种小人大可不必伤感,因为多数人的眼睛还是亮的,只是没说罢了。欲加之罪,何患无辞!

有一位歌手,在还没有机会发行唱片时,非常忠于自己的唱片公司,自己的老板,甚至和大不了他几岁的老板成为了朋友,他不仅认真面对每一次演出机会,更是常年住在录音棚,为了自己即将发行的唱片做准备。他的所作所为让他的老板很感动，于是投资了一笔钱给他出唱片，在记者会上，这位歌手深情地拥抱了他的老板，并且信誓旦旦地承诺永远属于这一家公司！两年后，这位歌手大红大紫了，成为了一线歌手，开始有了天王的气派，在这个时候，他不再和老板提起曾经的诺言了，在某一天他留给老板一封信，说自己悄悄地和另外一家国际知名大公司签了约。

"没有永恒的朋友，只有永恒的利益"。这句话乍听起来觉得没有道理，但细想起来也有点儿道理。话虽俗却理不俗。正如那部纵横捭阖、气势滂沱的《三国演义》开篇所言：天下事，合久必分，分久必合。

综观当今世界风云变换，细品上下几千年沧桑历史，深入探究国内国外的人文地理就会发现，无论是国与国之间，还是团体与团体、企业与企业，甚至是人与人之间，是利益的链条将彼此拴在了一起，同繁荣，共富贵。然而，中国有句老话：利字一旁立把刀。当利益的链条和纽带不复存在时，也是到了彼此分道扬镳、甚至相互拆台的时候了。这时，无论是国与国之间，团体与团体之间，还是企业与企业之间，个人与个人之间已不再是朋友，有的甚至反目成仇变成了敌人。利益，可以将彼此两个陌生的人熔炼成为朋友、挚友。同样为了利益，彼此一样也可以成为损友，成为敌人。

有一种关系叫做"生意上的朋友"

很多混迹商海多年的生意人都会有这样一个疑问：这个世界上是否就没有朋友了？有的都是利益关系的临时组合吗？

我想，朋友应该还是有的，朋友也不可能一点儿不谈利益。真正的朋友首先应该是心灵的共振，在大是大非上志同道合，忠贞不渝，荣辱与共，在个人小事上能相互理解，互相宽容谦让。朋友不是没有缺点的，人无完人，孰能无

过?爱屋及乌,做朋友是要有胸怀的。所谓"管鲍分金"、"伯牙摔琴"的故事,一是说朋友要是知音,能互相理解,二是说朋友要互相谦让,不要因小利而动摇大的理想。一个人首先若是带着个人的利益去交朋友是不会交到真正的朋友的。朋友是奉献,不是索取,朋友是谦让,不是专横,朋友是仁慈,不是仇恨,朋友是春花秋月,是和风,是润物细无声的雨露,是和煦的阳光,朋友是雪中送炭,不是锦上添花。

如果我们每个人都怀着一颗博大慈悲仁爱的心去爱这个世界的一花一草一木,爱这个世界的所有生灵,那么这个社会就是一个理想的人与自然的和谐社会,这个世界也就是你永远的朋友!

小郑和小和是一对好朋友,小郑活泼好动,小和安静平和。他们之所以能成为朋友是因为他们有着共同的追求,都希望凭借自己的努力摆脱贫困,创造一份新的生活。

他们俩初中毕业以后开始走向社会,开始了自己的人生。小郑是做二手剑杆生意的,小和跟随其他伙伴在一家工厂工作了一段时间后,厌倦了在别人手底下打工,自己单独出来开了一个小型纺织厂,命运仿佛跟他开了一个不大不小的玩笑,纺织业不景气,使他的厂在平时入不敷出。小郑见小和一天到晚愁眉苦脸的,便劝他跟自己学做生意,不会的话可以教他,经过小郑多次的劝说,小和终于跟着小郑做起二手剑杆生意。

小和凭着自己的努力在二手剑杆行业中渐渐地小有名气,小郑除了为他高兴之外,还希望他更上一层楼,把生意做得红红火火。

有一次小和的所做所为让小郑大失所望。在今年年初时,小和认识了小郑介绍的客户,当然也是生意上的老搭挡,平常我们有饭局总忘不了叫上他,小郑的意思希望通过大家的交往能更好地提高小和的业务。

两个月后,小郑突然发现,这位长和他有业务往来的客户忽然之间电话就明显地少了下来,小郑正纳闷,是我什么地方做错了吗?

在一个月前小郑终于明白是什么原因,有一个他比较关系好的同行告诉小郑说,小和在我老客户面前一直说我坏话,导致老客户对我失去了信心,现在大多的生意都跟小和合作了。

小郑很难过，也非常无语，也不想去拆穿小和的卑劣的行为，他很珍惜来之不易的友谊，他只希望他只会骗自己而不去骗别人，因为作为一个在生意场上混了很长时间的人，小郑很明白这件事情放在别人身上会有多么严重的后果，正因为这个，小和在生意场上受到了伤害。

这个例子生动说明了由好朋友到"生意上的朋友"的一种转变。

我们需要的是能够交心的好友，而不是这种以利益为至高追求的朋友！从业务伙伴晋升为挚友，所具备的4个充要条件是：

1. 善良。对朋友不要心计，不使坏，不自私。

2. 真诚。真心实意地和你相处。

3. 责任。该站起来时就站起来，挺身而出。

4. 正直。正直就是要不畏强势，敢做敢为，要能够坚持正确的立场，要勇于承认错误。意味着有勇气坚持自己的信念。这一点包括有能力去坚持你认为是正确的东西，在需要的时候义无反顾，并能公开反对你确认是错误的东西。

5. 互助。不能光顾着自己，要考虑他人并在他们困难的时候给予帮助。

6. 随和。不能人家跟你说什么，你都跟刺猬似的，开个玩笑就急。

7. 刚强。别那么懦弱，不要什么都不敢说，什么都不敢做。

不要奢望和所有的合伙人都成为金兰之交

创业伙伴们之所以聚集在一起，都为了完成大展前途的事业梦想。但是大多合伙企业最后却都不欢而散，成为无可奈何的事。

开过车的人都知道，越是平坦宽阔的大道，开车时越容易出问题。因为道路太平坦，视野太开阔，人的精神就容易麻痹。所以，有经验的设计师在设计

高速公路时，都会故意裁直取曲，故意设计一些弯道。做人也是这样，一个人如果人生太顺利了，便难免自以为是，目空一切，而如果这个人又恰巧是一个企业家就麻烦了，他的企业就会离"出事"不远了。所以，有人说做企业不怕不赚钱，就怕一开始就赚钱，而且赚大钱。一开始不赚钱的企业，只要他熬得住，方向对头，早晚有赚钱的一天；而一开始就赚钱，而且赚大钱的企业，他赚的钱早晚都会是别人的，他等于是在替别人打工，替别人看家守业。这里面的原因就在于"顺"，人一顺就不太容易守"规矩"，不把"规矩"放在眼里，将"规矩"不当一回事儿。

那么什么是利益？并不是要说，心里装着国家的人就多么的道德高尚，多么的大公无私，甚至多么的与众不同，我们需要反思利益的内涵都有什么？把利益与道德正义对立起来是否合适？利益，换句话说，就是好处，个人判断对自己有益的东西。人作为万物之灵，不仅追求温饱，还追求快乐幸福。因此，好处不仅是物质的，也有精神的。而且，在物质与精神之间是有可能转换的。资助失学儿童的人，内心通常都能从中获得幸福和自豪，助人为乐讲的就是这个道理。同时，人是规范生存的社会性动物，道德规范有助于人们为了长远利益或精神利益而牺牲眼前的物质利益。

现实生活中，人所追求的自我价值的实现是不一样的，有很多人，在很多时候，追求的并非短期的物质利益，而是长期的或者精神上的利益。古代时，村中长老义务调停争端而不领取任何报酬也是可能的，因为他已经从中得到报酬——他的快乐和他的威望。所以，我们也要学会摆正自己的追求，看清楚自己的所需后再索取，应该有一颗宽大的心胸和有崇高的理想，不要鼠目寸光只盯着自己的利益！

做生意的时候，很多人即使发现了前景看好的项目，却自己实力不足而嗟叹时运不济。在这个时候，"合伙创业"就成为解决问题的途径之一。在市场竞争异常激烈的今天，合伙经营已经成为非常常见的创业形式。与单打独斗的创业方式相比，合伙创业的优势显而易见。"一个好汉三个帮"，创业者合作可以共担风险，决策时还能群策群力。各领域的专业人才聚集在一起，创业的成功率也会大大提高。

可以说，创业伙伴们之所以聚集在一起，都为了完成大展前途的事业梦想。但是大多合伙企业最后却都不欢而散，成为无可奈何的事。有专业的机构进行调查：在美国，合伙创业经过 5 年能够完整保留创业团队的不到 20%；在国内，合伙创业中经过 3 年创业团队能够完整保留的还不到 5%。究其原因，合伙最后走向散伙，原因之一在于，事先碍于情面，没有丑话说在先，最后出现问题却没有规章可依据，只好不欢而散。因此，如果选择合伙创业的方式开启事业的大门，就一定要做到：亲兄弟也要明算账。

看高人是怎样在"义"和"利"之间进行取舍的

每个人都会在生活与工作中遇到"义"与"利"的矛盾，那么高明的生意人是怎样来处理这个问题的呢？

我们来看看高人是怎样在"义"和"利"之间进行取舍的。首先，"义"与"利"是相对应的一对关系，言义必及利，言利必及义；义需要利的认可和支持，利也需要义的认可与制约。义建立在利的基础之上又规范着利，利包融于义的范畴之内又升华着义。尽管古往今来，人们在"义"与"利"的相互关系上存在着种种争鸣，但"贵义贱利"、"义以为上、""先义后利"、"先公利而后私利"等价值观，却早已经成为人们广泛认同与普遍追求的价值核心。"义"作为中华法系得以长久运行的一个基本精神与道德支柱，对于促进国家的文化认同、政治民主、经济公正、社会和谐，具有极其重要的作用与意义。

有一位成功的生意人，他工作十分努力，虽然是白手起家，可是凭借他的努力和不屈不饶的精神，在 10 年以后，创下了一份可观的家产，在一切看起来似乎都比较完美时，他认识了一个新朋友，这位新朋友正做着一份看上去

特别赚钱的生意，利润非常可观，在这位朋友反复劝┄
毕生的心血投入进去，半年以后，不仅血本无归，这位所谓的┄
了，等到这位生意人再见到他的朋友时，已是隔着看守所的铁栏杆┄
的好朋友竟是一个前科累累的诈骗犯！

这很说明了一个问题，很多朋友花了半辈子打下了一份江山，却往往因为接下来的几步路没有走好，而丢掉了这份来之不易的成功！讲义还是讲利，往往需要我们擦亮双眼，面对现实，作出最好的抉择！

于中联而言，"义"就是我们企业的价值观，就是一种"坦坦荡荡的胸怀，正正当当的行为"。具体而言，"坦坦荡荡的胸怀"就是要求我们心怀感恩，见贤思齐，时刻忠于企业、坚持原则，以企业利益为重；"正正当当的行为"就是要求我们树立利他意识与公利意识，能够识大体、顾大局、尽其本位。

趋利避害乃人之本性。中联要求员工恪守"义"道，并不排斥或否定员工对利益的获得。我们将始终坚持"义利并举、以义致利、以义审利、以义制利"的义利统一原则，彻底摒弃"唯利是图、背信弃义、见利忘义、利令智昏"等违背社会伦理道德与价值观的丑陋行为，坚决抵制种种不讲原则的私利与小义。临阵脱逃，推卸责任是不义；人在其位，不谋其政是不义；设关布卡，索拿卡要是不义；江湖义气，网开一面是不义；不顾大局，本位主义是不义；牺牲企业利益，换取个人私利是不义。特别是企业的干部与管理人员，掌握的企业资源越多，获取利益的平台也就越大，如果我们贪图于一己私利或一己小义，就有可能给企业利益带来莫大的损害。

我们处在一个共生的环境之中，人与我之间是一种相互依存与互为条件的社会关系。这就要求我们"以助人为立身之本，以济世为快乐之源"。只有当企业的每一名员工，都自觉地树立"先义后利者荣，先利后义者耻"的思想与观念，企业才可能真正营造出"上善若水，厚德载物"的和谐之境，我们才可能在立人的同时立己，在达人的同时达已，并在此基础上成就人生的理想与事业。

孟子说："生，吾所欲也，义，亦吾所欲也，二者不可得兼，舍生而取义者也。"数千年来，在中华大地上曾有无数的志士仁人，为了民族尊严与国家利益而不惜杀身成仁，舍生取义。未来将会证明：企业对"义"的崇尚与弘扬，才是生意无往而不胜的重要精神指南。

徽商是商界的一个传奇，他们用自己的顽强和努力创造了生意史上的一个又一个不朽奇迹。

其实在徽商的发展历史上，也有很多让人感动的事情的。

有一位徽商，原来是做药材生意的，每天货出钱来，生意十分兴隆，不久便自己也开了药房，一边加工生产一边卖药，店里最有名的是一味治疗风寒的药，这味药加工制作麻烦，但是却因为疗效好而深受欢迎。

有一天，这位商人出奇不意地来到了自己的加工药房，惊奇地发现，伙计们居然没有按照古方酿制草药，而是换了一种新的、效率更快的方法在炮制。

这位商人极度生气，决定向社会公开这件事情，并把所有的这些草药烧毁了。很多人都劝说这位商人，反正又没有外人知道，又何必一定要做得这么绝呢？这位商人对劝他的人说，利润是很重要，我们做生意就靠这个，但是义更加重要，因为这是我们为人的根本。

两手都要抓，"左手"与"右手"是一家

为达到共同利益，谁都可以成为朋友；为不能分享共同利益，朋友也会成为敌人。

当仅靠自己的能力无法实现利益时，选择能帮助自己达到目的的人作为朋友是非常关键的。在官场，谁能给乌纱帽，谁就是爷爷，哪怕有世仇，为了当官做孙子也心甘情愿；堂堂研究生在领导的夫人面前谦虚得像小学生；把领导的小情人作为菩萨一样地拜，这样的情形并不少见。

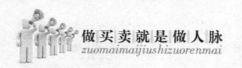

小廖是一位刚刚走向职场的年轻人,他最近遇上了一件让他特别烦心的事情。

原来在小廖上班的第一天,还不太了解各位同事时,有一位大姐向她伸出了温暖的手,告诉他茶水间在哪里,公司的打印机怎么用,碎纸机怎么用,在午餐时,还会把自己从家里带来的菜分给小廖一些。这样的好同事,小廖自然是觉得非常温暖极度贴心了,一来二去,他们成了忘年交,小廖也常常帮助这位大姐干一些力气活儿。也不再回避自己的一些隐私,甚至会在矛盾时,主动请教这位看似有着丰富人生经验的大姐。

不多久,公司开始了人事制度变革,这位大姐获得了一个机会,在大姐的暗示下,小廖劝说公司里和自己关系比较好的同事,把票投给大姐。可是即使这样,大姐还是以两票之差没有获得这个机会。得知消息的那天,小廖给大姐打了一个电话以示安慰,并觉得这件事似乎已经过去了,没想到的是,大姐不再像以前那样对待自己了,取而代之的是冰冷的客气和挖苦,甚至小廖好几次听见这位大姐在公开场合,把自己曾经告诉她的一些隐私拿来跟其他同事说。

这一切让小廖极度郁闷,在这时,他的好朋友告诉他一个更让他无法相信的消息,说这位大姐早就知道今年人事变动的消息,之所以当初对小廖那么好,全是为了公司年轻人的那一部分选票!

小廖陷入了迷茫中,虽然说在职场有左手与右手一说,可是当这件事情真正发生在自己身边时,小廖却疲于应付。

为了利益,可以冰释前嫌,为了利益,可以滴血结盟。"刘关张"式的朋友并不多见,更多的是艰难困苦时是兄弟,功成名就时就变成对手。原本是同患难的朋友,到了分享利益时,常常会因为利益的分配不均而产生芥蒂,进而心生不满、勾心斗角,最后是斗得你死我活。比如朱元璋两次大屠杀,杀的都是与他一同打天下时亲如手足的患难朋友。他们为朱元璋出生入死,当他们以为可以分享富贵时,却被朱元璋施以惨无人道的酷刑并株连九族,因为朱元璋害怕他们威胁到他儿子以后统治的江山,分享他的百年基业。

利益冲突时是仇人,事过境迁后有可能又是朋友。在同单位争权夺利时,关系紧张。这时看对方像眼中钉、肉中刺,恨不得除之而后快。后来,或高升、或调走,不在同一单位,利益关系没有了,朋友还是可以做的。在大众场合,讲话客客气气,一笑泯恩仇,都表现着各自的大度。